谨以此书

纪念潘序伦先生诞辰 130 周年

· 潘序伦研究文丛 ·

棠荫长留

潘序伦的诗书人生

宋小明 郑鑫尧 编著

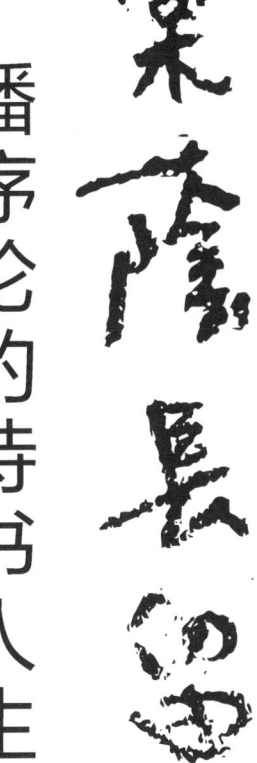

甘棠

蔽芾甘棠，勿翦勿伐，
召伯所茇。
——《小雅·召南·甘棠》

立信会计出版社

图书在版编目（CIP）数据

棠荫长留：潘序伦的诗书人生 / 宋小明，郑鑫尧编著. —上海：立信会计出版社，2023.11
（潘序伦研究文丛）
ISBN 978-7-5429-7448-8

Ⅰ.①棠… Ⅱ.①宋… ②郑… Ⅲ.①私人藏书—研究—中国 Ⅳ.①G258.83

中国国家版本馆CIP数据核字（2023）第212455号

策划编辑　张巧玲
责任编辑　张巧玲
助理编辑　汤　晏
美术编辑　吴博闻

棠荫长留——潘序伦的诗书人生
TANGYIN CHANGLIU PAN XULUN DE SHISHU RENSHENG

出版发行	立信会计出版社
地　　址	上海市中山西路2230号　　邮政编码　200235
电　　话	（021）64411389　　传　　真　（021）64411325
网　　址	www.lixinaph.com　　电子邮箱　lixinaph2019@126.com
网上书店	http://lixin.jd.com　　http://lxkjcbs.tmall.com
经　　销	各地新华书店
印　　刷	常熟市人民印刷有限公司
开　　本	710毫米×960毫米　　1/16　　插　页　4
印　　张	22.25
字　　数	332千字
版　　次	2023年11月第1版
印　　次	2023年11月第1次
书　　号	ISBN 978-7-5429-7448-8/G
定　　价	128.00元

如有印订差错，请与本社联系调换

蔽芾甘棠，勿翦勿伐，召伯所茇。
蔽芾甘棠，勿翦勿败，召伯所憩。
蔽芾甘棠，勿翦勿拜，召伯所说。

——《诗经·召南·甘棠》

潘序伦：游雁荡山，长春洞前留影，1955
背书：1955年初夏游雁荡，在灵峰寺后山巅
　　　长春洞口留影志念，序伦时年六十有三
洞口楹联：名山时有风云气　古洞长留天地春

義勇軍賦懷 （潘序倫）

更不見當年暴秦勢力莫與京、蠶食鯨吞肆兼并、又不見齊楚燕趙、日日紛爭、坐令虎狼翼成、古今情事初不殊、大好河山強占據異軍蒼頭看突起、誓死抵抗無猶豫、白山黑水風凜凜、人乏餉糒馬斷飲、大呼殺賊向前進、轉戰不分晝與寢、冰天雪地寒澈骨、械彈兩竭奔突、前扑後繼脛膝沒血、將軍督顧陣前歿、如此義勇氣蒼世、甯可袖趣相坐視、匹夫興亡與有責、投袂攖冠尚何俟、弦高犒帥救鄭國、輸財助邊漢卜式、今古人豈不相及、毋令後人笑我拙、吾聞海上花國選總統、對之能無增愧色、又聞救濟難民特組游藝會、得資悉數飽飢寒、黎眉如何遮巾幗、對之能無增愧色、又聞救濟難民特組游藝會、得資悉數飽義勇、但冀解囊多慷慨、一舉兩得善厥眾、勿再觀望衷袂個、同胞救國興乎來、

潘序伦：《义勇军赋怀》，刊于1932年12月19日《上海商报》

别样的藏书　别样的人

《荀子·劝学》有云:"古之学者为己,今之学者为人。君子之学也,以美其身;小人之学也,以为禽犊①。"

清代藏书家张金吾②言:"藏书者,诵读之资而学问之本也。"

书之于人,其用大矣。

读什么样的书,便是做什么样的人。盖因人不仅从读书中获得知识和技能,更从中获得涵养,在长期的积累和浸润中,养成一个人特有的气质和精神风貌。

俗云:腹有诗书气自华。又有:十年树木,百年树人。一个人的养成,非数十年努力难成其功。而一个人一生的藏书与读书,一定意义上是一个人精神养成的食粮和基础,同时又可视为一个人内在精神的外在写照。观其书,识其人。一个人的藏书,无异于将一个人赖以作为精神食粮的东西展示出来。因此,要深入地了解或理解一个人,最好是能够进到他的书房,看看他书架上、书桌上乃至床头枕边日常研读的书籍,这是深入理解一个人及其精神世界的不二法门。

---

① 禽犊:古代用作馈赠的礼品,因以喻干禄进身之物。
② 张金吾(1787—1829):字慎旃,号月霄,江苏昭文(今常熟)人。清中期藏书家、版本学家、刻书家。少学古诗文,及长,读书于"照旷阁"藏书楼,校《太平御览》《学津讨原》诸书。嘉庆十四年(1809)补博士弟子员,不久弃去,致力于藏书、校书、刊刻书籍、研究校雠诸学。嘉庆二十三年(1818)编藏书总目《爱日精庐书目》20卷和善本书目《藏书志》4卷。道光七年(1827)编《爱日精庐藏书志》36卷,《续编》4卷,收录宋元旧椠及世人鲜见的版本近800种,为有清一代著名的版本解题目录。与藏书家陈揆并称"藏书二友"。

对于理解一位先贤，除了拜读其留下的著作，品读可能由他人写成的传记或评论，一个重要的途径则是研习其身后留下的藏书，借此进入他据以长成的人文环境，了解其生活和兴趣，深刻理解其精神世界。

在20世纪中国会计发展史上，潘序伦是一个极其响亮的名字，属于名副其实的一代宗师。他用毕生精力，借西学东渐之风，开创并发展了中国现代会计事业，被誉为"中国现代会计之父"，彪炳史册。在他的率领及精神感召之下，一代代立信人前赴后继，创立并发展了会计师事务所、会计职业教育、会计出版"三位一体"的立信会计事业，在中国会计发展史上树立了不朽的"立信"丰碑。

2018年5月14日，上海市社会科学界联合会公布了首批68位"上海社科大师"名单，潘序伦先生作为一位会计人名列其中。对于会计这样一个向来不被重视的行业，实在是莫大的荣光，也是很重要的肯定。

潘老一生读书、爱书、惜书，著述无数，藏书甚丰。一些书籍伴随他一生，历经磨难。经过无数的聚散离乱，大浪淘沙，成为陪伴他一生的精神支柱，是他情怀和涵养的来源，也是他艰难困苦中赖以生存的精神陪伴与慰藉。在一些令人抑郁甚至窒息的日子里，或许正是这些冒着极大风险保藏下来的书籍，默默地支撑着他，照亮他内心明澈的田地，给予他活下去的勇气，保持理性、文明、善良的灯火不灭，并通过他照亮了更多人，引导着无数的立信学人及周围之人一代代奋斗不息。

潘老一生资财散尽，全力支持他所钟爱的会计事业。他一生创造的许多财富，随来随尽，随着立信事业的一次次发展，化成了立信事业的基石和砖瓦，普惠众生。唯有部分藏书得以始终相伴，成为他一生历史和生活真实的见证。潘老离世之后，部分藏书几经辗转，最终入藏上海立信会计金融学院中国会计博物馆。其中一些藏书在该博物馆2018年举办的"立信校友捐赠藏品特展"上展出，吸引了诸多关注，也启发我们形成了从藏书角度去认识和理解潘老，研究他一生生活及精神养成的想法。

在通常的观念中，潘老被当做一位会计人，自然地带上了人们通常对会计刻板、单调，甚至像商人一样精于算计而胸无点墨、身无大志的印象。这些藏书则还原了一个真实、鲜活、丰富、立体的潘序伦形象，突出体现潘老的报国情怀、人文精神，展现潘老的信仰和精神追求。在会计学家潘序伦、会计师潘序伦、立信事业创始人潘序伦之外，还原一个作为读书人、教育家、思想家，作为"上海社科大师"的潘序伦所具有的至为深厚的文化底蕴和艺术涵养，细心品味具有士人风骨的读书人潘序伦的精神世界。

这是一个令人陶醉、痴迷的世界，是文化中国的魂魄所系。

斯人已去，精神长留。

潘老的藏书是我们进入潘老精神世界的无双钥匙，也是本书从藏书这样一个特殊的视角入手研究和理解潘序伦先生的现实启动。

宋小明

2023 年 4 月 1 日

志于上海立信

前　言

如何理解一个人，尤其是理解其生平事迹及行事，其实是件很难的事情。常言说：听其言，观其行。言行固然是了解和判断一个人很重要的方面，但却容易失之表面，所谓"以貌取人，失之子羽"。更有一些人，善于虚言粉饰，人前一套，背后一套，平时可以欺骗无数人，一到大是大非面前和紧要关头，则原形毕露，甚至遗臭万年。如此作为，更让言行在评判一个人时的有效性大打折扣。因此，通常只有盖棺才能论定。更有盖棺乃至千年之后也难有定论者，则是因为后人看人论事的角度及用意可能大有不同。

这是研究历史人物最大的困难，也让我们不得不对过往研究中所使用的方法进行反思。

本书便是这种反思的结果。书中尝试用一种特殊的方法和路径来理解、研究潘序伦先生，探究一代伟人的精神世界及其养成与行事。

这种方法的关键是以书籍为材料，通过对潘序伦先生遗留藏书及部分代表性著作的仔细研读，深入内在，分析再现潘老学贯中西的学养根基，理解潘老的精神及以天下为己任的情怀。具体研读工作拟从以下四方面展开。

一、中国文史类藏书的研读

潘序伦出生在江苏宜兴蜀山镇一个书香门第，幼承庭训，少时入私塾学习，成年后更博览并精研诸多中国古代典籍及诗文。先生一生嗜书，虽然最终遗留下来的此类书籍并不很多,却包罗广泛,诗书画医、经史子集,种类繁多。其中更有多种不同版本的《诗经》,亲阅手批,用功至深。再如光绪戊戌年仲冬月上海慎记书庄石印《纲鉴易知录》、宣统三年秋上海会文堂《精校左绣》、洞庭麟庆堂藏版《杜韩集韵》、民国十五年(1926)六月"天津曹氏刊藏"《孝经》、颜真卿书写《游虎丘寺碑帖》拓片,以及诸多名家字画集册等。潘序伦先生原植中国传统文化学养,并拥有着中国传统士人"为天地立心,为生民立命,为往圣继绝学,为万世开太平"的使命情怀。

二、外文图书的研读

1921年夏,潘序伦以优异成绩通过南洋兄弟烟草公司选派赴美留学生的选拔,漂洋过海进入哈佛大学学习,继而考入哥伦比亚大学攻读博士学位。三年苦读,先生博览群书、废寝忘食。先生藏书中的外文原版书,包括《圣经》等宗教类图书、名人传记、小说戏剧等文学作品,兼及时政、社会、地理、技术各类,展现了潘老广泛的阅读兴趣。这种兴趣显见并非出于猎奇的爱好,而是深入了解一种文明的表现,从宗教、文学、历史、地理、技术及个人传记等方面入手,了解外部世界的构成,理解其社会、制度、人及时事。"他山之石,可以攻玉"。这正是他致力于西方文化和会计技术研究的基本出发点。外文书籍中以《圣经》及与上帝相关的著述数量最多。对于西方社会和西方人,《圣经》和上帝是至关重要的存在,也是构成西方社会文化支撑的关键性基础。从圣约翰大学毕业后进入哈佛大学、哥伦比亚大学等一流学府深造的潘序伦先生,自然深知这一点。因此,对《圣经》及相关书籍的研读,成为他了解西方社会历史文化及人本身最重要的锁钥。关于这一点,后文中引用的潘老对《圣经》中将耶稣比作光和盐的理解,最能说明问题。潘老的外文藏书中包括许多经典,比如英国著名小说家、世界名著《名利场》的作者威廉·梅克比斯·萨克雷(William Makepeace Thackeray)的另一力作《潘丹尼斯的历史》(*The*

History of Pendennis）。该书于1848—1850年在《势利人》杂志连载，影响深远。该书羊皮纸封面，潘老在扉页上亲笔题写"First Edition"，足见其珍视。另外，还有第二次世界大战时期英国首相温斯顿·丘吉尔的自传：A Roving Commission:My Early Life；英国现代杰出的现实主义戏剧作家、1925年因作品具有理想主义和人道主义而获诺贝尔文学奖的文化名人萧伯纳的传记 George Bernard Shaw；1915年版的《莎士比亚故事集》（Tales From Shakespeare）；被称为最有趣的科学自传之一的《从移民到发明家》（From Immigrant to Inventor）；以及《克里斯蒂娜·艾伯塔的父亲》（Christina Alberta's Father）等驰名世界的作品。正是这些影响深远的名著，成为潘老了解外部世界的有效窗口，并从中获得丰富的文化给养，以及对人类文明更为深刻的理解。

三、外文画报研读

曾几何时，画报作为一种高等级的阅读媒体受到人们青睐，原因在于其直观的图片（照片）形式，更加形象具体地传达有关时事及世界发展的一些重要信息。在一个信息不灵、相对闭锁的时代，各式画报成为潘老了解世界风云变幻的重要途径。潘老珍藏的画报，包括美国《时代周刊》（Time）、《生活》（Life）、《捷克生活》（Czechoslovak Life）、《中国改革》（China Restructures），英文、德文版《中国画报》等6种335册。这些画报是遗留下来的全部藏书资料中数量最大的一部分。其时间处在1938—1969年，这些材料因此成为了解那个时代潘老动态的重要史料。

四、潘老著作及所藏会计著作的研读

"立信会计丛书"是20世纪中国会计发展中一座不朽的丰碑，潘老也因此引之为他对中国会计学术最重要的贡献。其中潘老著作约有三四十种。潘老藏书中包括一些列入"立信会计丛书"的会计著作。本书将对此类著作做一些初步的研究考察，并将研究的视角伸展到潘老的博士论文，以及为其他一些重要著作所作的序言。这些著述和文字中，无不闪耀着潘

老思想、精神及智慧的光芒，是理解潘老必不可少的材料。

潘老的藏书中，自然是有会计专业书的，这方面也有一些材料证据。一是在1958年批判潘老的材料中提到，"在上海解放前夕，潘序伦就托人去中国香港地区、美国搜罗大批所谓'最新'，也就是最反动的资本主义会计书籍。"① 二是据《顾准自述》记载，1962年9月，他出差到上海调查，到潘老家里要些会计书籍，"他说他现在根本什么书也用不着了，让我就他家所存的书自己挑选，共挑了二三十本，都是上海解放后两三年间他搞会计研究时置办的"②。按照顾准的这个说法来推测，在顾准挑选拿走二三十本之后，潘老身边应该还是存有一些会计类书籍的，其中大概率有不少是外文原版书。这些书后来在上海市会计学会成立时，与其他中文版图书一道捐给了上海市会计学会作为研究资料。后来兜兜转转，有一些又回到了立信图书馆，也成为本书开展研究难得的材料。

＊　＊　＊

书养人，人读书。书的际遇，有时也和人一样，聚散离合，颠沛流离。研究潘老的书，也就是研究他这个人，研究他的生活，研究他之所以成为他的内在原因。这样的研究之前似乎并不多见，所以应该具有一定的实际意义，也是一种巨大的挑战。希望我们尝试的结果不会让读者诸君过于失望。对于潘老的藏书，以及将部分藏书捐赠给会计博物馆收藏研究的郑鑫尧先生，也勉强当作一种虽然分量轻微但心意真诚的回馈吧。

自然，这样的研究，也只是一种偶然的产物，一项个人尝试的结果。作为方法路径，不一定具有普遍意义。特此说明。

---

① 上海财政经济出版社编辑：《批判右派分子潘序伦在会计方面的反动言行》，第11页，上海财政经济出版社，1958年版。

② 顾准：《顾准自述》，第61页，中国青年出版社，2002年版。

目 录

第一章　不解之缘　/　人、事、书的关联 …………………………… 1

第二章　远见卓识　/　万源之源 ………………………………………… 35

第三章　志存高远　/　诗意的涵养 ……………………………………… 73

第四章　气象氤氲　/　文以广识，继以载道 ………………………… 107

第五章　西学为用　/　从《圣经》到会计 …………………………… 153

第六章　君子之质　/　书画怡情，笔墨冶心 ………………………… 203

第七章　胸怀天下　/　位卑未敢忘忧国 ……………………………… 259

第八章　著作等身　/　呕心沥血，因时而作 ………………………… 291

尾声　泽被千秋 ………………………………………………………… 329

后记 ……………………………………………………………………… 333

第一章 | 不解之缘

人、事、书的关联

一、说缘

国人行事向来讲缘分，有种说法叫"缘为天定，分在人为"。人世间的事，似乎总有一种难以言说莫名的关联在里面撕扯不清。因为难以解释，所以往往归之于迷信，嗤之以鼻。不过，我本人却是十分相信缘分的，如同春过了是夏，夏过了是秋。世间万事万物，莫不有一种内在的关联和看不见的秩序，只是过于迷信物质和眼见为实的我们并不明了其中的道理。我之与立信结缘，以及后来得遇潘老的藏书，从中切近感受和领会潘老为学做人的精神，直到动手编写此书，更是一种莫大的缘分。

一切看似偶然，其实未必不是一种必然。

2009年我从大西北来到上海立信会计学院参与会计博物馆建设，本是秉回报师恩的初心。在武汉读书期间，多次听恩师郭道扬先生讲述他在研究会计史之初拜访潘老。潘老不以一个初出茅庐之人的冒昧造访而见忤，反而很隆重地请他在上海很高级的法国红房子饭店吃饭①，对他的会计史研究给予了极大的肯定和鼓励。其后更是平辈论交，鱼雁往来，给予了许多无私的关怀、帮助和指导。听闻立信建设中国第一家会计博物馆，恩师毫不吝惜地将珍藏数十年、一直视为至宝的几十封与潘老的往来书信郑重地捐给博物馆。这些书信现珍藏于上海立信会计金融学院档案馆。其中数封书信陈列在立信校史馆的展柜内，向人们诉说着两代会计学人深厚的情谊。

曾跟随郭道扬先生修习会计史的我，正是因应着这份情缘，以惴惴的

---

① 黄成艮：《两代会计大家的交往轶事》，见《立信往事》，第312页，立信会计出版社，2013年版。

心情从遥远的金城兰州来到上海,来到潘老在近百年前创立的立信会计事业基地,来实现恩师建设会计博物馆、抢救性收藏会计历史文物和文献资料的夙愿。为此,我特立下了一个宏愿:收集立信史料,推动相关研究,通过各种渠道收集"立信会计丛书"中的图书,填补全国迄今没有一套完整的"立信会计丛书"的空白。我始终相信,立信会计相关的各种史料是立信事业巨大的精神财富,更是20世纪以来中国会计现代化发展最重要的历史见证。潘序伦先生被誉为"中国现代会计之父"、入选"上海社科大师",可谓实至名归。

然而,令人好奇、也一直不解的是:究竟是什么样的环境条件和因素,造就了潘老宽广的胸怀、坚韧的精神,让他这样一个在三十岁之前甚至有些"纨绔"的书香世家之子,在后来半个多世纪的人生中,不计个人名利安危,散尽家财,孜孜以求,鞠躬尽瘁,一心扑在钟爱的会计事业上,创造出举世无双的宏伟业绩?

本以为这个谜题永远不会有答案,谁知道,后来却因为另外一个特殊的机缘,得以从另外一个特殊的角度,感悟潘老精神世界的构成,并因此使这个谜题有了相对明确的答案。

这个机缘,就是有一天,潘老一生积累下来,经过数十年风雨侵蚀最终得以在潘老身故之后留存下来的数百册个人藏书资料,进入了我的视线。其中部分藏书入藏中国会计博物馆,我也因此真实地、切近地感受潘老的生活,领会他的精神世界。于会计博物馆,则有了一批珍宝级的收藏,如同佛像装脏①画龙点睛,从此,中国会计博物馆有了灵魂,从一个由建筑和各类物化的藏品构成的物体,跃升成为鲜活的生命体,有了永恒的生命意义。

---

① 装脏,也写作"装藏",是指新的佛像落成后,为佛像装上象征性的内脏与神识,赋予佛像以生命力。圆雕之像,装在像的内部,绘画及浮雕装在背面。这是佛教造像特有的仪轨。一般民间或文人案头的"摆设",无论是民间神祇或各种工艺品,皆无此说,惟佛教特别重视心念与神识,所以装脏是佛教造像必不可少的一种程序。

这批图书资料，总共包括 540 册古今中外经典图书、外文画报①，涉及广泛，俨然是人类世界文明重要成就的缩影。更有意义的是，其中一些书页上还有潘老亲笔留下的标注。这些标注将本不起眼的一本本图书与潘老的生活及识见连接在一起，图书因此具有了丰富的生命意义。

我始终认为，人如其书。读什么样的书，便是做什么样的人。人不仅从读书中获得知识和技能，更从中获得精神涵养，在长期的积累和熏陶中，养成一个人特有的精神风貌和气质，并因此而决定了一个人对待人和世间事物的态度，也从根本上决定了一个人灵魂（精神世界）的高度。从这个意义上来讲，潘老的个人藏书，正是研究潘老个人精神及思想养成至关重要的材料。这些材料在经历数十年离乱之后，竟然还能被我遇到并部分入藏中国会计博物馆，实在是天大的机缘！②

这个缘分，要从 2014 年一个偶然的事情说起。

之前因为馆藏契约文书的整理研究，我与立信法学院王旭教授相识，志趣相投，引为知交。闲谈之中我们经常会说起立信的史事，家长里短，习以为常，其间也会聊到潘序伦先生对中国会计现代化的巨大贡献，以及他的身后之事，难免生出许多感慨。2014 年早春的一天，闲谈中王旭提到，郑鑫尧老师因为偶然的机会收到一批潘老的藏书，听说学校建中国会计博物馆，有意将其中部分材料捐给博物馆收藏研究。这个消息让我震惊且意外！

潘老的遗物，正是我多年来努力追寻而不得的，谁料竟会以这种方式不期而遇！

经过几次接触和交流，很快，郑老师和潘老的部分藏书就来到了中国会计博物馆。

在博物馆办公室见到郑鑫尧老师那一刻，我激动到无以复加，紧紧握

---

① 入藏中国会计博物馆的只是其中部分图书资料。
② 许多材料证明（本著后面也会提到），在那个特殊的年代，潘老曾遭遇批斗、抄家，许多东西因此不知去向，从此不见天日。所以，这些图书资料能够留存下来，不能不说是一种奇迹。

住他的手，强忍着不让眼泪流下来。说实在的，从 2009 年开始为中国会计博物馆搜寻会计历史藏品资料，其间遇到过许多惊喜，也有不少令人激动的时刻。但这次的惊喜和激动却与以往完全不同，其中的意义实在难以言表。

郑老师如数家珍般地把一函函珍贵的线装书和纸色已经发黄的外文画刊展现在我和博物馆工作人员面前，观者无不动容。苦苦追寻多年，我深知这批藏书对中国会计博物馆乃至中国会计界的巨大意义。在我个人的意念里，中国会计飘荡数千年的灵魂从此有了安放之处。我们在多年前立下的建立"全球会计人朝圣的殿堂"的宏愿，从此不再是空想。正是从此刻开始，中国会计博物馆有了切实、深刻，实实在在且意义非凡的精神依托。

潘老数十年如一日，用自己的不懈努力调动各方面力量，呕心沥血，建立了"三位一体"的立信会计事业，在中国会计现代化发展的历史上，树立起一座不朽的丰碑。对潘老而言，立信就是他的儿子[①]。这批藏书，则是潘老个人成长、生活的精神写照，也是陪伴潘老在危难和困苦中努力前行直至生命终点的精神支柱。在潘老离世之后，这批图书也是他身后留下最重要的"遗产"。在我看来，它们不啻于潘老精神力量的物化载体。

常言道：鞠躬尽瘁，死而后已。潘老的精神和影响，却是无止境的。他的事迹和贡献已经铭记于历史，他的精神在无数立信人和他所创立的立信会计事业身上得到了传承和发展。因为这批书，他的魂也有了寄托，存在于世。睹物思人，供世人深切缅怀和瞻仰。

我之所以感到无比激动，还因为多年来跑各地古玩市场淘宝，深知这些材料的难得，其意义的重大。说得俗一点，在有关名人的一切都动辄数百乃至成千上万元，堪称寸纸寸金的古玩及拍卖市场上，潘老作为"中国

[①] 罗银胜先生新著中讲到，潘老有一次和前来看望他的学生神聊，发问：立信意何谓？有人说："立信会计者，潘序伦也。"潘老不以为然："立信是我儿子。"一语既出，震惊四座，无不称是。——参见罗银胜：《经世济民——中国现代会计之父潘序伦的家国情怀》，立信会计出版社，2023 年版。

现代会计之父""上海社科大师",这批藏书的经济(市场)价值又是何等巨大!作为多年研究拍卖甚至堪称中国拍卖市场教父级人物的郑鑫尧先生,又岂能不知这批图书资料的经济价值?当我为此深感敬佩并致谢时,他却只说了四个字——"感恩潘老"。

二、奇迹

从郑鑫尧先生口中,我听到了一个有关这批藏书的十分特别的故事,令人唏嘘、感叹。缘分之奇妙,概莫如此!

郑鑫尧先生于1991年进入立信工作,因为一次偶然的机会,开始在工作之余研究拍卖。在改革开放后的中国,这是一个中断了数十年、尘封已久的领域。郑先生进入拍卖的大门,就像打开了一个充满魔法和谜题的世界,如醉如痴,脑子里成天想的都是古物和资料,也因此养成了对古旧物品特殊的敏感。

郑先生说,1993年春天的一个中午,风很大,他吃完午饭晃悠悠骑着自行车沿着钦州路往单位走,突然一阵风来,莫名其妙吹起一张纸糊在了他脸上。他又惊又怒,赶紧揭下来,入眼的是一张已经发黄的《时代周刊》[①]封面,上面是英文字和希特勒的像。因为职业的"敏感",这一下子引起了他的注意,在那个时代,英文杂志属于稀缺之物,更何况是已经发黄的"老古董"。他举目四望,看到前面一个头发花白的老头儿,正佝偻着身子吃力地拉着一辆平板车艰难前行,车上是满满一车旧书刊,感觉分量不轻。他满腔的怒气顿时化作"淘宝"的兴致,快步上前拦下老头儿,问他拉的什么东西。老头儿操着一口浓浓的山东口音回答:"收的破烂。"他问:"能不能让我看看?"老头儿可能是拉车累了,也可能是之前遇到过类似情况,十分情愿地停下车任他翻捡。郑先生发现其中有一些线

[①] 《时代周刊》(*Time*)又称《时代》,创刊于1923年,是20世纪最先出现的新闻周刊之一,为新的日益增长的国际读者群开设一个了解全球新闻的窗口。《时代周刊》是美国三大时事性周刊之一,内容广泛,对国际问题发表主张和对国际重大事件进行跟踪报道,曾分别出版美国主版、国际版,以及欧洲、亚洲和拉丁美洲版。

装书，还有一些外文书籍和为数不少的外文画报。这些书报看起来有些破烂，且颜色泛黄，附带一些岁月留下的尘埃和泥垢，颇像古器物常有的包浆。虽然还不清楚到底有些什么东西，但他立刻断定，这是一批很有价值的"古董"。因为特殊的原因，他其实更看重的是那些名头很大的外文画刊。看中了东西，他就开始和老头儿谈价。郑先生直接问："你这些'破烂'多少钱，卖给我吧。"老头儿似乎没想到刚收到的东西就能出手，犹豫了一会儿说："100块钱。"那时候的100块钱大致比普通工作人员一个月的工资还要多。老头儿说完，以巴望的眼神看着他。郑先生从各个口袋中搜罗，找到了200块钱，说道："这样吧，我这些钱全给你，你帮我拉回家里去。"老头儿好像有点被这个钱数惊到了，一点儿没有犹豫，甚至没有问他家究竟有多远，就乐颠颠拉起车跟着他一起回了家，并帮他一点点全部搬到了家里。

对于这批花200"大洋"买来的"破烂"，他也不确定到底有多大价值，只是因为作为图书馆工作人员对"线装书"的认知和《时代周刊》的盛名，他判断这些书刊是值钱的好东西。

断断续续大概花了三年时间，他对这批东西做了初步整理，并对自己最看重的《时代周刊》杂志专门找人为其做了蓝布封面。在整理、研究的过程中，他发现其中有好几本原版《圣经》，是美国各州不同的版本，看起来有点脏。因为父辈的原因，他对《圣经》特别关注。他知道潘序伦先生年轻时曾在圣约翰大学读书，该校是教会办的学校，因此他怀疑这批图书有可能是潘序伦先生的藏书。后来的整理分析，让他更坚定了这个想法。因为其中有"立信会计丛书"，原版英文小说、名人传记以及《监本诗经》《文心雕龙》等线装书，还有名人画册和书法拓本，以及外文画报等。由此可以推断，其主人一定是一位与立信会计有关、留过洋、中文功底深厚、外语水平很好、兴趣爱好广泛的人物。纵观上海会计界，同时符合这些条件的能有几人？因此他初步断定，这些图书资料是潘序伦先生的个人藏书。直到有一天，我把立信校友会何佩莉老师发给我的一张潘序伦论《圣经》与会计的图片转发给他,他才确定无疑,这些图书资料正是潘老一生的珍藏!

三、潘老藏书

表1-1是根据郑先生的整理编制的"潘序伦遗存书刊总目"。需要说明的是,此处用了"总目"二字,其实并不十分恰当。因为这些书肯定并非潘老一生全部的藏书,仅仅是大浪淘沙、历经坎坷,最终能够陪伴潘老走过人生最后一程并留存于世的部分图书。这批图书能够作为一个相对完整的体系留下来,并最终得遇郑鑫尧先生,其中部分藏书资料能相对完整地入藏中国会计博物馆,而避免了颠沛流散的命运,实在是潘老之幸,是我们之幸,是所有立信人之幸。可以肯定的是,这些图书只是潘老阅读和收藏过的图书中的一小部分。至于潘老究竟有过多少藏书,如今已经不得而知,注定成谜。然而,窥一斑而知全豹,这些书刊已经能够较为典型和准确地展现潘老藏书的大致情况,也能大致反映潘老的精神世界。这里隐含的逻辑是:一个人颠沛一生,大浪淘沙,最终能够留在身边的,一定是他认为最重要的东西。潘老一生视钱财如粪土,缘来缘去,把大量金钱捐献用于立信会计事业及社会公益,唯有这些书一直陪伴他走到生命的尽头,由此也可证明潘老对这些书籍的珍视。

这些书包罗甚广,体现了潘老藏书应有的面貌,应该是潘老最终藏书的主要部分,也因此具有了据以作为研究潘老的证据价值和史料价值。

表1-1 潘序伦遗存书刊总目

大类	序号	书名	出版信息	册数	门类	标注说明
中文图书	1	诚斋易传	光绪二十一年(1895)冬湖北官书处重刻	1	易	
	2	洞庭席碬卿先生言行录	席裕康编,民国七年(1918)石印	4	集	
	3	杜韩集韵	洞庭麟庆堂藏版	1	诗	

(续表)

大类	序号	书名	出版信息	册数	门类	标注说明
中文图书	4	纲鉴易知录	光绪戊戌年（1898）仲冬月上海慎记书庄石印	8	史	
	5	黄帝内经素问	新安医家子鹤皋吴崑注，太学生屏谷汪起龙参订	6	医	缺前2册
	6	五彩绘图监本诗经	上海扫叶山房石印	4	诗	注3本
	7	精校左绣	宣统三年（1911）秋上海会文堂精校	8	经	
	8	李文忠公手书朱伯庐先生治家格言	民国十七年（1928）11月心心印社发行	1	集	
	9	明鉴易知录	线装，出版信息不明	2	史	
	10	女科撮要	线装，出版信息不明	1	医	
	11	少陵诗钞	民国十六年（1927）冬月出版，会稽顾氏珍藏，科学仪器馆版	1	诗	
	12	诗经	民国三年（1914）精校版，中华书局铸版	4	诗	
	13	诗经	民国三年（1914）精校版，中华书局印行	12	诗	
	14	诗经	民国四年（1915）刘法曾精校，中华书局印行	12	诗	注2本
	15	诗经读本（春夏秋冬）	上海天机书局印行	4	诗	
	16	精校诗经监本附图	庚戌冬上海会文堂书局印行	4	诗	
	17	诗均（佩文诗韵释要）	出版信息不明	1	诗	
	18	诗序解	陈延杰著，上海开明书店民国二十一年（1932）5月出版发行	1	诗	注1本
	19	书法秘诀	民国十四年（1925）8月初版中华新教育社出版发行	1	书	
	20	黄帝素问灵枢合纂	汪讱庵先生辑，宏道堂藏版	1	医	
	21	唐黄御史公集	（唐）黄滔撰，上海涵芬楼借闽县李氏观槿斋藏明万历刊本景印	3	集	

(续表)

大类	序号	书名	出版信息	册数	门类	标注说明
中文图书	22	唐吕和叔文集	唐吕温（字和叔）撰，上海涵芬楼借常熟瞿氏藏述古堂景宋抄本印行	2	集	
	23	唐人万首绝句选	第1册，上海扫叶山房民国十四年（1925）石印	1	诗	
	24	唐人万首绝句选	第2册，商务印书馆民国十八年（1929）初版	1	诗	
	25	唐人万首绝句选	第3册，商务印书馆民国二十四年（1935）初版	1	诗	
	26	唐人万首绝句选	第4册，上海扫叶山房民国二十六年（1937）石印	1	诗	
	27	唐诗评注读本（全）	吴兴王文濡编，上海文明书局民国五年（1916）发行	2	诗	注2本
	28	唐诗三百首	商务印书馆民国三十六年（1947）第十一版	1	诗	注1本
	29	唐史论断	三卷，（宋）孙甫撰	2	史	
	30	唐氏中西医判	民国三年（1914）初百草楼校刊	1	医	注1本
	31	新学伪经考	光绪十七年（1891）7月广州康氏万木草堂刊	6	经	
	32	颐渊诗集	柳亚子题，上海中华书局承印	1	诗	
	33	渔洋精华录笺注	苏州振新书社印行	10	集	
	34	元词斠律	商务印书馆，民国二十五年（1936）7月初版	3	曲	
	35	增补星平会海全书	出版信息不明	2	易	
	36	文心雕龙	扫叶山房石印，民国四年（1915）出版	1	文	
	37	张季子九录（1套）	民国二十年（1931）10月，中华书局聚珍仿宋版印	7	集	

(续表)

大类	序号	书名	出版信息	册数	门类	标注说明
中文图书	38	诗中画	光绪乙酉年（1885）	1	画	
	39	谭祖安先生手写诗册（1套）		4	诗	
	40	亭秋馆诗词集（1套）	壬子嘉平月腊8日刊于京师	8	诗	
	41	内府地图（上、下册）		2	地	
	42	庐山志副刊（上、下两函）		14	地	
	43	名人山水集		1	画	
	44	张篁邨山水册		1	画	
	45	张季筏山水册		1	画	
	46	梅景书屋画集		1	画	
	47	中国国画册		9	画	
	48	孝经	民国十五年（1926）6月，天津曹氏刊藏	1	经	
	49	松禅戏墨	商务印书馆，民国二十四年（1935）3月初版	1	画	
	50	闺范图说	影印明刻闺范四卷，木板夹	1	画	
	51	清远道士诗帖	出版信息不明	1	书	
	52	清道人遗集＋附录	出版信息不明	1	集	
	53	文华堂监制账册	文华堂监制	1		
	54	中国共产党的三十年	胡乔木作，新闻日报印，1951年	1	史	注1本

（续表）

大类	序号	书名	出版信息	册数	门类	标注说明
英文图书	55	*The Bible*（《圣经》）	James Moffatt, Harpper & Brothers Publishers	1	宗教类	
	56	*Bible History*（《圣经故事》）	Benziger Brothers Inc. 1936	3	宗教类	
	57	*The Holy Bible*（《圣经》）	New York, American Bible Society, 1933	1	宗教类	
	58	*Children of god: An American Epic*（《上帝之子：美国史诗》）	By Vardis Fisher, Harper & Brothers Publisher, 1939	1	宗教类	
	59	*God's ravens*（《上帝的乌鸦》）	By Julia L. Kellersberger, New York, Fleming H. Revell Company	1	宗教类	
	60	*God's Candlelights: An Educational Venture in Northern Rhodesia*（《上帝的烛光：北罗得西亚的教育冒险》）	By Mabel Shaw, The Livingstone Press, 1932	1	宗教类	
	61	*God is My Co-pilot*（《上帝是我的副驾驶》）	By Robert L. Scott, Jr. Blue Ribbon Books, 1944	1	纪实类	
	62	*God is My Adventure*（《上帝是我的奇遇》）	By Rom Landau, Alfred A. Knopf, INC. 1936	1	宗教类	
	63	*Drawing Nigh to God*（《接近上帝》）	Review and Herald Publishing Association, 1945	1	宗教类	
	64	*God Protect Me From My Friends*（《上帝保佑我不受朋友伤害》）	By Gavin Maxwell, Readers Union Longmans, Green, London, 1957	1	传记类	
	65	*International Bible Commentary*（《国际圣经评论》）	Edited by C. H. IRWIN, The John C. Winston Company		宗教类	

第一章 不解之缘／人、事、书的关联

(续表)

大类	序号	书名	出版信息	册数	门类	标注说明
英文图书	66	IF I WERE KING（《我若为王》）	ByJustin Huntly McCarthy, New Yrok, Grosset & Dunlap Publishers, 1929	1	社会类	
	67	GEORGE KING: Medical Evangelist（《乔治·金：医学布道者》）	BY Frank Hougton, printed in Great Britain by R. & R. Clark Limited.	1	传记类	
	68	Selected Letters of William Cowper BIOGRAPHY（《威廉·柯珀传：书信选》）	Selected and Arranged by William Hadley, London & Toronto Published by J. M. Dent & Sons Ltd. In New York BY E. P. Dutton & Co. 1926	1	传记类	
	69	The Valley of Diamonds（《钻石谷》）	By William Johnston, Collins' Clear-type Press	1	地理类	
	70	Experiment in the Film（《电影中的实验》）	BY Roger Manvell, The Grey Walls Press LTD, 1949	1	技术类	
	71	From Immigrant to Inventor（《从移民到发明家》）	By Michael Pupin, New York, Charles Scribner's sons, 1930	1	传记类	
	72	A Roving Commission: My Early Life（《丘吉尔自传》）	BY Winston S. Churchill, New American Edition, 1940	1	传记类	
	73	The Household Painter（《粉刷匠》）	A. Ashmun Kelly, David McKay Company, 1937	1	技术类	
	74	Unforbidden Fruit（《非禁果》）	Warner Fabian, Boni & Liveright Publishers, 1928	1		
	75	Heroes of Modern Europe（《现代欧洲英雄》）	By Alice Birkhead B. A., George G. Harrap & Co. Ltd., 1931	1	传记类	

(续表)

大类	序号	书名	出版信息	册数	门类	标注说明
英文图书	76	The Victory of Paul Kent（《保罗·肯特的胜利》）	By Garth Hale, New York, E. P. Dutton & Co., Inc. 1948	1	传记类	
	77	George Bernard Shaw（《萧伯纳》）	By Alick West, New York International Publishers, 1950	1	传记类	
	78	Face to Face With America（《直面美国：赫鲁晓夫访美纪实》）	Moscow, 1960, Foreign Languages Publishing House	1	时事类	
	79	Three Famous Murder Novels（《谋杀小说名作三种》）	Selected, and with An Introduction By Bennett A. Cerf, The Modern Library, New York, 1941	1	文学类	
	80	Believe it or Not!（《不管你是否相信》）	BY Robert Ripley, Reader's League of America, New York, 1929	1	社会类	
	81	Valley of Power（《权力谷》）	By Eleanor Buckles, New York, American Book-Stratford Press, Inc., 1945	1	社会类	
	82	A Golden Highway（《黄金大道》）	By C. B. Glasscock, A. L. Burt Company, Publishers, 1934	1	地理类	
	83	Christina Alberta's Father（《克里斯蒂娜·艾伯塔的父亲》）	By H. G. Wells, New York, Macmillan, 1925	1	传记类	
	84	Tales from Shakespeare（《莎士比亚故事集》）	By Charles & Mary Lamb, Ginn and Company, 1915	1	文学类	
	85	The History of Pendennis: His Fortunes & Misfortunes, His Friends & His Greatest Enemy（《潘丹尼斯的历史》）	By William Makepeace Thackeray, London, Bradbury and Evans, 11, Bouverie Street, 1849	1	文学类	

(续表)

大类	序号	书名	出版信息	册数	门类	标注说明
英文图书	86	The Table Talk and Omniana of Samuel Taylor Coleridge（《枯立支语录》①）	By T. Ashe, B. A., London: George Bell and Sons, 1884	1	文学类	
	87	Strange stories from a Chinese studio（《聊斋志异》）	Translated and annotated by Herbert A. Giles, Kelly & Walsh, Limited, 1916	1	文学类	
	88	《普的短篇小说》Tales by Edgar Allan Poe	伍光建选译，商务印书馆发行，1934年	3	文学类	
外文画报	89	Life（《生活》国际版）	1946—1948年，国际性刊物	4		
	90	Time（《时代周刊》）	海外版2本；本土版88本；远东版5本；亚洲版16本；大西洋版94本，1938—1969年	205		
	89	Czechoslovak Life《捷克生活》画报（英文版）	1954—1963年	52		
	90	China Restructures《中国建设》画报（英文版）	1958、1959、1961、1966年	4		
	91	China IM BILD《中国画报》（德文版）	1958—1966年	31		
	92	China Pictorial《中国画报》（英文版）	1951—1966年	27		
	93	China Pictorial《中国画报》（蒙文版）	1957年	1		
	94	缺封面页杂志（Time 10册，《捷克生活》1册）		11		
合计				540		

资料来源：根据郑鑫尧老师提供的资料整理。

说明：本表及以后章节中有关图书"出版信息"，皆是按原书版权页资料原样呈现。

---

① 本书书名直译当为《塞缪尔·泰勒·柯勒律治的餐桌谈话与杂烩》，钱锺书读书笔记中称其为《枯立支语录》，沿用之。

表1-1可见，潘老藏书包括：

（1）中文图书：54种，171本（册），经、史、集，诗、书、画，易、地（地理）、医，几乎涵盖了中国古代文人阅读的所有可能方面。区区54种图书却能包含如此众多的门类，却并非有心建构，而是在长期的学习阅读中自然形成，可见潘老学养之丰富，涉猎研习之广泛，实非常人可比。特别是其中包括一本会计账册，似乎专为证明潘老的会计专业身份。一本胡乔木著，新闻日报1951年印的《中国共产党的三十年》，像在告诉我们，这个具有典型中国传统知识分子情怀和抱负的会计学大师在新中国成立后努力了解执政党、拥抱新时代的真心和热望。

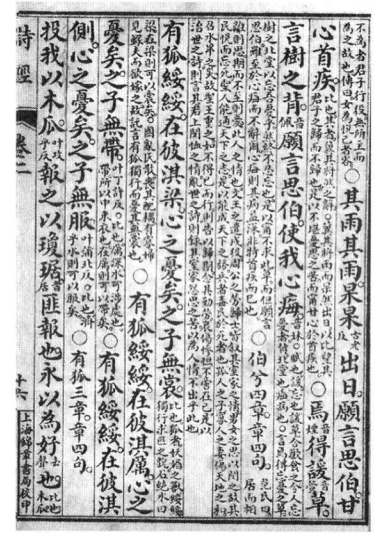

庚戌（1910年）冬上海会文堂书局印行，《精校诗经监本附图》

（2）英文图书：34种（本），以宗教、传记、文学作品居多，兼及时政、社会、地理、技术类。需要说明的是，表中分类只是为了了解藏书者的兴趣所及而做的一种大体上的划分，并不是科学、精确的图书分类。虽然总数只有34种，并不算多，但其所涉及的却是与美国社会、英国文学、时政、技术等相关联。其中尤以《圣经》及与上帝相关的著作占比较大。

英文藏书的出版时间，最早为 1849 年，是维多利亚时代英国小说家、与狄更斯齐名、以《名利场》一书闻名世界的威廉·梅克比斯·萨克雷（William Makepeace Thackeray）中年时代的一部重要作品，*The History of Pendennis: His Fortunes & Misfortunes，His Friends & His Greatest Enemy*（《潘丹尼斯的历史》）。

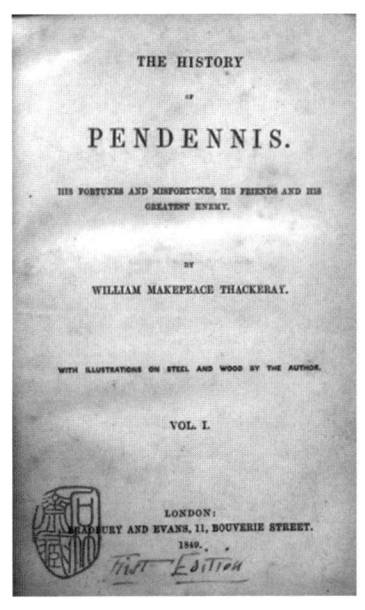

William Makepeace *Thackeray*，*The History of Pendennis: His Fortunes & Misfortunes, His Friends & His Greatest Enemy*（《潘丹尼斯的历史》），
London, Bradbury and Evans, 11, Bouverie Street, 1849, 扉页及插图

外文版藏书中时间最晚，也是最独特的一种政治性著作，是莫斯科外语出版社（Foreign Languages Publishing House）1960 年出版的 *Face to Face With America*（《直面美国：赫鲁晓夫访美纪实》）。

这些藏书显示出来的是一个走出国门看世界的中国学人，通过宗教、文学、人物传记、社会等方面的经典著作了解其社会、历史、文化和人，关切时事的基本状态。即便是在被打为"右派"之后，潘老依然在关注世界的动态。

藏书中所见1957年出版于伦敦的 God Protect Me From My Friends（《上帝保佑我不受朋友伤害》），不知是通过什么渠道进入潘老藏书之中，联系当时潘老的境遇①，我们自然地想到，读这本英文原著的潘老，是在自我疗伤、寻求慰藉与和解，还是努力让自己谅解那些落井下石的朋友，原谅他们对自己的无情伤害？

（3）外文画报：包括美国《时代周刊》（Time）、《生活》（Life）、《捷克生活》（Czechoslovak Life）、《中国建设》（China Restructures），英文、德文版《中国画报》等6种画报335册。其时间处在1938—1969年。在那个信息相对闭塞的年代，画报以图片（照片）形式呈现，大概可视为了解真实世界的一个窗口。也可能是在传记、小说、诗词、历史等精神涵养之外，为数不多可作为了解真实世界的渠道之一。这可能是潘老藏书中之所以会有如此多在那个时代一般个人藏书中并不多见的外文画报的原因之一。我们遗憾地看到，这个窗口，截至1966年大多数关闭，唯一余留的是《时代周刊》美国本土版的1969年10月3日刊。

潘老藏书中为什么会有这样多外文画报？我们推测到的原因有两个：一是画报图文并茂的方式，对于终日奔忙于各种事务，尤其是会计工作及会计专业书籍的翻译与写作的潘老，可以算作是一种难得的娱乐和消遣；二是在后来那样的环境下，外文画报可能是他能得到的唯一一种了解外部世界动态的窗口和

《时代周刊》（Time）美国本土版的1969年10月3日刊。封面人物为纽约市市长候选人马里奥·普罗卡奇诺（Mario Procaccino），大字标题为"The Battle for New York"（为纽约而战）

---

① 1957年潘老被打成"右派"，1958年，上海财政经济出版社编辑出版《批判右派分子潘序伦在会计方面的反动言行》，昔日故旧跳出来进行无情的批判，鲜血淋漓。

渠道。直到遇见这一份民国时期上海良友公司出版的《良友》画报，我们终于发现了另外一个可能的根由。

《良友》画报是中国近现代第一本大型综合性彩色画报，由广东人伍联德1926年2月在上海创刊，1941年因战乱停刊，共出刊174期。《良友》画报题材广泛，内容丰富，编印精良，图文并茂，雅俗共赏，在国内外享有良好的声誉。当时曾有种说法：凡有华人的地方，无不以一睹《良友》为快。我们在搜求潘序伦史料的过程中偶然发现，在某期《良友》画报的"闻人介绍"栏目中，有良友公司对本公司三位荣誉人员的介绍，其中包括年轻英俊的"本公司会计师潘序伦先生"。本页中间三人照片下，附加一条英文说明："Honorary Personnel of the Liang You Co.（Left to Right）Ding-sai Chen, lawyer; Pan Chui-lun, chartered account; Dr. Med. Lu Pau Fa（Berlin）Physician"（良友公司荣誉人员，从左到右：陈霆锐律师；潘序伦会计师；柏林大学医学博士卢宝法医师）。或许正是在为良友公司提供会计服务的过程中，让年轻的潘序伦博士喜欢上了图文并茂、内容丰富的《良友》画报，并因此而习惯了画报这种特殊的大众化媒体，也养成了他以画报作为了解时事信息的习惯。潘老遗书中包括从1938年直至1969年的《时代周刊》（Time），这应该是这一时期他了解国际局势和世界发展最新成就的重要渠道。

《良友》画报上刊登的良友公司荣誉人员照片及信息

对于这批画报中最后的时间截至在1969年,以及经历了"抄家"之后为什么最终还能陪伴着潘老直到最后,我们一直感到困惑不解。直到在一份画报的封面看到毛笔写的"216反动画报"字样,我们才可以猜测,这批画报应该是被"抄家"抄走了的。① 其中数字"216",应该是205册《时代周刊》与4册《生活》,以及几册无封面的《时代周刊》杂志的合计数。当时各地抄家情况比较复杂,什么样的东西会被拿走,拿走后如何处理,是否会返回,并无一定之规,所以,这些东西究竟是何时以什么样的方式又回到潘老身边,我们不得而知,希望将来有知情者能够最终解惑。

《时代周刊》(*Time*),
Pacific Overseas Edition, May 9, 1949
画报底边毛笔写:"216反动画报"

如果说大多数的中英文经典图书收藏一定意义上代表了精神世界的涵养,那么这些画报则是现实的映射,是通过画报这种图文并茂、切近现实的形式作为了解外部世界发展变化的窗口。精神和现实,构成那个时代潘老所熟知的世界。这个世界大体于20世纪60年代逐渐关闭。但这些图书和画刊,却成为潘老一生最重要的收藏。

四、又一份惊喜

在潘老遗存的这些图书资料中,我们没有发现一本会计相关的著作,这显然是极不合理的。回想到以前在学校图书馆见过一些潘老著作和"立信会计丛书"的展示,我们抱着试试看的态度找到图书馆姚水林副馆长,

---

① 《潘序伦回忆录》并非严格按照时间顺序进行回忆,故我们无法看到在一些时期究竟发生了什么,但从其他人的回忆文章中,我们了解到潘老被抄家、赶出家门寄住朋友家,以及下放工厂监督劳动。

希望看看之前展出的那些书，看能否有所发现。

这一看不得了！又让我们有了惊喜的发现。

在图书馆一个专门的房间里，我们见到了收藏在几个低柜里的一批图书，其中大多是不同时期出版的"立信会计丛书"，间或夹杂一些其他图书。通过仔细翻检，我们发现有些图书上盖有"上海市会计学会藏书"印，联想到之前看材料，注意到《上海市会计学会两年来的工作回顾和今后的展望（1979—1980）》中提出："二年来，我们已积累了各种会计图书资料杂志等近2 000册。除少数自置外，绝大多数是由会员或通过会员的关系捐赠的。其中，有通过潘序伦同志赠与我会的，一位是在香港的蔡经济先生，另一位是在美国的李祥甫先生。由于会所不敷，迄今未能公开供会员阅览。现已在华山路860号借得一间房间，争取在近期内对会员开放。"[①] 我们判断，这些图书可能是在立信1980年复校以后，因为学校同样缺少图书，所以，其中一些由潘老和通过潘老捐赠的图书，又回归立信，成为上海立信会计金融学院（复校时称"上海立信会计专科学校"）图书馆的收藏。只是这批在20世纪80年代来说已经相当于古董的图书，因为甚少人借阅，最终归在一起，成了真正的收藏品。不过这也正好保护了这批历经数十年、大多已经比较脆弱的图书资料。下面是我们挑选出来的藏书，其中包括部分并未加盖"上海市会计学会藏书"印，但据我们分析大概率属于潘老旧藏的图书。如表1-2所示。

表1-2　上海立信会计金融学院图书馆藏潘老旧藏图书

序号	书名	出版信息	细节说明
1	*Principle of Accounting: Introduction*	By H. A. Finney, Revised Edition, 1946	前言页盖"上海市会计学会藏书"印

---

① 上海市会计学会秘书处：《上海市会计学会两年来的工作回顾和今后的展望（1979—1980）》，《上海会计》，1981年第4期。

(续表)

序号	书名	出版信息	细节说明
2	*Accounting System: Their Design and Installation*	By William Rodney Thompson,（上海）龙门联合书局民国三十年（1941）9月1影印发行	扉页有铅笔手书"会计制度"，内页有红笔画痕
3	*Accounting Theory and Practice*	By Roy B. Kester, Volume III	
4	资本的折旧	弗勒著，黄澹哉译，商务印书馆民国二十六年（1937）3月初版	封皮背面和扉页盖"上海市会计学会藏书"印
5	公司会计	商学硕士、经济学博士潘序伦会计师编著，商学士王澹如助编，商务印书馆民国二十二年（1933）8月初版	序言页盖"上海市会计学会藏书"印
6	劳氏成本会计	W. B. Lawrence著，潘序伦译，1950年改译本，立信会计图书用品社发行	封皮背页、译者前言页盖"上海市会计学会藏书"印
7	会计实习	蔡经济编著，1952年初版，香港立信会计图书公司发行	封面及扉页有"香港立信会计专科学校"印及"上海市会计学会藏书"印
8	基本会计学	潘序伦编著，1950年初版，立信会计图书用品社发行	扉页有"九龙立信会计专科学校"印及2枚"上海市会计学会藏书"印
9	成本会计与分析	杨书家编著，正中书局，1980年12月台二版	
10	管理会计	李秋澄译	封面背页盖"上海市会计学会藏书"印
11	统计学大纲	金国宝著，商务印书馆民国二十五年（1936）3月订正四版	引言页盖"上海市会计学会藏书"印
12	信托总论	朱斯煌著，中华书局印行，民国二十八年（1939）9月发行	序言页盖"上海市会计学会藏书"印，封二有"云石斋珍藏"印

(续表)

序号	书名	出版信息	细节说明
13	会计数学	李鸿寿、莫启欧编译，吴宗焘校订，商务印书馆，民国二十四年（1935）11月再版	
14	会计学教科书	潘序伦、王澹如著，商务印书馆发行，民国二十四年（1935）	封二盖"上海市会计学会藏书"印
15	建筑业实务及成本计算	殷锡璋编著，1951年初版，立信会计图书用品社发行	封面、封二盖"上海市会计学会藏书"印，封面题写"第三版本，自存，一九五一年十一月十六日"
16	决算表之分析及解释	哥师孟著，潘鋕甲译，商务印书馆发行	封二、序言页盖"上海市会计学会藏书"印，封二并有"云石斋珍藏"印机"王成杰"名章
17	成本会计	陈文麟译，立信会计图书用品社发行，1950年11月22日版	封面、封二盖"上海市会计学会藏书"印
18	成本会计	陈文麟译，立信会计图书用品社发行	封面、凡例页盖"上海市会计学会藏书"印。本书封面有"高级中学及职业学校适用，潘序伦主编"字样
19	成本会计	陈文麟译	封面、封二盖"上海市会计学会藏书"印。封面信息极少，甚至连"立信会计图书用品社发行"都没有
20	工业成本会计教程	郑有为编著，1952年3月再版，立信会计图书用品社出版	封面、封二盖"上海市会计学会藏书"印
21	应用铁路会计学	张辑颜著，商务印书馆发行，民国二十六年（1937）3月增订四版	封二有图书室藏书印，字迹不清
22	成本会计学	沈立人编著，商学书局民国二十二年（1933）11月发行	序页盖"上海市会计学会藏书"印
23	初级会计学	李鸿寿、朱世杰编著，诚信会计图书公司发行	封二盖"上海市会计学会藏书"印机复旦大学藏书印

23

(续表)

序号	书名	出版信息	细节说明
24	统计学通论	王思立编著,1951年增订本,立信会计图书用品社出版	封面及封面背盖"上海市会计学会藏书"印
25	基本会计学	潘序伦编著,立信会计图书用品社1950年初版发行	
26	材料管理与会计	魏洵著,立信会计图书用品社发行	扉页、序页盖"上海市会计学会藏书"印
27	仓库实务与会计	卞宗濂著,立信会计图书用品社发行,1950年11月五版	封面、目录页盖"上海市会计学会藏书"印
28	合作会计	蔡劲仁编著,立信会计图书用品社发行,民国三十七年(1948)10月初版	封面、封面背盖"上海市会计学会藏书"印
29	基本会计学习题	张蕙生作,1950年初版,立信会计图书用品社发行	封面有"赠阅"章,封二有"新华书店华东总分店编辑部资料科"印
30	基本会计学习题	张蕙生作,1951年9月版,立信会计图书用品社发行	无印章及涂写痕迹,品相好(推断为收藏本)
31	基本会计学习题	张蕙生作,1950年初版,立信会计图书用品社发行	封面背盖"上海市会计学会藏书"印
32	国营工矿企业会计	余宣编著,1951年初版,立信会计图书用品社发行	封面、扉页盖"上海市会计学会藏书"印
33	实用高级商业簿记	关启瑞编著,第四版,香港立信图书公司发行	封二有"立信会计专科学校编译所"印。第四次修订版序落款:一九六五年十二月廿五日圣诞节,关启瑞识于九龙立信会计专科学校
34	银行学	金天锡、陈颖光、宋乐岩编译,立信会计图书用品社发行,民国三十三年(1944)12月初版,民国三十五年(1946)8月再版	编译者序页盖"上海市会计学会藏书"印,版权页署上海、重庆两个地址
35	投资学	任福履编,立信会计图书用品社发行,民国三十三年(1944)12月初版,民国三十五年(1946)8月再版	封面背及自序页盖"上海市会计学会藏书"印,版权页署上海、重庆两个地址

(续表)

序号	书名	出版信息	细节说明
36	工业企业成本计算	俞文青编著，1952年初版，立信会计图书用品社出版	封面、封面背盖"上海市会计学会藏书"印
37	工业企业成本核算	柯鉴镛编著，1954年8月第1版，立信会计图书用品社出版	封面、扉页盖"上海市会计学会藏书"印
38	家计簿记	辽阳杜赓尧著	封面背盖"上海市会计学会藏书"印
39	最近上海金融史（上）	徐寄顾编，商务印书馆，1926年发行	目录页、内页盖"上海市会计学会藏书"印
40	投资数学习题详解	褚凤仪编，商务印书馆发行，民国二十五年（1936）1月初版	
41	财政、商业高等利息计算法	商务印书馆发行，民国十二年（1923）初版，民国二十一年（1932）9月印行，国难后第一版	本书版权页特别写明"国难后第一版"
42	仓库实务与会计	卞宗濂著，立信书局发行，1950年11月五版	封面、目录页、版权页盖"上海市会计学会藏书"印
43	银行实务概要	王澹如著，民国三十二年（1943）8月初版（渝）	封面、封面背盖"上海市会计学会藏书"印
44	基本建设会计讲义（下）	赵尚谐、吕绍昌、吉炎曦编著，1953年11月，上海市私立立信高级会计职业补习学校刊印	封面、封面内、目录页盖"上海市会计学会藏书"印
45	苏维埃贸易底簿记核算（简编）	中国人民大学簿记核算教研室，北京，1951年	封面、扉页盖"上海市会计学会藏书"印
46	会计学第四册	潘序伦著，民国二十七年（1938）修订本，商务印书馆发行	扉页盖"上海市会计学会藏书"印
47	会计实习指南	蔡经济编述，香港立信图书公司发行，1953年8月出版	香港立信会计专科学校用书，封面、前言页、最后一页皆有"上海市会计学会藏书"印
48	改良中式簿记论集	徐永祚会计师事务所编纂	目录页有"上海市会计学会藏书"印
49	改良中式簿记实例	徐永祚会计师事务所编纂	最后一页有"上海市会计学会藏书"印

(续表)

序号	书名	出版信息	细节说明
50	改良中式簿记概说	徐永祚会计师著	扉页、最后一页有"上海市会计学会藏书"印
51	无形资产	W. A. Paton 著，潘序伦译，立信会计图书用品社发行	封面、总序页有"上海市会计学会藏书"印
52	无形资产	W. A. Paton 著，潘序伦译，立信会计图书用品社发行	无任何印记，品相好（推断为收藏本）
53	决算表之分析	黄组方著，立信会计图书用品社发行，民国三十三年（1944）4月二版（渝）	封面有不明（不清晰无法辨识）印章和蔡经济个人名章，封二有"上海市会计学会藏书"印
54	公司财政 Corpor-ation Finance	Shu-Lun Pan, The Commercial Press, Limited, Shanghai, 1933 民国十七年九月初版，民国廿二年3月第一版，民国廿二年11月第二版	封二有"中国科学院经济研究所藏书"印
55	陀氏成本会计	James L. Dohr, Howell A. Inghram 著，施仁夫译，1950年改译，立信会计图书用品社发行	封面内页有"上海市会计学会藏书"印
56	标准成本会计	J. J. W. Neuner 著，唐如尧译，1950年初版，立信会计图书用品社发行	封面、封二有"上海市会计学会藏书"印
57	标准成本会计	J. J. W. Neuner 著，唐如尧译，1950年初版，立信会计图书用品社发行	封二、译者序有"上海市会计学会藏书"印
58	许氏成本会计	Charles F. Schlatter 著，潘兆申译，立信会计图书用品社发行	封面有"上海市会计学会藏书"印
59	棉纺织厂成本会计	陈文麟著，立信书局	封面、封二有"上海市会计学会藏书"印
60	建筑业实务及成本计算	殷锡璋编著，1951年初版，立信会计图书用品社发行	封面盖"上海市会计学会藏书"印

(续表)

序号	书名	出版信息	细节说明
61	政府会计教程	潘葆墀、余性元、陈椒先编著，1951年初版，立信会计图书用品社发行	封面、封二有"上海市会计学会藏书"印，封二毛笔题"文麟先生指正，潘葆墀敬赠，8月31日"
62	苏联会计学基本教程	E. N. 葛莱赫著，祝百英、孙庆元、纪洪天译，1951年初版，立信会计图书用品社出版	封面、封二有"上海市会计学会藏书"印
63	财政部、前工商部、实业部核准会计师登记一览表	中华民国会计师协会编印	封面、封面背有"上海市会计学会藏书"印
64	合并决算表	W. A. Paton著，潘序伦译，立信会计图书用品社出版	封二、总序页有"上海市会计学会藏书"印
65	决算表之分析及解释	W. A. Paton著，潘序伦译，立信会计图书用品社出版	封面、封二有"上海市会计学会藏书"印
66	人民银行会计基础知识问题解答（初稿）	中国人民银行新疆维吾尔自治区分行编印，1979年8月	封面、前言页有"上海市会计学会藏书"印

资料来源：根据上海立信会计金融学院图书馆潘序伦著作特藏整理编制。

结合各方面信息和证明材料，可以认为，这批图书的发现，在一定程度上弥补了潘老遗留图书资料中缺少会计图书资料的缺憾，对于研究潘老生平著述及关系往来，具有重要的意义。

我们研究认为，这批图书资料当为潘老旧藏无疑。理由如下：

第一，尽管上海市会计学会1981年对前面两年工作情况的总结汇报中是说"其中，有通过潘序伦同志赠与我会的，一位是在香港的蔡经济先生，另一位是在美国的李祥甫先生"，并未明确说明其中有没有、有多少是潘老本人的藏书，通过潘老转交的蔡经济、李祥甫先生捐赠的藏书究竟有多少，但我们相信，这些图书中，潘老个人藏书（包括会计专业书籍和外文原版书）肯定占了较大比重。在上面书目中，我们确实注意到一些蔡经济先生的著作和香港、九龙立信会计学校用书，表明其中确有蔡经济先生的藏书。

第二，上面书目中许多书，都符合潘老藏书的特点，综合起来的总体特征，更加符合潘老藏书应有的特点。

（1）英文著作。这类图书包括 *Principle of Accounting: Introduction*（By H. A. Finney, Revised Edition, 1946），*Accounting System: Their Design and Installation*［By William Rodney Thompson，（上海）龙门联合书局民国三十年九月一日影印发行］，*Accounting Theory and Practice*（By Roy B. Kester, Volume Ⅲ），以及潘老早期的英文著作《公司财政》（*Corporation Finance*，SHU-LUN PAN, M. B. A., Ph. D., THE COMMERCIAL PRESS, LIMITED, SHANGHAI, 1933）。这些图书综合在一起来看，十分符合潘老购书藏书的特点。自然，其数量太少，只可能是潘老英文藏书的冰山一角。其余藏书究竟去了哪里，只能以后再追寻，或者只能永远成谜。

（2）潘老和夫人张蕙生女士著述。这类图书包括：《公司会计》［潘序伦会计师编著，商学士王澹如助编，商务印书馆民国二十二年八月初版］，《基本会计学》（2本，潘序伦编著，1950年初版），《会计学教科书》［潘序伦、王澹如著，商务印书馆发行，民国二十四年］，《基本会计学习题》（3本，张蕙生作，立信会计图书用品社发行，2本为1950年初版，1本为1951年发行），《无形资产》（2本，W. A. Paton著，潘序伦译，立信会计图书用品社发行），《合并决算表》（W. A. Paton著，潘序伦译，立信会计图书用品社出版），《决算表之分析及解释》（W. A. Paton著，潘序伦译，立信会计图书用品社出版）。其中张蕙生著《基本会计学习题》有3本，潘序伦译《无形资产》有2本，十分符合作者自己著作收藏的特点。

（3）收藏的其他人早期（1949年前）会计及相关著作。这类图书包括：《资本的折旧》［黄澹哉译，商务印书馆民国二十六年三月初版］，《统计学大纲》[金国宝著，商务印书馆民国二十五年三月订正四版]，《信托总论》（朱斯煌著，中华书局民国二十八年九月发行），《会计数学》（李鸿寿、莫启欧编译，商务印书馆民国二十四年十一月再版），《应用铁路会计学》（张辑颜著，商务印书馆发行，民国二十六年三月增订四版），《成本会计学》（沈立人编著，商学书局民国二十二年十一月发行），《初级会计学》（李鸿寿、朱世杰编著，诚信会计图书公司发行），《合作会计》（蔡劲仁编著，立信会计图书用品社发行，民国三十七年十月初版），《银行学》（金天锡、陈颖光、宋乐岩编译，民国三十五年八月再版），《投资学》（任福履编，民国三十五年八月再版），《家计簿记》（辽阳杜赓尧著），《最近上海金融史（上）》，《投资数学习题详解》（褚凤仪编，商务印书馆发行，民国二十五年一月初版），《财政、商业高等利息计算法》（商务印书馆发行，民国二十一年九月印行，国难后第一版），《银行实务概要》[王澹如著，民国三十二年八月初版（渝）]，《改良中式簿记论集》（徐永祚会计师事务所编纂），《改良中式簿记实例》（徐永祚会计师事务所编纂），《改良中式簿记概说》（徐永祚会计师著），《决算表之分析》（黄组方著，立信会计图书用品社发行，民国三十三年四月二版（渝）），《棉纺织厂成本会计》（陈文麟著，立信书局），《财政部、前工商部、实业部核准会计师登记一览表》（中华民国会计师协会编印）。这些书涉及甚广，符合潘老从综合的角度了解和研究会计及相关学科的需要。其中包括徐永祚会计师事务所编纂的改良中式簿记相关著作，以及抗战时期重庆出版的著作，更能说明问题。

（4）20世纪50年代初新著、重译、改译的著作。这类图书包括：《劳氏成本会计》（W. B. Lawrence著，潘序伦译，1950年改译本），《建筑业实务及成本计算》（2本，殷锡璋编著，1951年初版），《成本会计》（存3本，陈文麟译，立信会计图书用品社发行，1950年11月22日版），《工业成本会计教程》（郑有为编著，1952年3月再版，立信会计图书用品社出版），《统计学通论》（王思立编著，1951年增订本，立信会计图书用品社出版)、《材料管理与会计》(魏洵著,立信会计图书用品社发行)、《仓库实务与会计》(2本,卞宗濂著,立信会计图书用品社发行,1950年11月五版)、《国营工矿企业会计》(余宣编著,1951年初版,立信会计图书用品社发行)、《工业企业成本计算》(俞文青编著,1952年初版,立信会计图书用品社出版)、《工业企业成本核算》(柯鉴镛编著,1954年8月第一版,立信会计图书用品社出版)、《基本建设会计讲义(下)》(赵尚谐、吕绍昌、吉炎曦编著,1953年11月,上海市私立立信高级会计职业补习学校刊印)、《苏维埃贸易底簿记核算(简编)》(中国人民大学簿记核算教研室,北京,1951年)、《陀氏成本会计》(James L. Dohr, Howell A. Inghram著,施仁夫译,1950年改译,立信会计图书用品社发行)、《标准成本会计》(2本,J. J. W. Neuner著,唐如尧译,1950年初版,立信会计图书用品社发行)、《许氏成本会计》(Charles F. Schlatter著,潘兆申译,立信会计图书用品社发行)、《政府会计教程》(潘葆墀、余性元、陈椒先编著,1951年初版,立信会计图书用品社发行)、《苏联会计学基本教程》(E. N. 葛莱赫著,祝百英、孙庆元、纪洪天译,1951年初版,立信会计图书用品社出版)。这部分图书数量最大,与潘老在1949年所定"述而不作"的三年计划十分契合。

(5) 蔡经济先生和香港(九龙)立信会计专科学校的著作。这类图书包括:《会计实习》(蔡经济编著,1952年初版,香港立信会计图书公司发行)、《实用高级商业簿记》(关启瑞编著,第四版,香港立信图书公司发行)。蔡经济是潘序伦先生的学生、知交,也是两广、香港立信分校的主持人,20世纪60年代困难时期从香港寄物寄钱帮助潘老[1],情深义厚。这些书大概率是蔡先生给潘老,潘老以蔡的名义捐赠上海市会计学会。

(6) 20世纪80年代港台著作。这类图书包括:《成本会计与分析》(杨书家编著,正中书局,1980年12月台二版)、《管理会计》(李秋澄

---

[1] 蔡经济先生在纪念潘老的文章中有所提及,参见蔡经济《潘序伦博士百周年诞辰有感》,收入《立信往事》,第3—6页,立信会计出版社,2013年版。

译)。改革开放初期，国外会计图书资料较为难得，因此有通过各种渠道从港台获得台版图书的情况，这些书很大可能是蔡经济捐赠，也有可能是潘老托蔡经济购置的图书，最后以蔡的名义捐赠，待考。

(7) 其他。《人民银行会计基础知识问题解答（初稿）》（中国人民银行新疆维吾尔自治区分行编印，1979年8月）。

人有人的历史，书也有书的历史。以上虽然只有区区66本书，却也典型地构造出了潘序伦先生在会计专业及相关方面购书、读书、写书、藏书的历史情况：20世纪初期编写英文著作，购置和阅读外文原版书，编辑、编译出版"立信会计丛书"的历史；了解和探索20世纪会计理论和实务发展的历史；参与学习、探索中式簿记改良的历史；重庆期间开展专业教育和出版，为了战后国家建设的需要出版《投资学》《银行学》《银行实务概要》等各类著作的历史；1949年前后尤其是1951—1954年翻译、重译、改译英文著作，编著以实务为主的新教材，以及翻译出版苏联教材的历史；改革开放初期引进、学习西方会计著作的历史等。

五、未解之谜

2023年，是潘老诞辰130周年。

为了纪念这个特殊的日子，我们不揣冒昧，尝试以潘老藏书为基础材料，通过对这些独特资料的阅读和理解，解读潘老及其精神世界，品味他的一生，重新审视他留给我们的精神遗产。我们认为，这些图书既是潘老的遗产，一定意义上也是他自己的化身。人如其书，读书即读人。我们珍惜这些书，也是珍惜与潘老的缘分，珍惜潘老奋斗一生，孑然离世后留下来的这一丝血脉、一些感念。

睹物思人，或许后人可以从这些书中看到一个活着的潘老，看到一个穷且益坚、不坠青云之志的慈祥的读书老人；看到一个为了自己钟爱的会计事业，历经磨难，忍常人多不能忍，奋斗终生的伟大灵魂。也通过这些书，去品读一个饱受诗书涵养和浸润，骨血里渗透了中国文人士子传统精神和气节的文化人的思想和生活细节。

关于这批藏书及其价值,我们自然有许多的感慨和疑惑。

我们第一个未知的是,这些图书在潘老的生命中,究竟有多大价值,起到了什么样的作用。我们不知道它们是如何作为精神食粮,构造了潘老这个人和他的精神世界,让他能够超越众生,视钱财如粪土,置功名利禄于不顾,心志坚决地以会计事业为依托,在艰难时世中践行他作为一个既有中国传统士人的风骨和情怀,又兼具西方世界仁爱精神的新派人物所肩负的对于社会和人民的责任使命?

我们第二个未知的是,潘老那些被"抄家"夺去的究竟是一些什么样的财物,最终收到的补偿,竟能有 8 万元之巨? 更难以理解,在那个一切的古旧都被当成"封资修"的"毒草",人们躲避唯恐不及、常以除之而后快的古旧书刊,是如何躲过了"抄家"的黑手,留下来陪伴孤独的老人? 更不理解很多有关国外的东西和材料都可能被当成"里通外国"的证据的时代,潘老的几十本英文书籍、几百本外文画报,又是如何得以幸存?

我们第三个未知的是,这些书如何跟随潘老走过一生中的种种曲折和磨难,陪伴他走完了生命中最后的旅程,兜兜转转来到我们面前? 我们不知道,它们是如何躲过了"一·二八"淞沪会战的战火,而不是像商务印书馆的许多珍贵图书一样被战火焚毁;我们不知道当潘老绕道香港逃往重庆时,它们身在何处;我们不知道它们如何能在抄家者的手下得以幸存[1],也不知道当潘老被扫地出门,寄居他处时,在别人家狭小的空间里[2],如何能有它们的容身之处;我们不知道,当七十多岁高龄的潘老被下放到工厂劳动时,这些书是否跟随;我们不知道,在那些艰难的日子里,这些书是如何陪伴着潘老熬过一个个苦寂的寒夜,让他孤独凄楚的灵

---

[1] 见《立信往事》,第 80 页,立信会计出版社,2013 年版。
[2] 潘曾锡文章中提道,20 世纪 60 年代,与夫人蜗居在昔日立信会计的一位旧同事家,生活非常艰苦,环境十分恶劣。见《立信往事》,第 74 页,立信会计出版社,2013 年版。

魂得到些许慰藉。我们自然也无法知道，是什么样的一阵风，吹起那一张莫名其妙的画报封面糊在郑鑫尧先生面上，才使得它们侥幸躲过了或许再次流浪，或许进入工厂被粉碎成为纸浆的厄运。

这一切注定成谜。很多问题永远不可能再有答案。我们唯一知道的是，这些书刊确确实实陪伴潘老走过了那些艰难的日子，直至终老，直到生命的最后一刻。这些书刊却是存在着许多秘密，存在着有关潘老和他精神世界的许多密码，需要我们去一一解开。

潘老的卧室兼书房，也是这批珍贵藏书曾经的"家"①

---

① 曾在 1983 年任立信会计高等专科学校办公室秘书的盛明华在缅怀潘老的文章中曾仔细描述了潘老的居住环境："走进潘老的家,根本看不到名人大家的气派。据说,他家原是个车库,进门的一个房间较大,作为客厅,却又放着一张大床(后得知是保姆睡的),还有一间卧室,两间房都十分陈旧,与普通老百姓住房没什么两样,甚至还有些不及。"参见盛明华：《斯人已逝,遗泽长存：深切缅怀潘老先生》,载《立信往事》,立信会计出版社 2013 年版,第 62 页。小女儿潘平在《怀念亲爱的父亲》一文中也提道潘老的居住条件："一间 20 多平米的房间要住四个人,两个阿姨睡在北边,他在南边,中间用一个书柜隔开。他的这半间屋被几件老式的家具、箱子塞满了,空间很小。他在这里接待亲戚、朋友、'立信'的同仁,也有政府的工作人员。有时来客连坐的地方都没有,只好站着与他谈话。"参见潘平：《怀念亲爱的父亲》,载《立信往事》,第 70 页,立信会计出版社,2013 年版。

本书的主旨,就是于无声处聆听这些书籍,听取其中所蕴含的一个普通人物成长的伟大故事,听取一个真正的中国文化人、一个学贯中西的伟大人物的精神倾诉。

第二章 | 远见卓识

万源之源

伟人之区别于常人,在于他们具有非凡的眼光,能见别人所难见,想非常人所想,行常人所不能行,从而成就不世伟业。潘序伦先生在哈佛大学读 MBA 时选择应用性的工商管理专业,主攻会计,会计因此成为他毕生的事业选择。在哥伦比亚大学读博期间,则选择了对他而言颇具挑战性的中美贸易作为研究方向。他以"中美贸易论"为题撰写的博士论文,很快在美国纽约出版英文版,并被引入国内,产生了深远影响。对于当时潘老何以选择贸易为题,颇难理解。但当 21 世纪,中美贸易战激斗正酣之时,回过头来看潘老的博士论文选题,则不得不感佩他的远见卓识。细心品读他的博士导师、哥伦比亚大学政治经济学教授埃德温·R·A·塞里格曼(Edwin R. A. Seligman)1924 年在论文出版时所写序言,那些振聋发聩的话语,让我们看到什么才是真正的大家,什么才是见识非凡。

一、超越时代的论著

潘序伦先生在哈佛大学攻读硕士期间,就已经确定毕业后到位于纽约的哥伦比亚大学政治经济学院攻读博士学位。如愿考入哥伦比亚大学后,选定《中美贸易论》(*The Trade of the United States with China*)作为论文题目。论文广征博引,经考试团(答辩小组)一致决定,授予政治经济学博士学位。该论文 1924 年由位于纽约的中国贸易局公司(China Trade Bureau, Inc.)出版发行。

潘序伦先生博士论文英文版,中国贸易局公司(China Trade Bureau, Inc.)出版发行,纽约,1924(吴大新教授供图)

潘序伦先生在为该书撰写的"作者前言"中，以十分简洁的文字，说明了这部以博士论文为基础形成的专著所具有的时代性意义和目的：

> 在这本专著里，笔者试图尽可能全面地讨论过去一百五十年间美国对华贸易之发端、扩张、衰退和复苏等阶段中的经济力量（economic forces）。这一讨论主要立足于中、美两国现有文献中的历史事实和统计数据，而对当前的商业实践则一笔带过。作者试图根据中美贸易的历史发展来解构其未来发展趋势，并提出有助于增加太平洋两岸两个大国间的贸易、增强共同利益的建设性意见。①

2019年至2020年，中美贸易战激战正酣，许多历史的镜头从眼前——闪过，回头来读潘序伦先生的研究，思虑他在近百年前就已经在"试图根据中美贸易的历史发展来解构其未来发展趋势，并提出有助于增加太平洋两岸两个大国间的贸易、增强共同利益的建设性意见"，岂能不慨叹一代宗师的远见卓识？这种见识，并不仅仅存在于他所从事的会计方面，更在于贸易——这个代表了20世纪乃至21世纪整个世界发展中最为关键的领域。该是有多么宏阔的视野和超卓的见识，才能有这样的认知？

更让人惊叹的，则是塞里格曼教授为该书所作序言中所体现出来的超越时代的见识和判断。

序

我非常乐意接受邀请，为潘序伦博士的这部优秀著作写几句话。中国文明是最古老、最伟大的文明之一，从文学、艺术和美学的观点考察，中国文明在许多方面都优于我们的西方文明，某种程度上来说正是这种文明让世界明白生命的真正价值究竟为何物。然而，中国目前面临着恢复活力、焕发青春的巨大问题。由于中国在利用自然能源、科学控制自然方面的努力归于失败，中国还停留在欧洲几世纪之前的水平。

---

① 潘序伦著，李湖生译：《美国对华贸易史（1784—1923）》"前言"，立信会计出版社，2013年版。

西方世界产业转移和科学在经济领域的应用带来的革命不仅仅在生活基础方面，还包括达到巅峰的各个方面。现在我们看到一个年轻中国的成长烦恼。如果中国足够明智，它就能够发现缩小东、西方差距的捷径。毕竟西方领先中国的幅度不足百年，也许世界上大部分国家和地区领先中国不超过半个世纪。德国的工业革命发生于五十年前，而日本则仅仅发生于一代人之前。在美国，部分地区的工业革命甚至还在进行当中；如果一千年后回头再看现在的情况，也许我们会发现中国只是稍稍落后于世界其他地区，也许已经开始超越其他地区。

这一发展自然意味中国的对外贸易将发生重大变化。潘序伦博士已经对中国外贸的兴起与发展进行了详尽、精确的描述。他最有价值的贡献也许在于对中国出口美国、及从美国进口的每一种重要货物的详细描述。

而让人非常有兴趣的则是对美国商业政策政治的描述以及近期国际银行财团的失败故事。而其中最有意思的是最后一章，在这一章中，潘先生对中、美两个大帝国的相互依赖关系进行了分析，并向美国政府和人民发出冷静而科学的呼吁，希望美方尽可能地在中美双方合作方面做出自己的努力。

哥伦比亚大学 McVickar 政治经济学教授
R. A. 塞里格曼（Edwin R. A. Seligman，1861—1939）①

这篇序文充分展示了塞里格曼教授深厚的学养，以及作为顶流学者的宏阔视野和高瞻远瞩。在西学东渐、众多学子远赴海外向西方学习的时候，许多人认为中国传统和文化腐朽落后，应该被扫入历史的垃圾堆时，作为一个西方学者，塞里格曼能够理性、客观地思考和分析，认为"中国文明是最古老、最伟大的文明之一，从文学、艺术和美学的观点考察，中国文明在许多方面都优于我们的西方文明，某种程度上来说正是这种文明让世界明白生命的真正价值究竟为何物"，并说明"现在我们看到一个年

---

① 潘序伦著，李湖生译：《美国对华贸易史（1784—1923）》"序"，立信会计出版社，2013年版。

轻中国的成长烦恼。如果中国足够明智，它就能够发现缩小东、西方差距的捷径。毕竟西方领先中国的幅度不足百年，也许世界上大部分国家和地区领先中国不超过半个世纪。德国的工业革命发生于五十年前，而日本则仅仅发生于一代人之前，在美国，部分地区的工业革命甚至还在进行当中；如果一千年后回头再看现在的情况，也许我们会发现中国只是稍稍落后于世界其他地区，也许已经开始超越其他地区。"又是何等深刻的真知灼见。只有站在历史和现实之上，拨开笼罩在眼前的迷雾，方可能有如此远见。

因为历史的原因，我们不知道作为导师，塞里格曼教授的这些认识究竟对青年潘序伦产生了什么样的影响，也不知道在读博期间，二人之间有过什么样的具体交集。然而，联系潘老后来的作为，即便是从会计方面，潘老也一直是在这种观念的影响下，努力弥缝中美之间，也是中国与世界之间的差距。更为重要的是，对于自己生长于斯、营养于斯，乃至通过自己的努力学习和体会，已经深入到他自身骨髓和血液中的中国传统文化，始终是构成潘老精神世界底色的核心和基础。终其一生，始终沉浸在这种文化的涵养之中，具有非凡的底蕴、气度和见识。从后面的分析中亦会看到，睁眼看世界的潘序伦，能够客观地正视当时中国存在的问题，正视那些"成长中的烦恼"，如饥似渴地学习西方先进的现代化知识和技能，通过各种可能的途径了解外部世界，作为学习、提高和改进中国现实的基础。

1918年，25岁身处困顿中的潘序伦①，仍是英气逼人

---

① 潘序伦生于1893年，1924年完成博士论文并出版，时年31岁，刚好是通常所言而立之年（过了一岁）。

该书还附有纽约大学政府与公共管理研究讲座教授、东方商业和政治学部主任精琪（Jeremiah W. Jenks，1856—1929）应邀所作的序言。精琪教授在序言中称赞潘序伦的论文是"本着精准的、学术性的和友好合作的精神而进行的中美双边研究"。

而立之年的潘序伦用一年心血完成的这部英文论著，具有极其重要的意义。对于中国学界，它意味着中国现代史上一个重要人物、中国现代会计的开拓者和领航者，完成了自身蜕变，将用自己扎实的学术，非凡的见识，肩负起引领中国会计现代化发展的重任。对潘序伦个人而言，则意味着一个全新的开启。意味着，几年前还在"浑浑噩噩，虚掷光阴"[①]甚至沉迷赌博、迷茫无助的潘序伦，经过几年拼搏，已然凤凰涅槃，成长为一个掌握了现代会计技术和理论知识、兼通中西的新时代学者，也让他二哥"你还是安分守己在家好好度日吧，我们的祖先还没有这种福分，会生出一个出洋留学的子孙"[②]的讽刺性断言彻底破产。尽管潘老在自传中曾简单描述过他在美国的学习和生活[③]，我们依然很难想象，青年潘序伦是如何拼搏甚至玩命，从1920年进入上海圣约翰大学，到1921年从圣约翰大学毕业，入选南洋兄弟烟草公司资助留学，于1921年8月20日出洋赴美进入哈佛大学企业管理学院攻读MBA，在两年苦读后拿到哈佛大学企业管理（会计学）硕士学位（MBA），进而仅用一年时间，就拿到了含金量极高的哥伦比亚大学博士学位，著作在美国出版。而这一切，仅仅用了3年时间！4年，不过是普通人读一个大学本科的正常时间，潘序伦却在4年内连续完成本、硕、博三级跳远，破茧重生，完成了对这个世界绝大多数人来说绝对不可能完成的任务，实现了人生的彻底蜕变，由一个连家人都嫌弃的"浪子"变成了人人羡慕的博士，背后更是有哈佛和哥伦比亚两所世界名校的加持！

---

① 潘序伦先生原话，引自潘序伦：《潘序伦回忆录》，见《立信往事》，第431页，立信会计出版社，2013年版。

② 潘序伦：《潘序伦回忆录》，见《立信往事》，第431页，立信会计出版社，2013年版。

③ 潘序伦：《潘序伦回忆录》，见《立信往事》，第432-433页，立信会计出版社，2013年版。

我们只知道，从此，旧的潘序伦成了过去，一个新的潘序伦，博士潘序伦，会计人潘序伦崛起了。他以崭新的姿态，登上了20世纪中国会计发展的历史舞台，启航开挂的人生，开创了无与伦比的"三位一体"立信会计事业。成就了一代冠绝古今、学贯中西的会计伟人，以至于被誉为"中国现代会计之父"，获得"上海社科大师"的殊荣，实至名归。

二、启航

人是个体的，也是社会的。每个人的成长，总是脱不开周围世界的影响，更脱不开周边许多人的帮助和提携。

潘老一生中遇到许多"贵人"，与他的生命、生活和事业相关联，给予他极大的支持和帮助。更重要的是，这些人的见识和抱负深刻地影响到青年潘序伦的成长，他的人格、观念养成，乃至成年后未来数十年的做人和行事。

1908年，16岁的潘序伦小学毕业考入上海浦东中学，因成绩优异，颇得校长黄炎培①赏识。然而，却在毕业前夕卷入因抗议某教师批分较严而发生的交白卷风潮中，被开除了学籍。其后命途多舛，历经波折。

直到1918年，幡然悔悟的潘序伦怀揣留学的梦想，不得已之下到上海找到前任浦东中学校长的黄炎培先生，请他给予一个入学的指导。随后又因

民主革命家、教育家
黄炎培先生

---

① 黄炎培(1878—1965)，号楚南，字任之，笔名抱一，江苏省川沙县(今上海市浦东新区)人，民主革命家、教育家。早年在家乡任塾师，先中秀才，后中举人，曾受业于蔡元培先生。辛亥革命前后，曾任江苏学务总会评议员、江苏教育总会常任调查员、江苏省教育司司长、江苏省教育会副会长、江苏省议会议员。1902年，黄炎培遵从蔡元培"你们出校，必须办学校唤起民众"的教诲，回到家乡开始从事教育救国的实践，先后创办川沙小学、开群女学、广明小学、浦东中学等。他本着"教育救国"的办学宗旨，除了正课以外，每周都组织演讲，揭露清政府的腐败，抨击吸毒、赌博、缠足等社会恶习。1917年5月，黄炎培联合蔡元培、梁启超等48位教育界、实业界知名人士在上海创立了中华职业教育社，次年创办中华职业学校，成为中国近代职业教育的先驱。

为想进圣约翰大学学习，再次找到黄炎培，"请求黄老师为我写一封到圣约翰大学去补习的介绍信，并说明哪怕是做一个旁听生也可以。黄老师满足了我的要求，给在圣约翰大学任教的朱友渔博士兼牧师写了一封介绍信。"① 潘序伦因此才能进入圣约翰大学，彻底改变了人生的轨迹。我们无法知道远近闻名的"江南才子"，时已成名的教育家黄炎培，是什么原因，会这样一次次地帮助一个曾被学校开除的学生？但事实却确实这样发生了。根据《黄炎培日记》中的记载，潘老与黄炎培的交往后来一直持续，而黄炎培先生对潘老的称呼，也从开始时的秩四转变为序伦。潘序伦后来创办立信教育事业，与黄炎培"教育救国"的理念和实践保持了实质上的承继关系。

1921年夏天，从圣约翰大学毕业的潘序伦正在为个人前途命运纠结之时，因为南洋烟草公司选派留学生而遇到了他生命中的又一位贵人——南洋烟草公司总理简照南先生。

简照南（1870—1922），广东广州府南海县（今佛山市澜石镇黎涌村）人，著名实业家、慈善家、爱国华侨。

简照南先生小像

简照南1870年出生于广东南海县，自幼家贫。17岁到香港投奔叔父简铭石，在其开设的"巨隆号"瓷器店学做生意，不久便派他长驻日本收理账款。简照南目睹当时中国香烟市场被英美烟草公司霸占，决心兴办民族烟厂为国争光，于光绪三十二年（1906）与兄弟简玉阶在香港创办"南洋烟草公司"，1909年更名"南洋兄弟烟草公司"，简照南任总经理，简玉阶任副总经理。简氏兄弟提出"不用美国货""中国人吸中国烟"等口号，得到了国内人民和广大华侨的支持。1915年，该公司资本额增至100万元，改组为股份公司，分厂遍布上海、广州、汉口、北平、东北等地。1918年，总公司移至上海。

---

① 潘序伦：《潘序伦回忆录》，见《立信往事》，第431页，立信会计出版社，2013年版。

简氏兄弟不仅创办实业为国争光，而且热心公益、慈善和教育事业。"为了和英美烟草公司竞争，1920年，南洋兄弟烟草公司开始选派留学生，依照《南洋公司选派留学生简章》中的说法，其原因是"外来商品充斥国内，本国商业不兴，造成此种原因是国人无知而不学；而各国商业竞争日趋激烈，我国前途渺茫，为了商业发展，只有造就人才。贫寒弟子多有可造之才，有心深造但留学学费无出，且官费留学生学额数量有限，所以选派贫苦学生分赴各国留学，为发展实业培养人才。"①

1921年夏，潘序伦从圣约翰大学毕业，怀揣留学梦的他，因为经济上的压力，不得不考虑早日就业挣一份工资来维持一家人的生活。② 正在这时，他看到上海《申报》和《新闻报》上刊登南洋兄弟烟草公司招考留学生的公告，立刻报名参加考试，在上海考区圣约翰保送的4名考生中名列榜首，幸被录取。他的命运在一个重要的关头发生了转向。潘老终生感念简照南先生的恩德。因而，在自己苦学数年，博士论文在美国纽约出版时，以极为正式的方式，写上了对简照南先生及其子简日华先生的致谢。

其辞曰：

谨以此书献给，中国现代工业的先锋、中美商业合作的坚定支持者，已故简照南先生（1870—1923）。他的精神鼓励和经济支持使得本人在美国完成这一研究成为可能。和与其父简照南先生一样具有优秀品质的简日华先生。

---

① 《南洋公司选派留学生简章》，《申报》，1919年6月19日版。转引自申国昌、邓一：《从公司选派留学生看教育与经济的关系》，载《教育与经济》，2011年第3期。

② 潘序伦在《一个会计学家的自述》中讲述了其中的细节："那时，我的原配妻子已去世，又娶了续弦。就在我毕业回家与她团聚刚满一个月零三天，就从报纸上读到了南洋兄弟烟草公司大老板简照南登广告，规定由当时各著名大学每校选送四名优等生参加该公司选派留学生的考试。圣约翰大学选送参加考试的毕业生中有我在内。我如果参加考选，要出洋留学几年，而当时的交通条件远非今日的便利和安全可靠，出洋后是否能如期安然归来，还不可知；我和新婚妻子相处不过一个月，又何忍舍之而去，远涉重洋，数年不归呢？但我最后认为我有机会出洋留学，倘能获取一个硕士、博士的学衔，也了却了我的夙愿。我决心去上海参加考试，以第一名入选，因此我就暂离妻子到美国留学去了。"见潘序伦：《一个会计学家的自述》，收入《潘序伦文集》，第549-550页，立信会计出版社，2008年版。

> **Dedicated**
>
> TO THE MEMORY OF THE LATE
>
> KAN CHIU-NAM
>
> 1872—1923
>
> A pioneer of modern industry in China and a firm believer
> in Chinese-American commerce and cooperation,
> whose moral encouragement and financial
> support made this study possible
> in the United States
> of America
>
> and to
>
> KAN SAT-HING
>
> upon whose shoulders the mantle of his illustrious
> father has descended.

潘序伦博士论文正式出版时扉页上所印对简照南先生及其子简日华先生的致谢

颇为遗憾的是，简照南先生并未能看到这个致谢，也未能看到在他资助下学成归来的潘序伦博士为国效力大展拳脚，就因积劳成疾，在事业的鼎盛期不幸于1922年10月①在上海病逝，终年52岁。

成功后的潘序伦始终铭记和感念简照南先生的恩德。当他因为在国内大学任教及《公司财政》（Corporation Finance）②、《簿记及会计学》（Bookkeeping and Accounting）两本英文教科书版税有了两万五千元存款后，首先考虑的就是留学时"南洋兄弟烟草公司简照南先生曾先后资助过我约为当时银币一万元。于是我就以'饮水思源'之义，乐捐一万元为简先生设立'思源助学基金'，专为帮助学习成绩优良而生计贫寒的学生，完成其学业之用。"③ 数年后，潘序伦又约同简照南先生选派分赴英、美两国留学的留学生总计50余人合建了一座"思源亭"，并请著名教育家黄炎培撰写碑文，建立碑碣，以垂永久。

---

① 简照南先生去世的时间为1922年10月，潘序伦著作中将其生卒年份写为1870—1923，有误。
② 《潘序伦回忆录》中写为《公司理财》，该书名原书上写为《公司财政》(Corporation Finance)，英文版，商务印书馆民国十七年(1928)初版，民国二十二年(1933)3月第一版，11月第二版。
③ 潘序伦：《潘序伦回忆录》，见《立信往事》，第448页，立信会计出版社，2013年版。

潘老对简照南先生的感恩回报并不止此。在他开始执行会计师业务后，便一直为南洋兄弟烟草公司提供服务，用自己的专业知识替简先生守护身后的产业。1929年，南洋兄弟烟草公司遇到困难，潘序伦写信给该公司总务处主任许赛云，提出自己的专业建议："公司固定资产增加，但流动资产减少，负债增速，是公司财政上最为危险的现象，公司资本总额中房地产占半数，最好售出若干土地。"① 公司接受了他的建议，通过出售土地，不但摆脱了财务危机，而且收获颇丰。

潘序伦实质性地继承了简照南先生为国为民、"实业救国"的思想，一生秉持"取之于社会、用之于社会，取之于会计、用之于会计"的理念，以此作为"一生聚财、用财的目的和归宿"。② 他也用自己一生的实践和事业，实现了简照南先生和南洋兄弟烟草公司当初选派留学生时的初衷：为了实业救国，发展商业而培养人才。我们甚至可以说，简照南先生通过选派和资助留学生埋下的为了实业救国而培养人才的种子，在潘序伦一代人身上生根发芽，并得到了发扬光大。

南洋兄弟烟草公司和简照南先生当年选派留学生，作为公司参与留学事业的开创性举措，成为轰动沪上乃至全国的大事。除了专门举办送别晚宴外，公司还委派邬挺生等多名职员到码头为赴美留学的潘序伦等送行，上海《申报》连篇累牍做追踪报道，可谓盛况空前。对于后来的行程，学子入校就读情况，以及后来的学习成果等，后续也做了多次报道。其中包含极为深刻的意义，也与潘序伦后来的事业和为人行事密切相关。为了更多地了解其中所涉及的一些细节，以下较为详细地列举说明上海《申报》的报道，也是作为对潘老这一段历史的一些细节和资料补充。同时，这一段的经历，也是潘老一生事业的重要基础，不可不重视之。

---

① 参见申国昌、邓一：《从公司选派留学生看教育与经济的关系》，载《教育与经济》2011年第3期，第69—72页。

② 潘序伦：《潘序伦回忆录》，见《立信往事》，第449页，立信会计出版社，2013年版。

【系列报道之一】
南洋兄弟烟草公司简照南考选留美学生揭晓正取十名

《申报》本埠新闻：南洋公司选送留美学生揭晓

《申报》，卷期：第17397号（上海版），出版时间：1921年7月29日，当前版/页：1

南洋兄弟烟草公司简照南考选留美学生揭晓正取十名

潘序伦、周厚枢、倪尚达、王家骧、祝隆惠、李安、张学文、马景行、嵇储英、张润田

备取五名：陈德辎、张宝桐、吴萼、陈宗汉、华祖翼

正取诸君请于二十九日上午十时前往江苏省教育会，接洽赴美医生处检查体格及领取护照各事为盼。未领川资诸君，请持学科试验入场证，随时至南京路本公司照领。

《申报》，卷期：第17397号（上海版），出版时间：1921年7月29日，当前版/页：14

南洋公司选送留美学生揭晓

南洋兄弟烟草公司及简照南君,本年第二次选送留美学生,额定上海十名,广东五名。上海方面完全委托江苏省教育会代办,已志前报。兹悉此次报名者共二十八校,七十七人,实报到七十人,七月二十一日至二十三日为检查体格,及格者五十八人。二十五、六两日为学科试验,实到五十四人。考毕开委员会共同检阅试卷,结果二十二人及格。二十八日口试,至此考试手续已毕。即择优录取正取十名,备取五名。正取各生定今明两日分赴美医生处检查身体,交涉公署及美领事署领取护照,八月二十日乘俄罗斯皇后号赴美。附录录取各生名单如后:

正取十名:

潘序伦,约翰大学毕业,商科

周厚枢,国立南京高等师范学校理化科毕业,农科

倪尚达,国立南京高等师范学校理化科毕业,工科

王家骧,约翰大学毕业,商科

祝隆惠,约翰大学毕业,工科

李安,复旦大学二年级生,商科

张汉文,北京税务学校毕业,商科

马景行,东吴大学法科毕业,商科

嵇储英,北京大学法科毕业,商科

张润田,北洋大学土木工十三年班学生,工科

备取五名:

陈德辖,复旦大学四年级级生,商科

张宝桐,交通大学上海学校电机科毕业,商科

吴蕚,国立南京高等师范学校商业专修科毕业,工科

陈宗汉,湖南公立工业专门学校四年级生,工科

华祖翼,交通大学北京学校学生,工科

【系列报道之二】

南洋公司宴送出洋学生

◎南洋公司宴送出洋学生纪

南洋兄弟烟草公司前托江苏省教育会考取学生潘序伦、周厚枢、倪尚达、王家让、祝蔭惠、李安、张澳文、马影行、积储英、张润田等十名，资送出洋留学，今因护照舱位一切手续，均已完备，定于日内放洋，故特在该公司总理简照南之新开路二百八十一号住宅南园内，设筵欢饯，并谓附省教育会代表之盛意，来宾除十名学生全体洗此外，有省教育会副会长黄任之及沈信卿稣初许建屏等数十人，各来宾於午后二时，齐集南京路稣初司总发行所，由简照南派公司之李纲笛等引导同往聚股长公司之工厂内，参观一过，五时始至南园，当经简总理与简琴石邬挺生路锡之许奏云唐伯香等招待，先在南园广场合摄一影，以志纪念，六时入席，先由简总理起致欢送辞，略谓，敝公司与照南、慨国家之贫弱，人才之缺乏，于是有资送出洋留学生之举，本届选送事宜，幸承江苏教育会诸公代为办理，顾为完备，本日敬备杯酒，籍谢教育会诸公之盛意，并为留学诸君前程遥祝预表贺忱，邵人所希望于留学诸君者，厥有数端，吾国今日之情势，非资业无以救国，诸君此行，由于资业不兴，处今日之情势，非资业无以救国，诸君此行，务新致力于农工商三科，为吾国植富强基础，所希望者一也，留学之要，在取彼之长，补我之短，预人之短，反薬已长之长，诸君研究新科学之中，仍期无忘国粹，此身虽在外邦，必心应常存祖国，庶几中西象襲人之短，所希望于诸君者二也，方今各国崇尚俭学，所期诸君本坚苦之心，勤俭不敢当，学生等顶贻致谢，自当铭感心版，兹勉求学，以便毕业回国，有所贡献於社会，以期无负贵公与贵总理资送之盛意，学生等頭贻致谢，自当铭感心版，兹勉与照南先生暨江苏教育会诸先生栽培之盛意云云司及照南先生暨公司职员许奏云等均相继致言，类者策励各学生勉力求学之意，颇多悬切之。谈宴毕散，已钟鸣十下矣。

《申报》：南洋公司宴送出洋学生纪

南洋兄弟烟草公司欢送第二届选派留美学生摄影

【系列报道之三】
南洋公司选送学生今日赴美

南洋兄弟烟草公司与该总理简照南,选派赴美留学生潘序伦、周厚枢、倪尚达、王家骧、祝隆惠、李安、张汉文、马景行、嵇储英、张润田等十名,已定八月二十日(即今日)乘昌兴轮船公司之俄国皇后号邮船放洋,准于下午五时在江海关码头下船。所有一切放洋手续,均由江苏省教育会代为办理。该公司已派定郏挺生、路锡三、李暮、甘鉴先、陈其浩、陈伯南、许奏云等诸职员,前往码头欢送并照料一切。

《申报》,卷期:第 17419 号(上海版),
出版时间:1921 年 8 月 20 日,
当前版/页:14

《申报》,卷期:第 17420 号(上海版),
出版时间:1921 年 8 月 21 日,
当前版/页:4

南洋公司赴美学生昨未离沪
因船为风阻进口延迟之故

南洋兄弟烟草公司与简照南君所选送赴美留学生潘序伦、周厚枢、倪尚达、王家骧、祝隆惠、李安、张汉文、马景行、嵇储英、张润田十人本定昨日下午五时在新关码头乘昌兴公司之俄国皇后号放洋,因风浪大作,该轮约于昨夜十二时始能入吴淞口,故赴美学生十人改于今日放洋。

惟风雨未息，该公司亦尚未能决定今日何时开轮。该公司在北京路 H 三号。欲问消息者，可于今晨八时半往接洽也。

【系列报道之四】
南洋公司资送学生已过横滨

> ◉南洋公司资送学生已过横滨
>
> 南洋兄弟烟草公司，此次资送沪港两处学生嵇储英等十五人赴美留学，上月二十二号，乘俄罗斯皇后号邮船放洋，已迭志前报。兹悉本埠考送之学生嵇储英、马景行、李安、王家骧、周厚枢、张汉文、张润田、倪尚达、潘序伦、祝隆恩等十名，昨自日本横滨途次，致函该公司总理简照南，报告行程，并致谢忱。原函略谓：生等启行之时，既辱明教，复饫珍馐。更承公司诸执事先生殷殷招待，生等自惭庸陋，曷克当此，惟有努力前程，以期不负我公之期望，即所以报厚惠于万一耳。生等登舟以后，即遇香港选送诸君，诸君皆英年俊秀，生等得与相处，甚获切磨之益。此舟于二十二日行抵长崎，二十三日行抵神户，今晨已到横滨，中途天朗气清，绝无风涛之苦。知关远念，谨以奉闻，生等一俟抵美入学，再当详陈一切云。

《申报》，卷期：第 17434 号（上海版），出版时间：1921 年 9 月 4 日，当前版/页：14

南洋公司资送学生已过横滨

南洋兄弟烟草公司，此次资送沪港两处学生嵇储英等十五人赴美留学，上月二十二号，乘俄罗斯皇后号邮船放洋，已迭志前报。兹悉本埠考送之学生嵇储英、马景行、李安、王家骧、周厚枢、张汉文、张润田、倪尚达、潘序伦、祝隆恩等十名，昨自日本横滨途次，致函该公司总理简照南，报告行程，并致谢忱。原函略谓：生等启行之时，既辱明教，复饫珍馐。更承公司诸执事先生殷殷招待，生等自惭庸陋，曷克当此，惟有努力前程，以期不负我公之期望，即所以报厚惠于万一耳。生等登舟以后，即遇香港选送诸君。请君皆英年俊秀，生等得与相处，甚获切磨之益。此舟于二十二日行抵长崎，二十三日行抵神户，今晨已到横滨。中途天朗气清，绝无风涛之苦。知关远念，谨以奉闻。生等一俟抵美入学，再当详陈一切云。

【系列报道之五】
南洋公司资送留美学生近讯

《申报》，卷期：第17609号（上海版），出版时间：1922年3月5日，当前版/页：15

南洋公司资送留美学生近讯

南洋兄弟烟草公司暨简照南资送赴美留学生，前经赴美分投各校肄业。现该公司及简君接驻美纽约该分公司报告，本学期各学生肄业校名分录如下：嵇储英，哈佛大学商业；程志颐，冶金工程及工厂管理；容启业，华登商业专门学校银行科；陈文灿，海德园高等学校大学预科；张学文，哈佛商科大学银行经济；张润田，高纳大学土木工程；周凤图，华登商业专校经济商业；周厚枢，路省省立大学制糖工程；周日华，海德园高等学校大学预科；韩绣章，哥伦比亚大学商业；刘继祖，高纳大学农业；李安，哥伦比亚大学商业；马景行，西北大学商业及商法；倪尚达，麻省工程大学电机工程；潘序伦，哈佛大学商业；祝隆惠，麻省工业学校土木工程；王家骧，哈佛大学商业；陈其鹿，哈佛大学商业；傅耀诚，哈佛大学商业；唐启宇，乔治省立大学种棉种烟及乡村教育；又龙纯如一名，系由欧转美入高纳大学习电机工程。

51

【系列报道之六】

南洋烟公司留美剑桥①同学讯

《申报》南洋烟公司留美剑桥同学讯（局部）
《申报》，卷期：第18089号（上海版），出版时间：1923年7月7日，当前版/页：14

南洋烟公司留美剑桥同学讯

南洋兄弟烟草公司及简照南君历次选送留美学生，皆国内各大学一时之选。现计在麻省剑桥者，多至十人。其他散在各处者，另有二十五人，皆专习农工商三科。近得剑桥各同学消息略述如左：

嵇储英，现在哈佛大学工商管理科研究铁道会计及经济学，今夏得硕士学位，此后拟从事实习。

潘序伦，现在哈佛大学工商管理科，研究会计学。曾赴各大工商场所实地考察会计制度。今年夏季得硕士学位，秋季拟入哥伦比亚大学，习劳动问题。

傅耀诚，民国十年华盛顿州立大学商科毕业，现在哈佛大学工商管理科读会计学及银行学工厂管理学，于课暇并参观工厂考察工场会计学。今

---

① 此处所谓"剑桥"，是指美国马萨诸塞州剑桥市。

年夏季,得硕士学位。此后拟入工厂实地练习云。

张学文,现在哈佛大学工商管理科,专门研究银行学,颇多心得。今年夏季,将得硕士学位。常考察各行制度,为将来应用之标准。今年夏季,闻即拟留英继续研究并考察一切,大约年内即行返国。

王家骧,现在哈佛大学工商管理科,研究销货管理法广告学及分部商店管理法（俗称百货商店）。曾赴各处实地考察。今夏得硕士学位,此后拟调查盐碱及其他化学工业商场,并赴分部商店实习。

倪尚达,现在麻省理工大学电机工程科,今夏得学士学位。平时专门研究发电总厂之组织及管理等,毕业后拟往纽约各大发电厂考察。闻秋间可入奇异电机公司实习。

周厚枢,来美后,即入路易係①安那大学,研究制糖工程,并在郎斐糖厂实习。嗣入麻省理工大学化学工程科。今夏得化学工程硕士学位。闻已得麻校介绍,可于夏日入雷费练糖厂摩仑密三酸厂及橡皮鞋制造厂从事实习,此后入美国中部甜菜糖厂实习,并至中美古巴国实习蔗糖事业。此后拟往德国继续研究化学工程及糖业云。

石志仁,毕业于香港大学机械科,现在麻省理工大学机械科研究机械构造及运用法。今年冬季将得硕士学位。此后拟入各大机械厂实习考察并往英国继续研究云。

钱祥标,现在麻省理工大学机械科肄业。

张克忠,现在麻省理工大学研究化学工程。

此外有陈君其鹿,前在哈佛大学商业管理科研究银行,去年夏季得硕士学位后,即入纽约银行实习,颇得经验。去年冬由南洋公司派往欧洲考察银行制度。闻留英数月后现已赴法考察一切云。

闻南洋兄弟烟草公司诸同学曾发起南洋兄弟同学会,以联络感情,交换知识为宗旨,并与国内实业界相互联络云。

---

① 原文如此,照录。通常写为"路易斯安那",即美国路易斯安那州(State of Louisiana),是美国南部的一个州,位于墨西哥湾沿岸。

以上不厌其详地列举《申报》自 1921 年 7 月 29 日至 1923 年 7 月有关南洋兄弟烟草公司选派留学生留洋动态的报道,一方面作为史料还原历史,从中感受社会对该事件的重视和关注;另一方面,可以借此材料从中了解潘序伦先生在这一个重要时段中的行迹和学习、生活。比如 1923 年 7 月 7 日《南洋烟公司留美剑桥同学讯》中说道:

潘序伦,现在哈佛大学工商管理科研究会计学,曾赴各大工商场所实地考察会计制度,今年夏季得硕士学位,秋季拟入哥伦比亚大学,习劳动问题。

其中涉及有关潘序伦哈佛学习、考察实践,以及取得硕士学位与攻读博士时间转换的一些具体信息。其中提到"习劳动问题",则又是给潘序伦研究者提出了一个新问题。这就是原始材料的妙处:从材料中发现细节、问题及疑点,使研究能不断深入下去。

值得注意的是,下列有关潘序伦学成归国的报道,提供了有关潘老学习及嗣后行迹的另外一些重要信息。

《申报》,学务丛载:会计学者潘序伦返沪,1924 年 9 月 6 日
《申报》,卷期:第 18508 号(上海版),出版时间:1924 年 9 月 6 日,当前版/页:18

会计学者潘序伦返沪

宜兴潘君序伦，前在本埠约翰大学毕业，由南洋兄弟烟草公司派赴美国留学。潘君初入哈佛大学专攻工商业会计一门两年，卒业得会计科硕士学位。继入哥伦比亚大学继续研究银行会计、成本会计、兼攻商业经济，到各处工厂行肆调查考察其会计制度。去年夏，中国留美学生中之专习会计学者在美组织会计学会，潘君被举为会长。今年五月，哥伦比亚大学授潘君以博士学位。潘君随赴欧洲各国游历，行经英、法、德、意、瑞、比诸国，旋乘法国邮船返国，业于前日抵沪。潘君现已应上海商科大学之聘担任会计学系职务云。

三、《中美贸易论》的影响

在潘序伦博士归国后不久，1924年11月4日，上海《申报》又刊登了潘序伦博士新著《中美贸易论》到沪的消息：

新著《中美贸易论》到沪

上海商科大学教授潘序伦博士留学美国时，曾著《中美贸易论》一书，内容详备，立论精审，为美国各经济家、商学家所称许。此书本由纽约中国商印局承印发行，在美销数甚佳。本埠商务印书馆因应本国学商两界之需要，已由美国运到数百册，即在本埠该馆发行所发售云。

《申报》，卷期：第18567号（上海版），出版时间：1924年11月4日，当前版/页：11

随后，在11月10日的《申报》第3版，又刊登了有关该书的广告介绍。

英文　《中美贸易论》　宜兴潘序伦博士著　精装一巨册定价实洋六元

The Trade of the United States with China

By Shu Lun Pan M. B. A, Ph, D

《申报》，卷期：第18573号（上海版），
出版时间：1924年11月10日，当前版/页：3

经济学博士、国立上海商科大学教授、密勒氏评论报记者潘序伦先生，留美研究中美贸易有年，近以精究所得著为是编，洋洋五六十万言，凡关于一百五十年来两国之商务关系寻根究底，详论靡遗。由美运华各品如洋布火油纸烟五金木材电料机械之类，由华运美各品如丝茶豆油皮革毛发花边等类，均列有专章，详载图表，察其即往之陈迹，进其今后之商情。美国经济学大家西列卫门博士、精琦博士均为此书作序。上海密勒氏评论报主笔鲍威儿氏并称此书为一时杰作，为中美商人所不可不读之书（见本年八月十六日密勒氏评论报社论）。则此书价值之巨可以想见。此书本由纽约中国商务局刊印发行，出版以来在美国已风行一时。现在便于此邦人士购读起见，由美运来数百册，托由敝馆代为发售。关心中美贸易者定当以先睹为快也。代售处：商务印书馆、中美图书公司同启。

遗憾的是，后来，或许因为时局的变化，也或者因为潘老此后专以会计为业且成就巨大，这部曾经在国内外引起轰动的有关中美贸易的历史性著作，就此湮没在历史的长河之中，再少有人提及。直到 2008 年，上海立信会计学院八十周年校庆前，图书馆郑鑫尧老师提议搜集潘老硕士、博士论文。姚水林老师查阅哈佛大学、哥伦比亚大学及美国国会图书馆等网站，在 PQDD（数字化博硕士论文文摘数据库）查到潘老博士论文的摘要索引，经多方联系，终于从上海交通大学图书馆获得潘序伦博士论文电子版，据此胶印数本，归学校收藏展示。随后，图书馆李湖生老师全文翻译了该书，由立信会计出版社以中英文对照方式于 2013 年出版发行。出版时根据正文内容及原文题目，将译本定名为《美国对华贸易史（1784—1923）》。

2008 年，根据姚水林老师找到的潘序伦博士论文电子版制作的胶印本

立信会计出版社 2013 年版《美国对华贸易史（1784—1923）》，潘序伦著，李湖生译

该书中文译本的序言中提到另外一个情况："撰写期间，先生曾将其中若干章节寄回上海，在当时的上海《密勒氏评论报》（The China Weekly Review）英文报纸上发表，见解新颖、文笔畅达，令人刮目，对当时的上海读者产生了很大影响。"并认为，"这一学习、研究经历，不仅扩展、

完善了潘序伦先生的知识结构,也进一步培养、提高了其学术研究素养。……作为潘序伦先生早期的研究成果,前述博士论文《美国对华贸易史》虽非先生所终生从事的会计学领域,但其重要意义却不可小觑。这篇论文论述了中美两国早期(1784—1923年)贸易的总体状况及其形成原因,详细探讨了两国间主要进、出口商品的贸易发展状况,阐述了美国对华金融投资及美国对华贸易政策的演变历程,是中美贸易研究领域的开创性文献之一。"①

联系20世纪整个世界经济的发展以及近十多年中美贸易战的实际,可以说,在理论和观念上,我们实质性地低估了贸易对于近世以来世界经济发展及格局变化的实际影响,也因此而低估了潘序伦先生本著的历史及现实意义,忽略了他以及为他作序的塞里格曼教授的高瞻远瞩和超卓见识。

如果用历史的眼光,从更为宏阔的角度来看,从15世纪末期大航海时代开始,国际贸易就成为整个世界发展变革中最重要的决定力量。不论是殖民时代原材料基地和世界市场的争夺,还是二战后世界贸易的格局重组,还是20世纪80年代中国改革开放后,尤其是2001年12月11日正式加入世界贸易组织(WTO)后对全球产业布局和中国自身发展的重大影响,贸易都是举足轻重的力量。

我们据此来品读潘序伦先生100年前在该书"作者前言"中所言:"作者试图根据中美贸易的历史发展来解构其未来发展趋势,并提出有助于增加太平洋两岸两个大国间的贸易、增强共同利益的建设性意见",细品塞里格曼教授所言:"现在我们看到一个年轻中国的成长烦恼。如果中国足够明智,它就能够发现缩小东、西方差距的捷径。""如果一千年后回头再看现在的情况,也许我们会发现中国只是稍稍落后于世界其他地区,也许已经开始超越其他地区。"则不得不为其远见和超卓的见识所折服,进行深刻的反思,并对目前局势做更为深刻的思考。

---

① 潘序伦著,李湖生译:《美国对华贸易史(1784—1923)》"序言",立信会计出版社,2013年版。

四、缘何会计

研究潘老,有两个绕不过去的问题:一个是为什么他会选择会计作为自己终身的职业和追求?另一个问题则是,为什么他在哈佛大学攻读会计专业(这一点在上面所示《申报》的报道中得到证明。在南洋兄弟烟草公司选派的所有留学生中,只有潘序伦一人十分明确地选择以会计学为专业),却会在博士阶段转而研究经济学,以"中美贸易"作为研究议题?

关于第一个问题,《潘序伦回忆录》第三节"开始走上会计经济专业道路"中有过一些说明:

> 说起来很惭愧,现在我被有些人称为"会计专家",甚至过誉为"会计界的泰斗"。但是,在我30岁以前我还不知道"会计"是什么样的学科呢!尽管我在南京民国法政大学也念过"簿记"课程,但对什么是簿记分录还没有搞清楚。直到我进入哈佛大学商业管理学院,才在学习会计学的征途上迈出第一步。那时,我国赴美留学生绝大多数是选学"货币银行学"一科,因为那时银行业一时勃兴,大大小小的银行遍设于全国各大城市。而在旧中国学生存在着学生毕业即失业的危机,留学生选学"货币银行"一科,不仅就业机会多,还可以谋取较高薪俸。我虽然也是从就业考虑出发,但是我采取了"人弃我取"的方针,选定了会计作为我的终身职业。我觉得会计是一门应用面很广泛的学科,公私事业单位以及农业方面都有需要。所以,我认定我国日后对于会计人才的需要定会逐年增加。现在看来我的选择还是对的。①

进一步分析,潘老选择学习会计专业,可能也与他之前两次失业的惨痛经历有关。

潘老在自传中真实地讲述自己的经历,对于曾经"结识了一群赌徒,经常出入于乡间财窟,进行赌博"之事也毫不避讳。有人因此认为

---

① 潘序伦:《潘序伦回忆录》,见《立信往事》,第432页,立信会计出版社,2013年版。

潘老年轻时曾经是"浪子",后来才改邪归正。其实,这既有一些真实的成分,也少不了夸大的理解。少年潘序伦曾经肩负着家族和父辈巨大的希望,他本人也是幼承家学,饱读诗书,13岁选入东坡高等小学正科,年中考试就得了第一,连一贯冷若冰霜的父亲也对他露出了满意的笑容。16岁进入浦东中学又是经常考得第一名,因此完全不能与一般无知的社会青年等同而论。但就是这样一个青年才俊,却"由于自己的过错,在求学、就业方面"遭受了一些挫折,走过许多弯路。接连几次失业对他造成很大打击。按他自己的说法,"我自谋职业,就这样浮浮沉沉地度过了六个年头……后来,我的情况越变越坏",直至在乡间结识一帮赌徒,沉迷赌博。

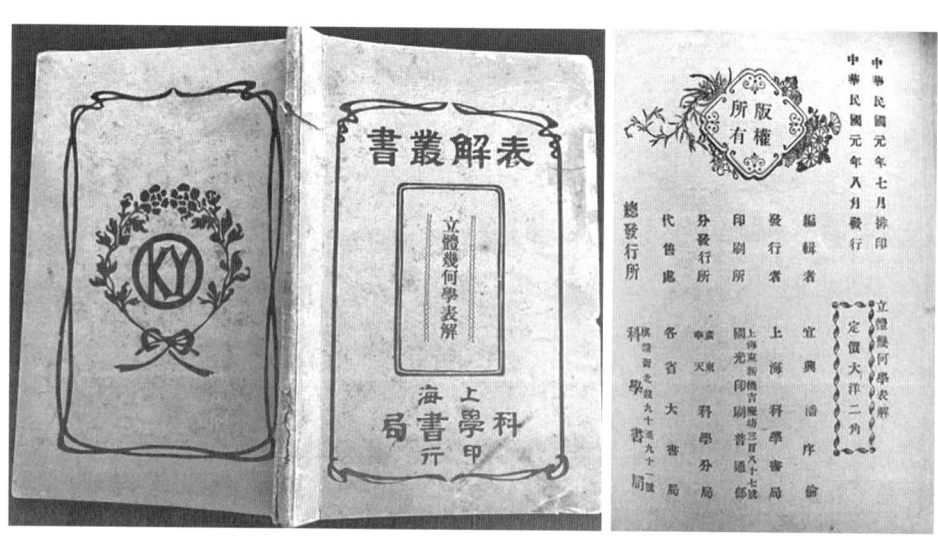

潘序伦著作《立体几何学表解》,上海科学书局民国元年(1912)出版发行,时年19岁。本书可以证明,早期的潘序伦已然是个有志青年,只是对于将来从事什么职业,仍未能找到合适的道路

这段经历使青年潘序伦深刻地认识到好的职业选择对于一个人的重要性,因而,当有了另一次选择的机会,他依然决然地选择了会计专业,根本上,是因为其巨大的社会需求,就业面广大。这一点其实也是后来他事

业成功的根本基础。

当然,这一选择也有其必然性,这个必然性与南洋兄弟烟草公司资助留洋时的理念相关联。根据《申报》文章《南洋公司宴送出洋学生纪》所载,在潘序伦等 10 名委派留学生各项手续办妥即日出洋之前,南洋兄弟烟草公司特在公司总理简照南先生位于新闸路 181 号的住宅南园内设宴送行。简照南先生在宴会上致欢送辞,说道:"鄙人所希望于留学诸君者,厥有数端,吾国贫弱,由于实业不兴,处今日之情势,非实业无以救国。诸君此行,务祈致力于农工商三科,为吾国植富强基础,所希望者一也。留学之要,在取彼之长,补我之短,毋袭人之短,反弃己之长。诸君研究新科学之中,仍期无忘国粹。此身虽在外邦,此心应常存祖国。庶几中西兼贯,新旧交融,以成一完全之人才,所望于诸君者二也。方今各国崇尚俭学,所期望诸君本坚毅之精神,养成勤俭之美德,所希望于诸君者三也。商战潮流,澎湃汹涌由欧美而趋于亚东。外国商业,日新月异,吾国风气初开,见闻未广,诸君力学余暇,当期以调查所得,随时报告,饷我国民,俾资考镜,而图进步,此期望于诸君者四也。将来实业之振兴,国家之富强,胥为诸君此行是赖。"①

我们知道,青年潘序伦早在就读浦东中学之际,就深受黄炎培"教育救国"思想影响,在我们所见几篇刊发在《浦东中学校杂志》上的短文,就多有思考、讨论治国理政之道②。简先生这些期望必然能引起他的共鸣,而他后来在留洋学习和职业实践中,也确实践行并体现了这些理念。

下表所列 10 位留美同学所学专业及所获学位,5 人为哈佛大学工商管理科,其中 3 人所学涉及会计,而专攻会计学专业者,却仅有潘序伦一人。可见其目标明确,意志坚定。

---

① 详参"【系列报道之二】南洋公司宴送出洋学生"插图。
② 如:《书王阳明象祠记后》,己酉(1909)上学期,二年级生,潘序伦,时年 17 岁。载《浦东中学校杂志》,1910 年第 2 期,第 28 页。《说国与朝之分》,己酉上学期,《浦东中学校杂志》,1910 年第 2 期,第 30-31 页。

南洋兄弟烟草公司留美同学所学专业及所获学位情况

姓名	留学学校及专业
嵇储英	哈佛大学工商管理科,铁道会计及经济学,硕士学位
潘序伦	哈佛大学工商管理科,会计学,硕士学位
傅耀诚	哈佛大学工商管理科,会计学银行学及工厂管理学,硕士学位
张泽文	哈佛大学工商管理科,银行学、硕士学位
王家骧	哈佛大学工商管理科,销售管理法、广告学及分部商店管理法,硕士学位
倪尚达	麻省理工大学,电机工程科,学士学位
周厚枢	路易斯安那大学,制糖工业,麻省理工大学,化学工程科,化学工程硕士学位
石志仁	麻省理工大学机械科,机械构造及应用,硕士学位
钱祥标	麻省理工大学机械科肄业
张克忠	麻省理工大学,化学工程

资料来源:《南洋烟草公司留美剑桥同学讯》,《申报》1923年7月7日。

对此,潘序伦先生在回忆录中做了专门说明:

我在哈佛大学企业管理学院除了选学经济学、商品学、销售学、市场预测等以外,尽量选学有关会计的学科,如初、高级会计学、成本会计、银行会计、政府会计、会计制度设计等。当然这只是(20世纪)30年代的会计学科目。50年代后,会计学的分科更多,我只是跟随时代的需要,继续不断地学习,才免于落后。这是后话,当时,哈佛企业管理学院会计学系的主任教授,是年过七旬的科尔博士。他的会计学知识虽比较守旧,但讲解得很透彻,习题也非常多。我一生会计学的基础,就是在这里奠定的。[①]

关于潘老这一时期的学习情况,可见的资料极为稀少。我们只是从吴君实《难忘岁月》中看到这样一些记载,证明潘老在哈佛大学的会计专业学习,是十分出色的。

---

① 潘序伦:《潘序伦回忆录》,见《立信往事》,第432页,立信会计出版社,2013年版。

有一次我在潘师办公室之文书柜里查阅参考资料时，无意中看到哈佛大学发给潘师在该校攻读企业管理硕士学位（MBA）的成绩报告单，其中会计学、审计学、成本会计学、会计制度学、统计学各课程之评分均为最高分"特优"（distinction），足见潘师师承有自及其会计学识之精深。此项学习成绩单潘师从未出以示人，更为后生楷模。相信知此情况者不多，故敬附笔录之，以致"高山仰止"笃敬之诚。①

潘序伦在1924年取得博士学位后回到阔别3年多的祖国，先后担任上海商科大学教务主任兼会计系主任、上海国立暨南大学商学院院长之职。在大学执教两年，引进并讲授西方会计学，培养了数百名大学生。

1927年1月，鉴于当时工商界通用的旧式簿记亟待改良，为了解决社会对会计人才的巨大需求，潘序伦决然地辞去各大学的教职，在上海爱多亚路（今延安西路）38号设立"潘序伦会计师事务所"，从事会计师业务，并编译出版会计丛书，创办会计学校。因为在实践中深深感受到，要开展会计师业务，首先要取信于社会，因而取《论语》中"民无信不立"之意，于次年将"潘序伦会计师事务所"改名为"立信会计师事务所"，会计师事务所、会计教育、会计出版社"三位一体"立信会计事业由此扬帆远航。

在当时的上海《时报》（Eastern Times）② 上，我们找到这张照片和有关潘序伦辞去教职从事会计师职业的消息。也正是从这一刻起，潘序伦"决心以会计师业务作为我的终身职业，一心一意为发展我国会计事业奋斗终身。"③

由此可以认为，潘老选择以会计为业，从小的方面来讲，是个人出于

---

① 转引自潘序伦编著：《高级商业簿记教科书》"作者及作品介绍"第5页，立信会计出版社，2009年版。

② 《时报》(Eastern Times)，1904年6月12日在上海创刊，是戊戌政变后保皇党在国内创办的第一份报纸，实际创办人是狄楚青。康门弟子狄葆贤（即狄楚青）和罗普分任该报经理和主笔，梁启超也参与过策划。最有影响的是对报刊业务的改革，重视新闻、言论，紧密配合时事要闻，专辟《时评》栏。

③ 潘序伦：《潘序伦回忆录》，见《立信往事》，第434页，立信会计出版社，2013年版。

职业和前途稳定而做出的自利的选择，从大的方面来看，则是与简照南先生在送行晚宴上所讲的——其实也是当时许多人所倡导的——"实业救国"相关联。一定意义上，后一点的作用应该更大，否则难以解释为什么他要这样快辞去更加稳定而且收入丰厚的大学教职和眼看着前程无量的大学行政职务，走上更加辛苦而且前途未卜的个人创业之路？②

关于第二个问题：为什么潘序伦会在博士阶段转而研究经济学，以"中美贸易"作为研究议题？其实，这个问题，只是对当下许多将会计视为记账算账或者一个提供财务信息的信息系统的人来说才是问题。事实上，在有关会计的传统理解，尤其是在20世纪上半期，人们（包括学界、实务界）对会计的理解，并非如此狭隘，而是从会计与经济一体化的角度，从整个社会经济发展的角度来看待会计问题。也即是说，当时的人们采用一种更综合的观念来看待会计与经济以及工商管理之间的关系，更重视其间的联系而不是区别。以下根据几个方面的情况来说明这一点。

其一，20世纪二三十年代，正是西方会计学术开始昌明的初始阶段。

《时报》第三张，No. 337.（3）刊登的会计师潘序伦博士照片，旁边文字注明：君系美国哈佛大学商学博士，近辞去暨南大学商科主任及上海商科大学会计科主任专营会计师职务①

---

① 本消息中"君系美国哈佛大学商学博士"一语其实有误。潘序伦系哈佛大学会计学硕士，哥伦比亚大学经济学博士。

② 前文曾引用《申报》学务丛载1924年9月6日的报道，潘序伦博士回国之时，就被社会认为是"会计学者潘序伦返沪"，以名校博士和会计学者的身份，他一回来就先后担任了上海商科大学教务主任兼会计系主任，上海国立暨南大学商学院院长之职。其收入更是不菲，"当时我每月约有银币500元的收入"，加上两本英文著作的版税，两年不到，就有了25 000元的银行存款。

在这个时期，不论是会计界还是其他领域的专家学者，都是从更为广泛和综合的角度来认识会计。几乎所有著名的会计教授，皆具有综合而庞杂的学科背景，而不是纯粹的会计专业出身。比如：被誉为美国现代会计理论之父的威廉·安德鲁·佩顿（William Andrew Paton），作为杰出的会计学家和会计理论先驱，是首批进入会计名人堂（The Accounting Hall of Fame）的会计大师之一。他具有渊博的学识和一流的理论水平，但他主修的专业却是经济学，分别于1916年、1917年获得经济学硕士和经济学博士学位。他长期在密歇根大学担任教职，主讲经济学和会计学，直到1958年以"会计学和经济学荣誉教授"的头衔载誉退休。

著名会计学家和会计教育家亨利·兰德·哈特菲尔德（Henry Rand Hatfield，1866—1945），一生涉猎甚广，在会计理论、比较国际会计、会计史和会计教育等方面均有建树。但他大学学习期间的主要兴趣却是在语言、文字和历史等学科领域。鉴于其所具备的经济学和政治学基础，他于1893年在华盛顿大学获得一个讲师教席。与此同时，他还继续在芝加哥大学深造，并于1897年以优等成绩获得哲学博士学位。

阿纳尼亚斯·查尔斯·利特尔顿（Ananias Charles Littleton）既是美国著名的会计学家，也是世界上最杰出的现代会计学家之一。1907年，他就读于伊利诺伊大学铁路管理专业。在大学二年级的时候，他获悉伊利诺伊州颁布了新的注册会计师条例，即立志成为一名公共执业会计师。1912年，他在伊利诺伊大学获学士学位，后分别于1918年和1931年获得伊利诺伊大学经济学硕士与博士学位。

约翰·班纳特·坎宁（John Bennet Canning）是一位杰出的经济学家，在其名著《会计学中的经济学：会计理论的一种批判性分析》（*The Economic of Accountancy：A Critical Analysis of Accounting Theory*）中，他将经济学的观点系统地引入了会计理论研究中，对现代会计理论与实务的发展产生了极其深远的影响。坎宁大学期间主修政治经济学专业，但却花费大量时间学习德语和法语，并学习了数学、英语语言和文学、政治科学、社会学、人类学、生理学和地理学等课程。坎宁对会计感兴趣有一个更实际的理由，是他需要赚生活费。1913年6月，坎宁取得芝加哥大学的学士学位，并获得奖学金继续他的研究生学习，在此期间，他也修习了芝加哥大学政治经济学博士课程。在接下来的四年里，他陆续选修了保险、会计、统计、工业管理、货币银行学、价值、分配、经济思想史、人口、公司财务、投资学以及商法、政治科学、社会学和数学等课程。1919年，他最终获得了芝加哥大学的经济学博士学位。正是因为这些复杂的学习背景和渊博的多学科知识，使他能够最终写出不朽名作《会计中的经济学》，扬名世界。

查尔斯·以斯拉·斯普拉格（Charles Ezra Sprague）是20世纪初期美国杰出的会计学家，被誉为现代会计理论研究的开创人和奠基人之一。他于1907年所著的《账户的哲学》（*Philosophy of Accounts*），被学界认为是构建现代会计理论的最初尝试与肇始性著作。斯普拉格一生的军旅生涯较长，尔后转行金融业并是保险精算领域的杰出先锋。他精通会计实务，不仅有多项会计技术发明和创新，在会计职业团体活动中也十分活跃，还为会计教育和世界性商业语言的普及作出了杰出的贡献。由于斯普拉格在会计理论研究和实务方面的突出成就，1953年被选入会计名人堂。但他主修专业其实是传统希腊语，此后他又自学了现代希腊语。

《蒙哥马利审计学》驰名世界，堪称现代审计学的奠基之作。其作者罗伯特·希斯特·蒙哥马利（Robert Hiester Montgomery）接受的正规教育极为有限，原因在于他父亲作为卫理公会牧师，不得不按照卫理公会教会的传统习俗，频繁地从一个教堂转到另一个教堂，使得蒙哥马利根本无法完成他的高中学业。年轻的蒙哥马利不得不在17岁时就进入会计师事务所担任实习生。他在朋友的帮助下刻苦自学会计学和审计学，并积极从事一些会计、税收和商业组织的活动。他为了建立全国性的会计组织而不懈努力并做出了积极贡献，最终成长为一位德高望重的会计和审计教育家，与乔治·奥利弗·梅（George Oliver May）、威廉·安德鲁·佩顿

(William Andrew Paton)一道首批入选会计名人堂,并被认为是"美国会计职业界四个最伟大的人"① 之一。

这些伟大的人物共同缔造了 20 世纪上半叶繁花似锦的会计世界,为西方会计学的百年发展奠定了坚实的学理基础。他们大多有一个共同的特点,就是复杂的经历、宏阔的视野,综合多样的学历(学习)背景和社会实践。他们的个人经历和经验,也直接地证明了会计学与经济学等其他学科之间天然且密切的联系。

其二,会计专业本身的特点,客观上需要丰富和多样的知识基础,包括对社会、经济和人文等构成人类社会和组织基础的诸多领域及要素的深刻理解。因此,广博的知识和学习,是成就一个高水平会计人才的必备基础。如潘老自传中所言,他在哈佛大学学习期间,选学了许多不同门类的课程,包括经济学、商品学、销售学、市场预测等。为了准备政治经济学考试的各项课程,他"总是带上几块硬面包充饥,整天在图书馆学习。英、美、德、奥各学派的经济书籍我都借阅,马克思的《资本论》我也读过。"② 广博的学习和阅读,构成了他厚实的知识基础,也使他具有了与同时代人一样至关重要的宏大视野,以及对会计实质的深刻理解。

其三,密歇根大学图书馆网站上,有潘序伦《中美贸易论》的电子书③,书中最后一页是一份潘序伦的英文版简历(VITA)。简历中说明,潘序伦于 1921 年秋至 1923 年春在哈佛大学工商管理研究生院(Harvard Graduate School of Business Administration)学习时,师从 W. M. Cole,M. T. Copeland,O. M. W. Sprague 教授;1922 至 1923 年,曾在哥

---

① 美国著名会计学家斯蒂文·A. 泽夫(Stephen A. Zeff)将蒙哥马利与乔治·O. 梅(George O. May)、威廉·安德鲁·佩顿(William Andrew Paton)、卡门·G. 布劳(Carmen G. Blough)并称为"美国会计职业界四个最伟大的人"。
② 潘序伦:《潘序伦回忆录》,见《立信往事》,第 433 页,立信会计出版社,2013 年版。
③ 密歇根大学图书馆馆藏该书之电子书访问地址:http://hdl.handle.net/2027/mdp.39015008150917。

伦比亚大学听 H. J. Davenport，Chester A. Phillips，R. E. Chaddock 等教授讲授的暑期班课程。当他正式在哥大读博时，则有幸师从 Edwin R. A. Seligman，Henry R. Seager，Vladinier Simkhovitch，Wesley C. Mitchell 等教授。

  需要说明的是，潘序伦就读的哈佛大学工商管理研究生院，又称哈佛大学工商管理研究所，创建于 1908 年，最初坐落于美国马萨诸塞州剑桥市，它便是当代世界大名鼎鼎的哈佛商学院的前身。哈佛商学院是当今美国最大、最富、最有名望，也最有权威的管理学校。美国教育界有一种说法，哈佛大学是全美所有大学中的一顶王冠，而王冠上那夺人眼目的宝珠就是哈佛商学院。作为其前身的哈佛工商管理研究生院，是世界上第一个 MBA 项目，是美国培养企业人才的最著名学府，被称为培养商人、主管、总经理的"工厂"，美国许多大企业家和政治家都在这里学习过。在美国 500 家最大公司里担任最高职位的经理中，五分之一的人毕业于这所学院。哈佛工商管理硕士学位（Master of Business Administration，简称 MBA）成了权力与金钱的象征，成了许多美国青年梦寐以求的学位。潘序伦在哈佛大学就读时，该院已经是美国鼎鼎大名的工商管理研究机构，他们在 20 世纪一二十年代开创的有关统一会计制度的研究，开美国会计制度研究的先河，产生了深远影响。《潘序伦回忆录》中提到的"他的会计学识虽比较守旧，但讲解得很透彻"的科尔博士，即是上文中的 W. M. Cole，时任会计系主任，也是著名的会计学家。

  潘序伦读博的哥伦比亚大学，是美国最早讲授政治经济学的大学。19 世纪后期，哥伦比亚大学是德国背景的经济学家集中的地方，上文中提到的 Edwin R. A. Seligman（塞里格曼），Henry R. Seager（西格），都具有德国背景，也是美国经济学会（American Economic Association，AEA）重要的创始成员，曾先后担任过这个学会的主席。上面提到的几位教授，都是大名鼎鼎的学者。

H. J. Davenport（H. J. 达文波特）教授是"美国心理经济学派"（American Psychological School）的创始人之一，也是芝加哥学派创始人、20世纪最有影响的经济学家之一富兰克·奈特（Frank Hyneman Knight）的导师。

Wesley C. Mitchell（韦斯利·C·米切尔）是著名的经济学家、教育家，制度学派的重要代表人物，长期任美国哥伦比亚大学经济学教授，并主持全国经济研究局工作。

Edwin R. A. Seligman（埃德温·R·A·塞里格曼）是一位学识渊博、极具创见的经济学家，在税收方面写出了诸多杰出的论著而知名，包括《税收的转嫁与归宿》（1892年）、《累进税收的理论与实践》（1894年）、《税收论文集》（1895年）和《所得税》（1911年）等。塞里格曼在写作时极具洞察力，他的研究不受时间和语言的限制。在阐述一个主题时，塞里格曼典型的做法是从亚里士多德开始，并且滴水不漏。对于文献回顾与分类，塞里格曼的能力无人可及。他个人的藏书后来被哥伦比亚大学收购，数量达到惊人的2万册。塞里格曼也确实充分利用了这一据说是美国经济学家中最大的私人藏书馆。塞里格曼热衷于参与公共事务，曾在纽约市、纽约州与国际联盟等地方的诸多委员会工作。他作为主要发起人，于1885年创建了"美国经济学会"。在20世纪30年代初，塞里格曼担任《社会研究百科全书》总编辑。

塞里格曼认为："财政学是总体融资活动的一部分，而融资活动又是经济学的一部分。但在更重要的意义上，应该说，财政学是一门独立的或分离的学科。"财政学与政治学、会计学、心理学、法学，当然还有伦理学等，交叉融合在一起。①

我们不知道塞里格曼教授和他的这些观点在多大程度上影响了潘序伦，但从他后来的作为和论著中，我们却明显看到这类观点的痕迹。

---

① 以上参考杨散逸"塞里格曼：时代背景、个人简介与基本观点"（https://zhuanlan.zhihu.com/p/600794724）。

顺便提及，除了潘序伦，塞里格曼教授还有多位中国学生，包括大名鼎鼎的顾维钧①、马寅初②、赵迺抟③，以及写出《孔门理财学》的陈焕章④。

其四，潘老在民国时期的几次短暂从政经历，第一次（1932年春）担任国民政府主计处会计局副局长，第二次（1946年5月）担任经济部常务次长，第三次（1947年秋）任"善后事业委员会"副主任委员兼秘书长，还有一次，时任财政部长王云五力邀他担任政务次长被拒。这些任职和邀约，表明他具有综合性的管理才能。他曾接受国民政府文官处组织的人才

---

① 顾维钧(1888—1985)，字少川，江苏省太仓州嘉定县(今上海市嘉定区)人。中国近现代政治人物、社会活动家和外交家。光绪三十年(1904)8月自费随湖北官费生赴美留学，由湖北留美学生监督施肇基代为接洽，进入纽约州的库克学院读英语及预科课程。光绪三十一年(1905)9月考入纽约的哥伦比亚大学，注册法学院，主修政治与国际外交。民国元年(1912)3月，以《外人在华地位》通过哥伦比亚大学的博士论文答辩。

② 马寅初(1882—1982)，名元善，字寅初，浙江嵊县(今嵊州)人，无党派人士，经济学家、银行家、教育家和人口学家，中国科学院学部委员，中央研究院院士，曾任北京大学校长、浙江大学校长。马寅初于1903年考入北洋大学冶矿专业；1907年获得官费留学资格进入耶鲁大学学习；1910年获文学学士学位，同年9月底，进入哥伦比亚大学继续深造；1911年6月通过题为《中国的公共收入》的硕士论文，取得文学硕士学位；1914年通过答辩获得哥伦比亚大学哲学博士学位；1916年回国后担任北京大学经济系教授。1919年担任北京大学第一任教务长；1921年9月28日被聘为上海商科大学教务主任；1922年被中国银行聘为钞券主任；1927—1936年先后在南京大学、上海交通大学、东吴大学、浙江大学等高校任教。1938年初担任重庆商学院院长兼经济系教授；1940年12月6日因抨击国民党政府经济政策被蒋介石逮捕；1949年8月出任浙江大学校长，并先后兼任中央人民政府委员、政务院财政经济委员会副主任、华东军政委员会副主席等职；1951年5月被任命为北京大学校长；1960年1月因发表《新人口论》被迫辞去北京大学校长职务；1979年9月平反，担任北京大学名誉校长。

③ 赵迺抟(1897—1986)，字述庭，号廉澄。浙江杭州人。著名经济学家、教育家。1923年赴美国哥伦比亚大学政治科学院攻读经济理论；1924年获哥伦比亚大学文学硕士学位；1929年获哥伦比亚大学哲学博士学位；1930年回国任北京大学教授兼经济系主任；抗战时期任西南联合大学经济系教授。在北京大学担任经济学系教授达55年、系主任达18年。

④ 陈焕章(1880—1933)，字重远，广东高要人(今广东省肇庆市鼎湖区)，清末民初思想家，社会活动家。15岁入广州万木草堂，师从康有为。光绪二十九年(1903)乡试中举。光绪三十年(1904)，联捷甲辰恩科进士。光绪三十三年(1907)赴美国哥伦比亚大学经济系留学，1911年毕业，获博士学位，其博士论文 The Economic Principles of Confucius and His Schoo(陈焕章译成中文题目为《孔门理财学》)当年即收入由哥伦比亚大学政治学教师编辑的"历史、经济和公共法律研究"丛书，由哥大分两册精装本出版。《孔门理财学》一书分五个部分。书前有当时著名的汉学教授施格所作的序言，除了对陈焕章本人是康有为的弟子这一背景进行简介外，还高度评价了陈采用西方经济学框架对孔子及其学派的经济思想所做的精湛研究。此书是20世纪早期"中国学者在西方刊行的第一部中国经济思想名著，也是国人在西方刊行的各种经济学科论著中的最早一部名著"。

调查,参加庐山谈话会①,以及 1957 年春被推举为上海市政协委员,1979、1980 年先后被推选为新成立的上海市会计学会和全国会计学会顾问,1979 年 3 月出席上海市哲学社会科学联合理事会联合会议并当选为主席团成员,1984 年被推举为顾问,表明他是具有很强综合管理能力的高级人才,始终受到官方的高度重视。

录文:

各省市高级人员　调查报告　卅七年一月

中华民国卅七年七月十日收到

潘序伦　上海私立立信会计专科学校校长,别号秩四,五十五岁,江苏宜兴

美哈佛大学商学硕士,哥伦比亚大学商业经济学博士

聪明干练,相貌英秀,精神饱满,态度大方,有经营才,学识丰富。专长会计,对商业经济有研究。对簿记会计学著作颇多,能力优异,办事有毅力,勤慎负责。执行会计师职务十五年以上,为国内有名经济学家(甲下)。

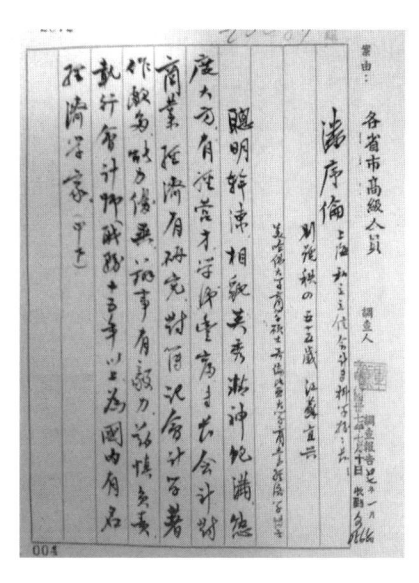

国民政府文官处人才调查资料:
各省市高级人员调查报告——潘序伦②

潘老一生以会计为业,他所创立的立信会计事业,无疑是中国近现代会计发展史上一座不可逾越的高峰。然而,对于潘老而言,却并非将会计

---

① "七七事变"爆发后,面对举国上下高涨的抗战呼声,蒋介石电邀全国名流学者、大学校长及全国的军政要人到庐山参加谈话会,共商国是。潘序伦校长作为第二期谈话会代表参加会议并发言。详参涂苏中《潘序伦与庐山谈话会》,见《立信往事》,第 42-43 页,立信会计出版社,2013 年版。

② 另有军事委员会委员长侍从室人事登记卷等系列资料,台湾国史馆藏。档案号:129000017471A。

当做个人安身立命的资本或职业，而是将其作为实业救国、经世济民的基础。他对社会、经济、商业、财政、会计等诸方面关系的理解和识见，超越时代，非常人所可比。

作为一位大家眼中的会计人、会计师，能在人文荟萃、群星闪耀的大上海，入选2018首批位"上海社科大师"，与来自历史、哲学、社会、经济、教育、文学艺术、国际关系等多个领域的前辈大师共领风骚，受人景仰，足以表明社会对他的高度认可和崇敬。

在此，特以抗战胜利后，潘序伦为立信会计专科学校迁川第五届毕业生同学录所题写的序言①，作为本章的结尾。

校长序

王荆公曰："合天下之众者，财；理天下之财者，法；守天下之法者，吏也。吏不良，则有法而莫守，法不善则有财而莫理。"以今语释之：财者，国计也；法者，制度也；吏者，人才也。是言治国之本，理财为先，国政如是，他事亦然。然理财者首在确定会计制度，树立财务准绳，所谓善法是也；而会计制度既经厘定，犹须训练专才，以利推行，所谓良吏是也。序伦学于会计，业于会计，既刱立立信会计师事务所，以求改善我国会计之制度；复编印"立信会计丛书"，以期阐扬中西会计之学术；更筹设立信会计专业学校，以便养成推进会计之人才。兹因抗战，本校历经艰辛，辗转西迁入川，今值抗战已成，适本校迁川第五届诸生已毕业矣。序伦远在上海未能躬预盛典，唯伫望今日毕业诸生，学成致用，蔚成将来守法之良吏，其为各界建树会计之准绳，发扬我立信誉者，实所深致意也，爰为之序。

潘序伦序于上海立信会计师事务所

---

① 见《迁川第五届毕业同学录》，中国会计博物馆藏。

第三章 志存高远

诗意的涵养

出自北门，忧心殷殷。终窭①且贫，莫知我艰。已焉哉！天实为之，谓之何哉！

王事适我，政事一埤益我。我入自外，室人交徧谪我。已焉哉！天实为之，谓之何哉！

王事敦我，政事一埤遗②我。我入自外，室人交徧摧我。已焉哉！天实为之，谓之何哉！

——《诗经·邶风·北门》

一、诗言志

《尚书·舜典》："诗言志，歌咏言"。就其最典型的意义而言，诗歌是创作者个人志趣的表达；然而，当个人的个性化作品与一个具体的社会、一个特定的时代联系起来，诗歌就具有了时代性意义，更可能成为一个时代的呐喊，一种特殊的集体意志的表达。我们了解古代中国人，诗歌是一个重要的入口。我们关注一些人，了解他们，往往根源于那些耳熟能详、脍炙人口，或者振聋发聩、动人心魄的诗句。

说起李白，必然记得他"天生我材必有用，千金散尽还复来"的豪气干云与洒脱。

提起杜甫，就会想起"安得广厦千万间，大庇天下寒士俱欢颜"悲天悯人的情怀。

说到边塞诗，就会想起王昌龄"黄沙百战穿金甲，不破楼兰终不还"的决心，想起岑参"忽如一夜春风来，千树万树梨花开"的绝佳想象。

---

① 窭(jù)：贫穷得无法备礼物。亦泛指贫穷。
② 埤(pí)遗：毛传："埤，厚也。"朱熹集传："遗，加也。"

想起李商隐，就会吟诵"春蚕到死丝方尽，蜡炬成灰泪始干"的情深谊长，至死不渝。

说起岳飞，就会想到他的《满江红》，共情"壮志饥餐胡虏肉，笑谈渴饮匈奴血"的冲天豪气。

说到陆游，就会想起他"死去元知万事空，但悲不见九州同"的悲凉。

提起辛弃疾，同样会想起"了却君王天下事，赢得生前身后名，可怜白发生"的无奈。

提起文天祥，就会想起《正气歌》，想起《过零丁洋》中"人生自古谁无死，留取丹心照汗青"的豪情壮志。

我们更会想到王昌龄《出塞》中的"但使龙城飞将在，不教胡马度阴山"。

想起谭嗣同《狱中题壁》中的"我自横刀向天笑，去留肝胆两昆仑"。

想起李纲《病牛》中的"但愿众生皆得饱，，不辞羸病卧残阳"。

……

这个清单，可以无限地列下去。它所体现的，是中国人数千年用诗歌构筑起来的丰富的精神世界，无尽的涵养。

人之不同于他物，在于有心，有情。诗歌是人情志的有效表达。生于内，发乎外。中国古代诗歌的源流，自《诗经》为始，风、雅、颂305篇，体现了从民间到庙堂的种种声音。到后来，诗则成了文人甚或文学之士的专属，成为一种专门的文学表达。古代文人志士，大多精于诗，研于诗，寄情于诗。在科举制度出现以后，诗歌更是纳入科举取士的考察范围，一时诗风大盛，人才辈出，以唐宋为最高峰，余韵悠长，直至当代。更有学者以量化方式研究唐代科举取士中诗歌、道德与治理的关系，可谓得其要旨。①

《诗经》作为最早的一部诗歌总集，包含着极为丰富的社会文化意义。

---

① 陈冬华,李真,杨贤,俞俊利:《诗歌、道德与治理——基于唐代科举的量化历史实证研究》,《文学评论丛刊》,2017年第1期。

其中许多诗句脍炙人口，影响深远，即便童稚也是耳熟能详。其中一些作品更是通过歌曲、歌舞、视频短片等当代人喜闻乐见的方式，将其独特审美意境、音韵之美、动人的情感和情绪、直白炽烈的爱等淋漓尽致地展现给世人。如：

关关雎鸠，在河之洲；窈窕淑女，君子好逑。

——《诗经·周南·关雎》

昔我往矣，杨柳依依。今我来思，雨雪霏霏。

——《诗经·小雅·采薇》

蒹葭苍苍，白露为霜。所谓伊人，在水一方。溯洄从之，道阻且长。溯游从之，宛在水中央。

——《诗经·秦风·蒹葭》

青青子衿，悠悠我心。纵我不往，子宁不嗣音？

——《诗经·郑风·子衿》

彼采葛兮，一日不见，如三月兮！彼采萧兮，一日不见，如三秋兮！

——《诗经·王风·采葛》

其中一些作品，更是具有深远的社会警醒意义，如：

硕鼠硕鼠，无食我黍！三岁贯女，莫我肯顾。逝将去女，适彼乐土。

——《诗经·魏风·硕鼠》

《诗经》更是许多经典的描述性词汇、专门表达及成语最初的出处，如：

他山之石，可以攻玉。

——《诗经·小雅·鹤鸣》

巧笑倩兮，美目盼兮。

——《诗经·卫风·硕人》

死生契阔，与子成说。执子之手，与子偕老。

——《诗经·邶风·击鼓》

桃之夭夭，灼灼其华。之子于归，宜其室家。

——《诗经·周南·桃夭》

兄弟阋于墙，外御其侮。

——《诗经·小雅·常棣》

这些绝美的诗句，其深刻的社会意义、独特的审美情趣，体现了中国人的深情和志趣，早已幻化成中国人灵魂和生命的给养。其中许多词句更是经过演化进入人们的日常生活，成为一个礼仪之邦、文化之邦人们的基本素养。

《诗经》是中国古代诗歌的开端，最早的一部诗歌总集，收集了西周初年至春秋中叶（前11世纪至前6世纪）的诗歌，共311篇，其中6篇为笙诗（即只有标题，没有内容，称为笙诗六篇），反映了周初至周晚期约五百年间的社会面貌。《诗经》的作者佚名，绝大部分已经无法考证，传为尹吉甫①采集、孔子编订。《诗经》在先秦时期称为《诗》，或取其整数称《诗三百》。西汉时被尊为儒家经典，始称《诗经》，并沿用至今。《诗经》在内容上分为《风》《雅》《颂》三部分。《风》是周代各地的歌谣；《雅》是周人的正声雅乐，又分《小雅》和《大雅》；《颂》是周王庭和贵族宗庙祭祀的乐歌，又分为《周颂》《鲁颂》和《商颂》。

孔子概括《诗经》的宗旨为"思无邪"，并教育弟子读《诗经》以作为立言、立行的标准。先秦诸子中，引用《诗经》者颇多，如孟子、荀子、墨子、庄子、韩非子等人在说理论证时，多引述《诗经》中的句子以增强说服力。至汉武帝时，《诗经》被儒家奉为经典，成为"六经"之一。《诗经》内容丰富，反映了劳动与爱情、战争与徭役、压迫与反抗、风俗与婚姻、祭祖与宴会，甚至天象、地貌、动物、植物等方方面面，是周代

---

① 尹吉甫（前852—前775），原名兮甲，生于古蜀国江阳，是周朝时期的中兴名臣，著名军事家、文学家、哲学家。尹吉甫本姓姞，因被封于尹（今山西隰县），所以又称尹吉甫，尹吉甫仕于西周，征战于山西平遥、河北沧州南皮等地。尹吉甫不仅是我国第一部诗歌总集《诗经》的采风者、编纂者，也是尹姓和吉姓共同的太始祖，尹吉甫是周宣王时的太师，西周时期著名的贤相，辅助周宣王中兴周朝，因为是流传后世的《诗经》的总编纂者，所以又被尊称为中华诗祖。

社会生活的一面镜子。

诗歌而能入经，影响中国历史数千年，可以称为人类文明史上一个极大的奇迹。而造成这个奇迹的最根本原因，则在于《诗经》本身，并非一般意义上一部简单的、以娱乐或教化，表达个人思想和情志的诗歌作品，而在于其本身所具有的非常的社会意义。

实际上，《诗经》的地位早已远超出一本诗集，已成为"中国人的精神家底"。

相传周朝设立采诗之官。一到春天，采诗人就摇着铜质的大铃铛（即木铎），分散到各地去搜集反映百姓欢乐疾苦的歌谣，回来整理编订后交给乐官。乐官再将这些歌谣谱上曲，唱给天子听，让天子了解政治和风俗的盛衰利弊，作为施政参考。

由此可见，《诗经》从一开始，就具有听民声、资政治的社会治理功能，微言大义，直陈民意。

在当下人们的观念中，多以为诗歌之类不过是一种文人唱和，或者文化人自我表达、作为娱乐或个性表达的一种文学作品，殊不知诗歌之中蕴含着丰富的意义。就个人来说，它是个人情志、生活、所见所感之文学化的表达；对于一个社会，一个时代，诗歌则是时代的呐喊，是以一些诗人为代表的广大民众的总体上的呐喊，是时代的声音。

有人说："诗以短小精悍，微言大义而体现诗的价值，真正的诗歌读后让人赏心悦目，醍醐灌顶；以微小之言见无穷之大意，以数言之力量而见无尽之景象；以寥寥之语言而见无形之道理，那才是一首诗的意义和价值所在。"可谓一语中的。

概而言之，诗歌代表了时代的现实，是真善美，也是对丑恶的鞭挞和揭露。这就是《诗经》乃至后世各种诗歌、词曲、歌谣、杂剧、小说等文学和艺术表达的根本意义。

与其他文学体裁一样，诗歌具有很强的叙事功能，乃至于有一类诗直接被名为"叙事诗"。但诗歌更重要的，是其"言外之意"。它以简明的形式,直抒胸臆,把一个时代人们的欢乐、悲苦,所思、所想,以极为直接的方式喊出来、唱出来。它是情感、情绪和内心诉求的直接表达。因此,一个时代的诗歌,可以视为一个时代的心声,一个时代的真情流露。《诗经》的形成和广为流传,引人注目,包括为统治者所重视,正是根源于此。从某种意义上说,《诗经》是一本统治者的政治教科书。

潘老藏书中最终能留下多个版本的《诗经》,并有多种诗集及有关诗歌的书籍,也就顺理成章了。

二、潘老遗留藏书中的诗歌类图书

在有关潘老及其藏书的研究中,我们发现一个奇怪的事实:潘老爱诗、学诗、藏诗,但却罕见写诗。对于一个志向高远、学养丰富、经历丰富且坎坷的伟大人物,爱诗而不写诗,实在是很奇怪的事情,其原因究竟何在?

潘老的藏书中,诗歌类图书占了很大比重,留存下来的有:

(1)《诗经》,民国三年精校版,中华书局铸版,4册。

(2)《诗经》,民国四年精校,中华书局印行,12册。

(3)《诗经》,民国四年刘法曾精校,中华书局印行,12册。

(4)《五彩绘图监本诗经》,上海扫叶山房石印,一函4册。

(5)《精校诗经监本附图》,庚戌(1910)冬上海会文堂书局印行,4册。

(6)《诗经读本》(春夏秋冬四册),上海天机书局印行,4册。

(7)《唐诗三百首》,商务印书馆民国三十六年(1947)第十一版,1册。

(8)《唐人万首绝句选》,4个不同版本。上海扫叶山房民国十四年(1925)石印;上海涵芬楼仿古活字;上海涵芬楼仿古活字,戴凌虚藏,人神孟秋望重订(后加封面);上海扫叶山房民国二十六年石印,共4本。

(9)《唐诗评注读本(全)》,上海文明书局民国十九年(1930)发行，2册。

（10）《少陵诗钞》，丁卯（1927）冬月出版，会稽顾氏珍藏，科学仪器馆版，1册。

（11）《颐渊诗集》，柳亚子题，上海中华书局承印，1册。

（12）《谭祖安先生手写诗册》，出版信息不明，1套4册。

（13）《亭秋馆诗词集》，壬子嘉平月腊八日刊于京师，1套8册。

（14）《诗均》（佩文诗韵释要），出版信息不明，1册。

（15）《诗序解》，陈延杰著，上海开明书店民国二十一年（1932）五月出版发行，1册。

（16）《杜韩集韵》，洞庭麟庆堂藏版，1册。

在全部54种中文图书中，诗歌类图书16种，占比近30%，可见诗歌在潘老心目中具有至为重要的地位。

潘老的诗歌类藏书可大略分为四类：

第一类，诗经。多个版本的诗经，是潘老中文藏书的重中之重。潘老对此用功甚深，几个版本中皆有标注的痕迹。我们通过研究发现了潘老在书中的评注，对理解潘老的精神，具有极其重要的意义。

第二类，唐诗读本。唐代是中国古体诗的巅峰时期，诗人如潮、佳作辈出，在中国文化史上具有举足轻重的地位。潘老藏书中有《唐诗三百首》《唐人万首绝句选》《唐诗评注读本》，其中后两种皆有标注，说明潘老在唐诗方面也是极其用功。

第三类，个人诗集。这类图书包括古今名家诗集四种：《少陵诗钞》（唐代大诗人杜甫）、《颐渊诗集》（民国时期著名教育家、书画家经亨颐）、《谭祖安先生手写诗册》（民国时期著名政治家、书法家谭延闿，字组庵）、《亭秋馆诗词集》（清末民初文学家许禧身，字仲萱，一字亭秋。工诗词、善文章）。在灿若星河的古今诗人中，潘老为何对以上四种情有独钟？其中的意义也是需要探究的。

第四类，诗歌知识读本。《杜韩集韵》《诗均》（佩文诗韵释要）、《诗序解》属于有关诗歌的知识读本。《杜韩集韵》"取杜、韩二家诗句，案今韵摘出，编於字下，以为吟咏者取资。"《佩文诗韵释要》是流传甚广的韵书，便于士子习用。《诗序解》是南京宿儒，在中国传统经学、诗学研究与古典诗词创作方面颇有造诣的陈延杰先生的力作。

这样的藏书构成，表明潘序伦先生不只是像普通读者一样将读诗作为学习和修养的方式，而是作为一个资深的研究者和学习者，做广泛的收藏和研究。

三、《甘棠》与《北门》

近日，家人开始教两岁半的小外孙背《诗经》。当宝宝用他那稚嫩的声音跟着姥姥一声声念："关关雎鸠，在河之洲，……"，且把"优哉游哉"念成"优呆优呆"时，我忍俊不禁，内心生出一缕甜甜的幽思。

我不明白，在过去两千多年的历史发展中，《诗经》中这些优美的句子，究竟有多少人曾经背过，并为其优美的音韵和意境所感动？当然，我也不明白，为什么一代宗师潘序伦先生，会在他的藏书中，最终留下如此多种不同版本的《诗经》。

带着这种不解，我慢慢翻阅，从书中寻找答案。

首先翻阅的是中华书局铸版，民国三年、民国四年精校版《诗经》。其中包括三个不同版别的《诗经》读本。其共同特点是朱子（朱熹）集注。书中有宋代大儒朱熹所作《诗经传序》，在阐明诗之实质的基础上，强调诗的社会教化意义："是以其政虽不足以行于一时，而其教实被于万世。是则诗之所以为教者然也。"其中更是简明地说明了诗之所以为经的理由，即"此诗之为经，所以人事浃于下、天道备于上，而无一理之不具也。"朱子亦指出了学诗的方法，以及其最终的功用："修身及家、平均天下之道，其亦不待他求，而得之于此矣。"

概言之，学诗实为修身、齐家、平天下的大学问、大道理。

以下全文照录朱子《诗经传序》：

诗经传序

或有问于予曰:"诗"何为而作也?予应之曰:人生而静,天之性也。感于物而动,性之欲也。夫既有欲矣,则不能无思;既有思矣,则不能无言;既有言矣,则言之所不能尽,而发于咨嗟咏叹之余者,必有自然之音响节奏而不能已焉。此"诗"之所以作也。

曰:然则其所以教者何也?曰:"诗"者,人心之感物而形于言之余也。心之所感有邪正,故言之所形有是非。惟圣人在上,则其所感者无不正,而其言皆足以为教。其或感之之杂,而所发不能无可择者,则上之人,必思所以自反,而因有以劝惩之。是亦所以为教也。昔周盛时,上自郊庙朝廷,而下达于乡党闾巷,其言粹然无不出于正者。圣人固已协之声律,而用之乡人,用之邦国,以化天下。至于列国之诗,则天子巡守,亦必陈而观之,以行黜陟之典。降自昭穆而后,寖以陵夷,至于东迁,而遂废不讲矣。孔子生于其时,既不得位,无以行劝惩黜陟之政。于是特举其籍而讨论之,去其重复,正其纷乱。而其善之不足以为法、恶之不足以为戒者,则亦刊而去之,以从简约、示久远,使夫学者,即是而有以考其得失,善者师之,恶者改焉。是以其政虽不足以行于一时,而其教实被于万世。是则诗之所以为教者然也。

曰:然则国风雅颂之体,其不同若是何也?曰:吾闻之,凡诗之所谓风者,多出于里巷歌谣之作,所谓男女相与咏歌,各言其情者也。惟周南、召南,亲被文王之化以成德,而人皆有以得其性情之正,故其发于言者,乐而不过于淫,哀而不及于伤。是以二篇独为风诗之正经。自邶而下,则其国之治乱不同,人之贤否亦异,其所感而发者,有邪正是非之不齐。而所谓先王之风者,于此焉变矣。若夫雅颂之篇,则皆成周之世,朝廷郊庙乐歌之词,其语和而庄、其义宽而密,其作者往往圣人之徒,固所以为万世法程而不可易者也。至于雅之变者,亦皆一时贤人君子,闵时病俗之所为,而圣人取之。其忠厚恻怛之心、陈善闭邪之意,尤非后世能言之士所能及之。此诗之为经,所以人事浃于下、天道备于上,而无一理之不具也。

曰:然则其学之也,当奈何?曰:本之二南,以求其端;参之列国,以尽其变;正之于雅,以大其规;和之于颂,以要其止。此学诗之大旨也。于是乎,章句以纲之,训诂以纪之,讽咏以昌之,涵濡以体之,察之情性隐微之间、审之言行枢机之始,则修身及家、平均天下之道,其亦不待他求,而得之于此矣。

问者唯唯而退。余时方辑诗传,因悉次是语,以冠其篇云。

淳熙四年丁酉冬十月戊子新安朱熹序。

朱子此序,可谓得诗之大意矣!堪为读诗学诗之指南。

潘老于此版《诗经》用功极深,一是精研细思,为其句读(做了标点);二是对一些字词的音义作出注解;三是增加了自己的感悟及所得。此类题注并不多见,但意义深刻,比如在民国三年精校版《甘棠》一诗之上,潘老就加注了"棠荫长留"四字,并在下面加了波纹线以示强调。

《召南·甘棠》一诗,为时人怀念召伯①的诗作。《毛诗序》云:"《甘棠》,美召伯也。召伯之教,明于南国。"《郑笺》云:"召伯听男女之讼,不重烦百姓,止舍小棠之下而听断焉,国人被其德,说其化,思其人,敬其树。"朱熹《诗集传》云:"召伯循行南国,以布文王之政,或舍甘棠之下。其后人思其德,故爱其树而不忍伤也。"其诗曰:

> 蔽芾甘棠,勿翦勿伐,召伯所茇。
> 蔽芾甘棠,勿翦勿败,召伯所憩。
> 蔽芾甘棠,勿翦勿拜,召伯所说。
>
> ——《诗经·召南·甘棠》

《史记·燕召公世家》中对本诗所涉及的情况有所记载:"召公之治西

---

① 召伯也称召公,姓姬名奭,周文王庶子。西周初年著名的政治家。一生历文、武、成、康四代,是一位彪炳史册的风云人物。

方,甚得兆民和。召公巡行乡邑,有棠树,决狱政事其下,自侯伯至庶人,各得其所,无失职者。召公卒,而民人思召公之政,怀棠树,不敢伐,歌咏之,作《甘棠》之诗。"千百年来,召伯甘棠,已经固化为一种清廉爱民的典型,纯净着人心,引领着官风,成为学人士子为官从政必须学习的典范。"甘棠"也成了地方官员惠政于民的象征,"棠荫"也成为清官良吏政绩的代称。

我们在研究中发现,潘序伦先生可能因为自己特殊的地位和阅历,向来十分谨慎,甚少在图书或一般的纸张上留下字迹,但在《甘棠》诗上却用自己习用的铅笔写下"棠荫长留"四字,复在其下画上波浪纹,可知其乃内心情感奔放,难以自抑时所留。在旁边更有一个重重的"√",似乎在提醒自己,千万不要忘了这点。

见贤思齐,此之谓也!

"棠荫",意思是棠树树荫,喻惠政或良吏的惠行。

"棠荫长留"四字,表明了潘老对于为官从政的理解,也是他本人的志向或理想:荫庇天下,惠及万民。而这个观念,也正是朱子在《诗经传序》中所讲"修身及家、平均天下之道,其亦不待他求,而得之于此矣"的体现。

纵观潘老一生,身负一身才学,学贯中西,久有报国之志,虽在会计专业方面取得了巨大成就,但数次从政,本拟有所作为,却因为种种原因不得不很快离去,对他来说,终究是一种不幸。这种心情,在另一处题注中得以展现。或许这是世人迄今未知未解的潘老的另一面。

在《邶风·北门》一诗(即本章标题下所录诗

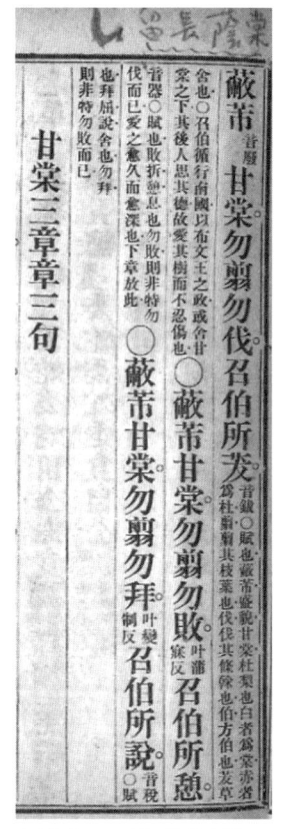

潘老加了"棠荫长留"
题注的《甘棠》诗

句）的题头，潘老亦有题注。这是潘老所有藏书中用以表露心迹，极为罕见的两种题注之另一种。如果说上面所说的"棠荫长留"，代表了他的志向，那么，这里所题，则是他壮志难酬的悲鸣，是一声愤怒而又无奈的哀嚎。

这里是八个字："忧心殷殷、终窭且巨"同样是熟悉的铅笔，同样是熟悉的字体。但却怎么也想不明白，后面四个字为什么要在写了之后又圈起来？是在对自己的这种表述是否准确心存疑问，还是在担心什么，觉得这四个字不应该这样留在这里？

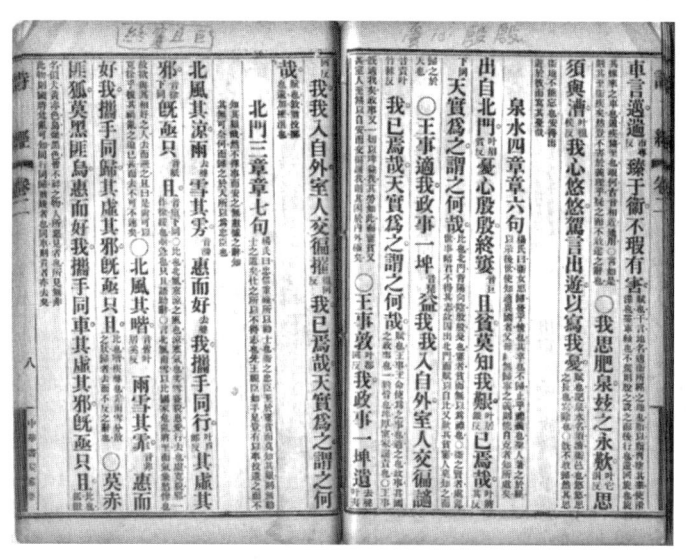

民国精校版《诗经》第 1 册《北门》诗，题头铅笔批注："忧心殷殷，终窭且巨"

不由想起两句同样是出自《诗经》的词句：

> 知我者，谓我心忧；不知我者，谓我何求。
>
> ——《诗经·王风·黍离》

这些字不知题于何时，因何事有感而发。不过，联系潘序伦先生几次短暂从政的经历，就会知道，这八个字，其实是滴血的。

● 1932 年春，南京国民政府为了加强全国财计管理，推行超然主计制度，成立主计处，主计长陈其采因慕"名会计师"潘序伦之名，邀请他到主计处担任会计局局长之职。无奈官场黑暗，上边任命非会计专业之人秦汾①当了主管，会计局的权力全操在秦汾手中，潘序伦难以施展抱负，不到半年便辞归上海。

● 1946年5月，商务印书馆总经理王云五以无党派身份被国民党政府特任为经济部部长，他推荐好友潘序伦担任经济部常务次长，但潘序伦仍然有职无权，是一个无关紧要的"画行"②常务次长。因此，潘序伦"在经济部担任常务次长只混了1年，1947年5月就随同王云五一起辞职了"。③

● 1947年秋，时任国民党政府行政院副院长王云五兼任"善后事业委员会"主任委员，他推荐潘序伦为该会的副主任委员兼秘书长。这个委员会原想接管一些"美援"机关，但并未成功，因而成为有名无实的空闲机关。潘序伦作为副主任委员兼秘书长终日无事可做，每月坐领干薪675法币，只够每星期从南京回上海的路费，因此只干了不到半年，就辞职回到上海仍操会计师旧业。

● 1948年5月，王云五出任国民党政府行政院政务委员兼财政部部长。为挽救濒于崩溃的经济，在蒋介石授意下，提出币制改革方案，以金圆券代替法币。深知潘序伦才干的王云五从南京打电话到上海找潘序伦，要他即刻去南京，动员潘序伦担任他的政务次长，并说"财政部的政务次长比部长职务只有一步之差，不久便会当上某些部长之职。"潘老当时已经"认识到国民党内部腐朽不堪，贿赂盛行，料定它不会长久，我不愿和

---

① 潘老在回忆录中记述："1932年春，我被国民政府简任为主计处会计局副局长，局长是秦汾，他是一位学工科的留美博士，根本不懂会计。但他跟随宋子文工作多年，称得起是宋的一个亲信。当时主计处的筹备主任、后来被特任为主计长的陈其采，和我并不相识他只是慕我'名会计师'的虚名，特邀我去会计局担任局长职务的。由于秦汾和宋子文的关系好，所以把我屈居副职，而把不懂会计业务的秦汾任命为正职，会计局的权力全操在秦汾手中，这种官场人事的丑恶内幕，实在使我不愿久留，因之在刚刚任命不久，我即辞去了这个职务，回到上海仍操会计师旧业。我这次涉足会计官场，时间不足半年。"参见潘序伦：《潘序伦回忆录》，见《立信往事》，第443-444页，立信会计出版社，2013年版。

② 就是在常务次长名下画一个很长的"行"字，只具有形式上的意义。参见潘序伦：《潘序伦回忆录》，见《立信往事》，第444页，立信会计出版社，2013年版。

③ 潘序伦：《潘序伦回忆录》，见《立信往事》，第444页，立信会计出版社，2013年版。

它同归于尽,因之,当晚即留书向王云五告别,乘夜班火车返回上海。①

几次短暂的任职,在一些人眼里成了潘老一生洗不去的污点,并在后来成为历史问题受到批判。对于一位接受传统教育的读书人,从小接受的教育就是为官为宦,"出人头地""光宗耀祖""经世济民""报效国家",信奉的是"达则兼济天下,穷则独善其身",抱着经国济世的愿望应邀出仕,有何过错?

可悲的是官场黑暗、尔虞我诈,潘序伦空有一身才学和报国的热忱,却无法实质性地发挥,不得不一次次挂冠而去。这是何等无奈且可悲!

当我读《北门》诗,品味"我入自外,室人交徧谪我""我入自外,室人交徧摧我。"把"出自北门,忧心殷殷"具象到从几次乘火车出南京的潘序伦踽踽独行的身影。想象他长呼"已焉哉!天实为之,谓之何哉!"那该是一种何等深沉的悲哀与无奈!

> 出自北门,忧心殷殷。终窭且贫,莫知我艰。

《北门》中这四句,是说两千多年前的古人,又何尝不是报国无门,怅然而出时悲凉且无奈的潘序伦?

当潘老用铅笔写下"忧心殷殷,终窭且巨",又是何等锥心的痛?对于一个有理想有抱负的读书人,这是如何的痛彻心扉。在潘老这里,"贫"变成了"巨",一字之差,又是包含了多少辛酸和血泪!

潘老的悲哀,更不止于此。

当年近古稀,被革命的洪流推上了社会主义道路,心情"动荡不安,心有余悸,不知何以自处"的潘序伦,好不容易从"再醮妇"的自卑和尴尬中走出来,于1957年春被推举为上海市政协委员,并以这个身份响应号召提意见,一心为政府为人民效力时,迎接他的却是更猛烈的风暴,是被打为"右派",眼看着某些昔日友好、门生成为批判他的"急先锋",把各种不实的污蔑和脏水无情地泼在他身上。随后则是难以忍受的贫穷和窘

---

① 潘序伦:《潘序伦回忆录》,见《立信往事》,第444页,立信会计出版社,2013年版。

迫,无尽的批斗、抄家、扫地出门、下放工厂监督劳动。

这时的潘老,除了蓄须明志,以这种特殊的方式来表明自己的清白,还能怎样?

忧心殷殷,终窭且贫。

我们无法知晓年迈的潘老还在忧心什么,也不愿意去做更多的揣测,因为他实在有太多的可以去忧的东西。只是当看到"终窭且贫"四个字,我还是忍不住再次猜想,他是不是想到了20世纪60年代自己那些真实而惨痛的经历?

"窭"字的含义,通常是指穷困,但更有一个更具体的含义,是"无财备礼曰窭"。

蓄须的潘序伦,1957年摄影,时年65岁

蔡经济先生在《潘序伦博士百周年诞辰有感》一文中,曾以细腻的笔触记述他在20世纪60年代为困窘的恩师寄送油、糖、毛衣等生活物资的情形。一向骄傲的潘序伦先生,在第一次收到蔡经济邮寄给他的油糖后,回函告知"我们对于油糖,并不缺少,此后请不要再寄。"而当向来不敢违逆师宗的蔡经济谨遵师命不再邮寄约半年后,却又收到潘师来信说:"我们目前相当困难,生活十分清苦。"接信后的蔡经济才敢再次恢复邮寄:

我除先汇寄银钱外,再每月寄油糖一次(当时当局规定不能每月多次寄)。如此维持了一段时期。后来收到潘师来信说:"我们的生活已有好转,而且将收到的油糖食物分给钱素君女士若干,此后务请不要再寄为是。"因为当时上海的情形已略有好转,但食物还是不够充足的,然而潘师的话我不敢不听,否则他会不高兴的,从此就不再寄食物给他了。……

一次,我趁友人到沪之便,带了一件羊毛衫送给潘师,作保暖之用。

因我知道沪上气候相当寒冷，又无暖气供应，老年之人应当多穿些衣服，以保护身体健康。潘师收到后，即来函说："非常多谢你的好意，这件羊毛衫是纯羊毛的，我很久没有买过纯羊毛的衣服，而且事实上市上也无此高贵羊毛衫，想来其保暖程度相当之高。可是我们想起欠一位医生的人情特别多，无以为报，就将你送给我的这件羊毛衫转送给这位医生，希望他此后多些照顾我们，则我们就心满意足了。"①

这段文字读来让人泪目。这大约便是所谓"终窭且巨"的一种真实写照吧。

关于《邶风·北门》一诗的寓意，古今多有解释。《毛序》释云："《北门》，刺仕不得志也。言卫之忠臣不得其志尔。"郑玄笺曰："不得其志者，君不知己志，而遇困苦。"朱熹《诗集传》申论云："卫之贤者处乱世，事暗君，不得其志，故因出北门而赋以自比。又叹其贫窭，人莫知之，而归之于天也。"②

潘老几次出仕皆不得志，未几辞官而去，其郁郁的身影，岂不正是《北门》诗所描绘的情景？空负一腔报国热忱，却受各种排挤，难遂青云之志。除了长叹"天实为之，谓之何哉！"又能如何？

"忧心殷殷，终窭且巨"，从另一个方面来说，未尝不是潘老一生境况的真实写照。

这并不是无端的猜测。

本书最后一页空白处，满篇皆是铅笔手写的英文"Empty-hearted"。我们已经难以知晓，究竟是在什么情况下，因为什么原因，使他只能以另一种不同的文字，反复写下这样一个词组。但我们却明显能感觉到，这个直译出来是"空心"的词组，实际上是在喊：

---

① 蔡经济：《潘序伦博士百周年诞辰有感》，见《立信往事》，第6页，立信会计出版社，2013年版。
② 关于本诗，现代学者有持不同见解者，高亨《诗经今注》、程俊英《诗经译注》等认为这是一首小官吏不堪其苦而向人怨诉的诗。认为诗的语言中并没有"忠臣不得其志"之意，旧说未免令人感到迂曲，所以认为是小官吏公事繁重苛细，因而心生抱怨。这种解释，显然有失偏狭。一是不知《诗经》之价值，二是不理解古之士人的情怀和志向。

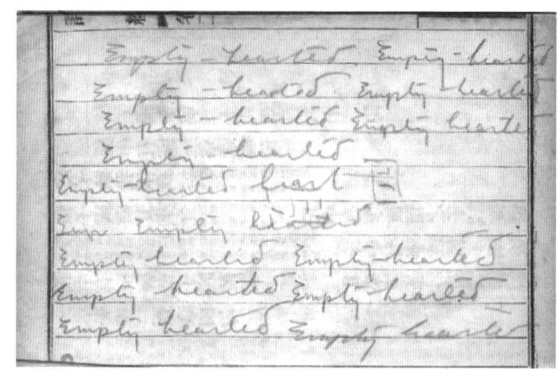

中华书局铸版，民国精校版《诗经》第 1 册封底前空白页，满篇写的是"Empty-hearted"

"我心已死！"

我心刺痛得睡不着，夜起翻书，打开枕边高中时代语文老师——也是我一生崇敬、对我产生重要影响的恩师之一——雒济民先生的诗集，映入眼帘的是以下几首诗，一时有所悟，抄录在此，一方面表明潘老的经历并非孤立的个案，而是同时代许多人共同的遭遇，另一方面则是作为对雒师的一种纪念。

囚禁杂感　三首[①]

余于1969年冠以右派，遣送回乡，至1979年春始得平反昭雪。

一从画地作牢笼，天使哑盲还耳聋。

已是此身成死肉，与人无意校雌雄。

凤锁鸡埘虎系牢，兰幽涧底菊成蒿。

[①] 雒济民先生是真正的饱学之士，学问深厚，风度儒雅。我高中两年，正值他平反后恢复工作在甘谷四中任教，担任语文老师。那是从小在乡村野长的我第一次得遇名师。雒师底蕴深厚，讲课时轻声细语，缓缓道来，而每到精妙之处，却也神采飞扬，令我如痴如醉。每次作文雒师必是细心修改，然后找每个同学一一说明其中的错误和妙处。高中两年，可以说才是我文化方面真正的开蒙。雒师去世后，他一生的诗作由其子雒翼编校，成《朱麓诗存》。某年回老家拜访雒翼先生，获赠一册，如获至宝，因置床头不时翻阅，如师在堂。

是非贵贱谁安置,纵欲问天天太高。

尝胆卧薪作楚囚,长宵辗转困烦忧。
猾蚊狡蚤争分血,奈我空余瘦骨头。

四、《诗经》中汲取营养

上一节的文字实在是写得悲伤啊!"忧心殷殷",区区四字,承载了古今读书人至为深沉的无奈,不说也罢。谁让读书人总是要对着范仲淹的名句"先天下之忧而忧,后天下之乐而乐"对号入座呢。

让我们换一种心情,来看看如何从《诗经》中获得营养吧。

潘老藏书中,有上海扫叶山房石印《五彩绘图监本诗经》。这种石印版的彩绘监本诗经,是民国时期颇为流行的读物。

所谓"监本诗经",即国子监本诗经。通常指官方出版的诗经版本。国子监是中国古代自隋朝以后的中央官学,为中国古代教育体系中的最高学府。由国子监刊刻校对后的诗经版本,经过专家学者的修订校核,错误较少,所以通常所谓监本诗经,按照传统的刊刻方式出版难度较大,属于比较珍贵的诗经版本。

潘老藏书中包括上海扫叶山房石印版和庚戌年(1910)冬上海会文堂书局版两种彩印监本诗经。两种版本上皆有点读、批注,说明潘老对此用功极深。潘老在上海扫叶山房石印版监本《诗经》的批注方式,是在部分词句下画红线。仔细分析,大概可分为以下四类:一是有生僻字的字句;二是广为流传的经典词句,包括一些成语;三是同类类比词语;四是涉及道德教化的词句。可见,潘老对此一版本《诗经》的研读,是从学问和增长识见的角度用功。[①]

[①] 从《诗经》中获得的营养,直接进入潘老的言谈和文字表达。比如,《求学经过的自述》一文中,就用到了学自诗经的典故,如:"那时候,我家庭里的情况,极为不佳。连年鸰原抱痛,鼓盆遭戚,经济上很受打击。"文下有注释称:"鸰原为兄弟之代称,鸰原抱痛指兄弟痛逝。《诗经》有'鹡鸰在原,兄弟急难'句。"见潘序伦:《潘序伦文集》,第561页,立信会计出版社,2008年版。

潘老藏书之《五彩绘图监本诗经》，上海扫叶山房石印，一函四册

以下详细抄录，供读者参考品读：

第1册（卷一）第3页　《诗经·周南·桃夭》：桃之夭夭，有蕡其实。之子于归，宜其家室。桃之夭夭，其叶蓁蓁。

第1册（卷一）第4页　《诗经·周南·麟之趾》：麟之趾，振振公子。

第1册（卷一）第8页　《诗经·召南·何彼秾矣》：棠棣之华，曷不肃雝。

第1册（卷二）第12页：《诗经·卫风·淇奥》：瞻彼淇奥，绿竹青青。有匪君子，充耳琇莹，会弁如星。

第1册（卷二）第13页：《诗经·卫风·硕人》：手如柔荑，肤如凝脂。领如蝤蛴，齿如瓠犀。螓首蛾眉。巧笑倩兮，美目盼兮。

第1册（卷二）第16、17页：《诗经·卫风·木瓜》：投我以木瓜，报之以琼琚。匪报也，永以为好也。投我以木桃，报之以琼瑶。匪报也，永以为好也。投我以木李，报之以琼玖。匪报也，永以为好也。

第1册（卷二）第19页：《诗经·王风·采葛》：彼采葛兮，一日不见，如三月兮！彼采萧兮，一日不见，如三秋兮！彼采艾兮，一日不见，如三岁兮！

第2册（卷三）第2页：《诗经·郑风·羔裘》：羔裘豹饰，孔武有力。彼其之子，邦之司直。

《诗经·郑风·女曰鸡鸣》：宜言饮酒，与子偕老。琴瑟在御，莫不静好。

第2册（卷三）第3页：《诗经·郑风·有女同车》：有女同行，颜如舜英。将翱将翔，佩玉将将。彼美孟姜，德音不忘。

第2册（卷三）第6页：《诗经·齐风·著》：俟我于著乎而，充耳以素乎而，尚之以琼华乎而。俟我于庭乎而，充耳以青乎而，尚之以琼莹乎而。俟我于堂乎而，充耳以黄乎而，尚之以琼英乎而。

第2册（卷三）第8页：《诗经·齐风·卢令》：卢令令，其人美且仁。卢重环，其人美且鬈。卢重鋂，其人美且偲。

第2册（卷三）第13页：《诗经·唐风·绸缪》：绸缪束薪，三星在天。今夕何夕，见此良人？子兮子兮，此良人何？

第2册（卷三）第16页：《诗经·秦风·蒹葭》：蒹葭苍苍，白露为霜。所谓伊人，在水一方。溯洄从之，道阻且长。溯游从之，宛在水中央。

第2册（卷三）第20页：《诗经·陈风·墓门》：墓门有棘，斧以斯之。夫也不良，国人知之。知而不已，谁昔然矣。

第2册（卷三）第28页：《诗经·豳风·伐柯》：伐柯如何？匪斧不克。取妻如何？匪媒不得。伐柯伐柯，其则不远。我觏之子，笾豆有践。

第2册（卷四）第8页：《诗经·小雅·南山有台》：南山有桑，北山有杨。乐只君子，邦家之光。乐只君子，万寿无疆。

第3册（卷五）第5页：《诗经·小雅·鹤鸣》：鹤鸣于九皋，声闻于野。鱼潜在渊，或在于渚。乐彼之园，爰有树檀，其下维萚。他山之石，可以为错。鹤鸣于九皋，声闻于天。鱼在于渚，或潜在渊。

第3册（卷五）第5页：《诗经·小雅·祈父》：祈父，予王之爪牙。胡转予于恤，靡所止居？

第3册（卷五）第6页：《诗经·小雅·白驹》：皎皎白驹，在彼空谷；生刍一束，其人如玉。

第3册（卷五）第19页：《诗经·小雅·何人斯》：为鬼为蜮，则不可得。有靦面目，视人罔极。作此好歌，以极反侧。

五、无声的传达

中国诗歌的发展，至唐代达到巅峰。作为文化盛世，有唐一代，诗人辈出，佳作不断。以《唐诗三百首》为代表，许多诗歌名篇长久流传，产生了深远影响。

潘老藏书中包括数种有关唐诗的书籍，以出版时间为序，包括：（1）《少陵诗钞》，民国十五年（1927）冬月出版，会稽顾氏珍藏，科学仪器馆版；（2）《唐人万首绝句选》4个不同版本，出版时间各不相同。上海扫叶山房民国廿六年（1937）石印版有后来重装的封面，上有毛笔书写："一九六三年六月，中元癸卯年五月，康甯居士重装订备览"；（3）《唐诗评注读本（全）》，民国十九年（1930）上海文明书局发行；（4）商务印书馆民国三十六年（1947）第十一版《唐诗三百首》。

几种图书中，《唐诗三百首》有5处红笔圈点；《唐人万首绝句选》有少量点读痕迹；《少陵诗钞》未见点读和批注；点读最仔细、批注最多的，则是《唐诗评注读本（全）》，许多诗作皆有红笔圈点。

《唐诗三百首》虽然评注不多，但潘老肯定是仔细研读了的。在纪念马寅初的文章中就曾写道："我读《唐诗三百首》，其中有一首歌颂韩愈所撰的《平淮西碑文》的诗，诗中有四句云：公之斯文若元气，先时已入人肝脾。愿书万本颂万遍，口角流沫右手胝"。[①]

[①] 潘序伦：《对马老生平的认识及点滴回忆》，见《潘序伦文集》，第535页，立信会计出版社，2008年版。

关于《唐诗评注读本（全）》，除了仔细的点读（红笔圈点）外，还有两方面值得注意：

其一，该书上册外封内页有铅笔抄录的《登黄鹤楼》，其中一些字旁画有横短线，似在做韵律分析，诗下题有"前四句为古体，后四句为近体"。①

其二，《唐诗评注读本》（上）卷三 五绝，王维《相思》，有题注曰：诗中有画，画中有诗。下册前7页面有红笔点读（画圈），后面散见深色笔点读，岑参《逢入京使》"双袖龙钟泪不干"句旁铅笔批："见荀子，仪兵篇，龙钟濡湿貌"。

《唐诗评注读本（全）》差不多是潘老全部藏书中点读最仔细的图书。比较奇特的是，第一册开头一些页面，第二册最后一些页面基本没有点读（红笔画圈）痕迹，大量的点读出现在中间部分，但也不是所有诗人和诗作都有点读。经过反复翻看，尤其是注意诗中的具体词句和意思，才终于明白了其中的玄机。

以下照录点读的有关信息，因篇幅较大，无法完全照录，故仅列出诗人名字、标题及其中重点词句，以便赏析研究。摘录时重点选择诗中通常较为人们熟悉，通常也是属于较为强烈或深刻的情感表达的诗句。个别为全诗照录。

诗句摘录

作者	标题	诗句摘录
王维	西施咏	艳色天下重，西施宁久微。朝为越溪女，暮作吴宫妃。
李颀	送陈章甫	腹中贮书一万卷，不肯低头在草莽。 东门酤酒饮我曹，心轻万事皆鸿毛。
高适	燕歌行	汉家烟尘在东北，汉将辞家破残贼。 男儿本自重横行，天子非常赐颜色。

---

① 古体诗和近体诗是唐代形成的概念，是从韵律的角度对诗进行划分。古体诗不讲对仗，押韵叫自由。近体诗分绝句、律诗两种，其字数、句数、平仄、用韵等都有严格规定。

(续表)

作者	标题	诗句摘录
李颀	古从军行	闻道玉门犹被遮，应将性命逐轻车。 年年战骨埋荒外，空见蒲桃入汉家。
王维	洛阳儿女行	城中相识尽繁华，日夜经过赵李家。 谁怜越女颜如玉，贫贱江头自浣纱。
王维	老将行	卫青不败由天幸，李广无功缘数奇。 自从弃置便衰朽，世事蹉跎成白首。
李白	将进酒	人生得意须尽欢，莫使金樽空对月。 天生我材必有用，千金散尽还复来。
杜甫	兵车行	去时里正与裹头，归来头白还戍边。 边庭流血成海水，武皇开边意未已。
杜甫	春望	国破山河在，城春草木深。烽火连三月，家书抵万金。
杜甫	登岳阳楼	亲朋无一字，老病有孤舟。戎马关山北，凭轩涕泗流。
孟浩然	临洞庭上张丞相	欲济无舟楫，端居耻圣明。坐观垂钓者，徒有羡鱼情。
孟浩然	与诸子登岘山	人事有代谢，往来成古今。羊公碑尚在，读罢泪沾襟。
孟浩然	岁暮归南山	不才明主弃，多病故人疏。白发催年老，青阳逼岁除。
孟浩然	过故人庄	故人具鸡黍，邀我至田家。待到重阳日，还来就菊花。
孟浩然	早寒有怀	乡泪客中尽，孤帆天际看。迷津欲有问，平海夕漫漫。
刘长卿	送李中丞归汉阳别业	流落征南将，曾驱十万师。罢归无旧业，老去恋明时。 独立三边静，轻生一剑知。茫茫江汉上，日暮欲何之。
钱起	谷口书斋寄杨补阙	闲鹭栖常早，秋花落更迟。家僮扫萝径，昨与故人期。
韦应物	赋得暮雨送李曹	海门深不见，浦树远含滋。相送情无限，沾襟比散丝。
崔颢	黄鹤楼	晴川历历汉阳树，芳草萋萋鹦鹉洲。 日暮乡关何处是？烟波江上使人愁。
崔颢	行经华阴	河山北枕秦关险，驿路西连汉畤平。 借问路旁名利客，何如此处学长生？
祖咏	望蓟门	沙场烽火连胡月，海畔云山拥蓟城。 少小虽非投笔吏，论功还欲请长缨。

(续表)

作者	标题	诗句摘录
李 颀	送魏万之京	鸿雁不堪愁里听,云山况是客中过。 莫见长安行乐处,空令岁月易蹉跎。
崔 曙	九日登望仙台呈刘明府容	关门令尹谁能识,河上仙翁去不回。 且欲近寻彭泽宰,陶然共醉菊花杯。
李 白	登金陵凤凰台	凤凰台上凤凰游,凤去台空江自流。 吴宫花草埋幽径,晋代衣冠成古丘。 三山半落青天外,二水中分白鹭洲。 总为浮云能蔽日,长安不见使人愁。
高 适	送李少府贬峡中王少府贬长沙	嗟君此别意何如,驻马衔杯问谪居。 巫峡啼猿数行泪,衡阳归雁几封书。
王 维	奉和圣制从蓬莱向兴庆阁道中留春雨中春望之作应制	渭水自萦秦塞曲,黄山旧绕汉宫斜。 銮舆迥出千门柳,阁道回看上苑花。
王 维	积雨辋川庄作	山中习静观朝槿,松下清斋折露葵。 野老与人争席罢,海鸥何事更相疑。
王 维	酬郭给事	晨摇玉佩趋金殿,夕奉天书拜琐闱。 强欲从君无那老,将因卧病解朝衣。
杜 甫	蜀相	丞相祠堂何处寻?锦官城外柏森森。 出师未捷身先死,长使英雄泪满襟。
杜 甫	客至	盘飧市远无兼味,樽酒家贫只旧醅。 肯与邻翁相对饮,隔篱呼取尽余杯。
杜 甫	野望	西山白雪三城戍,南浦清江万里桥。 海内风尘诸弟隔,天涯涕泪一身遥。 惟将迟暮供多病,未有涓埃答圣朝。 跨马出郊时极目,不堪人事日萧条。
杜 甫	闻官军收河南河北	剑外忽传收蓟北,初闻涕泪满衣裳。 即从巴峡穿巫峡,便下襄阳向洛阳。
杜 甫	登高	万里悲秋常作客,百年多病独登台。 艰难苦恨繁霜鬓,潦倒新停浊酒杯。

(续表)

作者	标题	诗句摘录
杜 甫	登楼	花近高楼伤客心，万方多难此登临。 锦江春色来天地，玉垒浮云变古今。
杜 甫	宿府	风尘荏苒音书绝，关塞萧条行路难。 已忍伶俜十年事，强移栖息一枝安。
杜 甫	阁夜	野哭千家闻战伐，夷歌数处起渔樵。 卧龙跃马终黄土，人事音书漫寂寥。
杜 甫	咏怀古迹	支离东北风尘际，漂泊西南天地间。 三峡楼台淹日月，五溪衣服共云山。
杜 甫	明妃村	群山万壑赴荆门，生长明妃尚有村。 一去紫台连朔漠，独留青冢向黄昏。
刘长卿	江州重别薛六柳八二员外	生涯岂料承优诏，世事空知学醉歌。 今日龙钟人共弃，愧君犹遣慎风波。
刘长卿	长沙过贾谊宅	三年谪宦此栖迟，万古惟留楚客悲。 寂寂江山摇落处，怜君何事到天涯。
刘长卿	自夏口至鹦鹉洲夕望岳阳寄源中丞	汀洲无浪复无烟，楚客相思益渺然。 贾谊上书忧汉室，长沙谪去古今怜。
钱 起	赠阙下裴舍人	阳和不散穷途恨，霄汉长怀捧日心。 献赋十年犹未遇，羞将白发对华簪。
韦应物	寄李儋元锡	世事茫茫难自料，春愁黯黯独成眠。 身多疾病思田里，邑有流亡愧俸钱。
韩 翃	同题仙游观	仙台下见五城楼，风物凄凄宿雨收。 何用别寻方外去，人间亦自有丹丘。
皇甫冉	春思	机中锦字论长恨，楼上花枝笑独眠。 为问元戎窦车骑，何时返旆勒燕然。
卢 纶	晚次鄂州	三湘衰鬓逢秋色，万里归心对月明。 旧业已随征战尽，更堪江上鼓鼙声。
柳宗元	登柳州城楼寄漳汀封连四州刺史	城上高楼接大荒，海天愁思正茫茫。 共来百越文身地，犹自音书滞一乡。

以上 47 首诗，涉及王维、高适、李颀、李白、杜甫、孟浩然、刘长卿、钱起、韦应物、崔颢、祖咏、崔曙、韩翃、皇甫冉、卢纶、柳宗元计 16 位诗人。其中：杜甫诗 13 首，王维 6 首，孟浩然 5 首，刘长卿 4 首，李颀 3 首，李白、高适、崔颢、韦应物、钱起 5 人各 2 首，祖咏、崔曙、韩翃、皇甫冉、卢纶、柳宗元 6 人各 1 首。

自此以下为五言绝句，除了红圈点读外，多有注音，注字，其意境情绪，也与前诗迥异，疑非潘老所读。仅录部分作者及标题。王维的《鹿柴》《竹里馆》《送别》《相思》《杂诗》；裴迪的《送崔九》；祖咏的《终南望余雪》；孟浩然的《宿建德江》《春晓》。

根据以上梳理，可以发现，潘老点读之诗，以边塞诗、幻灭与虚无、遭贬失意、离愁别绪、对远方亲人的思念为主。为什么会是这样，这是个很值得注意的是，本诗集出版于民国十九年（1930）上海文明书局发行。我们不知道潘老是什么时候买的该书，但却知道随后 1931 年"九一八"事变爆发，整个东北沦入外敌之手，随后"一·二八"淞沪抗战，再到 1937 年全面抗战爆发，潘老被迫于 1940 年 7 月转道香港去了大后方的重庆。一直到抗战胜利后回到上海。身处战乱之中，无力上阵杀敌，只能眼看着自己辛苦创业几十年的成果付之东流。其悲哀、无助，可想而知。

当他吟诵刘长卿《送李中丞归汉阳别业》：

> 流落征南将，曾驱十万师。
> 罢归无旧业，老去恋明时。
> 独立三边静，轻生一剑知。
> 茫茫江汉上，日暮欲何之。

是不是在感怀"曾驱十万师"[①] 的自己，如今流落西南，看着茫茫降水，落日之下，不知将向何处去？

---

① 立信学子遍布各地，号称十万。

当读到杜甫《野望》：

> 西山白雪三城戍，南浦清江万里桥。
> 海内风尘诸弟隔，天涯涕泪一身遥。
> 惟将迟暮供多病，未有涓埃答圣朝。
> 跨马出郊时极目，不堪人事日萧条。

是否是在怀念海天相隔，远在天涯的亲人故友？眼看着自己日渐老去，无法报效国家，却只能面对日益萧条的人事，不由悲中中来。

当他在读杜甫《闻官军收河南河北》时，是否在憧憬抗战胜利之日自己"即从巴峡穿巫峡，便下襄阳向洛阳"的景象？

我们无法判定潘老点读这些诗的具体时间和情况，但却从中感受得到那时期他对战乱、家国、思念亲人，抑郁苦闷的心情，一种深深的幻灭感与日益老去，壮志难酬的悲愤与不安。

抗战胜利后，回到上海的潘序伦重振旗鼓，为新建校舍之事而奔走。其间经历两次短暂的政府任职，皆无功而返。在后来，又经历反右中的批判，六十年代初的困窘，以及随后更大的磨难和屈辱。

许多心事，无人可与诉说，只有面对诗集，以一种无声的方式来倾诉吧？

通过对本书中潘老点读过的诗歌的整理，我们好像解锁了一个密码，也在一定程度上解开了有关潘老人生和生活的两个秘密。

其一，潘老藏书上从无本人签名或收藏章，反而在不少书上会看到一些别人的名章，导致我们曾一度怀疑其书是否真的属于潘老所藏。通常情况下，但凡喜欢藏书的人，大多会有一枚甚或数枚精心制作的藏书章，每当得到一本心仪的书，免不了盖上藏书章，作为一种主权的昭示。有些藏书家还会做成详细的购书或收藏清单，一方面作为收藏的历史记录，另一方面也供自己或他人把玩品鉴。但在潘老，这些都是不存在的。潘老的藏书上不但没有藏书章，也没有手写签名，连批注也极少。大多数情况下只是用红笔把一些词句标点出来（偶尔也有用黑色笔）。大多是点读（画圈或波浪纹),而极少批注,即便偶有批注,也是用铅笔(易于消除)而不是钢笔或毛笔。其中原因,我们分析,一方面可能是因为丰富的社会阅历,并曾经短暂为官,深知人世间的险恶,所以时刻提防不留下任何可能被人作为把柄用来攻击自己的证据或痕迹。事实上,我们也正是在本来极少的留存于《诗经》上的题注中,了解了潘老的心迹。而这极少出现的题注,极可能是他细心品读,情到深处产生共鸣时难以遏制强烈的表达欲望,从而留下痕迹,成了我们今天研究他至为重要的证据。历经磨难之人,为了保全自己,通常不愿也不会轻易留下此类痕迹。在过去的时代实在有太多这方面的例证!概而言之,他需要通过各种办法,深深地隐藏自己,隐藏自己的内心。经历过很多事的潘序伦,深知其中利害。

其二,诗言志。饱读诗书的潘序伦才华横溢,又是情感丰富的性情中人,喜欢读诗和研究诗,按常理应该是喜欢写诗的。然而奇怪的是他却少有诗作留世。我们在研究过程中费尽心机寻找,也是一无所获,最后是从罗银胜先生那里得到了一首属于潘老创作的《义勇军赋怀》。这也是迄今为止发现的唯一一首潘老诗作。

从以上有关潘老藏书和读书的研究中我们知道,他不但细心点读,读过很多诗,而且精研诗词格律和音韵,造诣很深。可想他不是不会作诗,大概率是不可做、不能做。不能做的理由,可能是:

(1)忙于事业和交际应酬,专注于专业著述,时间上不容许。

(2)隐藏自己,作为一种保护。对他点读《唐诗三百首》的上述解读,我们大概知道了他隐藏的方法,就像地下工作者用从书刊中集字或使用密电码的方式来传达信息。他是用选择性点读别人诗作的方式,把自己的志向和情感隐藏于其中。读不懂密码的人,只看到他在读诗。读懂了密码的人,会看到那些他点读过的诗,正是他自己的表达。这是一种奇怪的表达。我们不由地会想,是什么样的情况,使得他要用如此奇特的方式来表达?想来让人感慨!

也或许对他而言,并不是有意地要表达什么。点读这些诗歌,对他来说只是一种寄托,一种共情。

可以想见,在那些难熬的日子里,漫漫长夜,潘老一点点品读古人这些诗句,联想到自己面对的现实,会是一种何等令人泪目的情境。

理解了这些,我们也就理解了,为什么在潘老的藏书中,有唐代那样多著名诗人,在灿若星汉的个人诗集中,为什么只留下这本《少陵诗抄》了,因为他的作者是少陵——杜甫。

潘老藏书中的《少陵诗钞》,丁卯(1927)冬月出版,会稽顾氏珍藏,科学仪器馆版

杜甫(712—770),字子美,自号少陵野老,所以又称杜少陵。祖籍襄阳,河南巩县(今河南巩义)人。唐代伟大的现实主义诗人,被后人推崇为"诗圣"。他的许多优秀作品真实生动地反映了当时的阶级矛盾和社会生活,展示了唐代由盛转衰的历史过程,因而被称为"诗史"。杜诗"诗史"的另一特色,还表现在尽管作者个人屡遭不幸,却无时无刻不忧国忧民,关心社稷、忧念时局,体现出强烈的爱国主义情怀。

宋代林亦之《戏题稚春杜少陵诗集》中有:"十年萧萧去武林,橐中唯有谪仙吟。君今失意还山窟，少陵诗集如明月。"

老年潘序伦的境况，与写《茅屋为秋风所破歌》时的杜少陵，似有许多相同吧。比较遗憾的是，一代诗圣杜甫未能熬过命运的严冬，便于大历五年（770）冬，在由潭州往岳阳的一条小船上去世，年仅 59 岁。而潘老有幸在 1979 年迎来了生命的第二春，在九十高龄仍能为国家的"四化"建设，为自己钟爱一生的会计事业奉献余力，直到 93 岁高龄去世。这又是不幸中的万幸。

六、志存高远

综上所述，潘老国学底蕴深厚、在古诗词方面极其用功，尤以《诗经》为最。不过，从各种材料中，并未见过潘老有诗作存世，费了很大力气，才找到一首《义勇军赋怀》，所以很难判断他到底如何看待写诗。然而，可以确定的是，潘老读诗、研究诗，并把诗歌类图书视为至宝，终身不弃，盖因古代贤哲如朱子一般，将《诗经》和诗词视作人生的修养功夫，缘于"此诗之为经，所以人事浃于下、天道备于上，而无一理之不具也。"读诗悟道，与天地通，乃是真正的大学问。"察之情性隐微之间、审之言行枢机之始，则修身及家、平均天下之道，其亦不待他求，而得之于此矣。"①

诚然！潘老的内心及笔下，确实是富蕴着诗性的。他的可见的一些题词，无不具备浓厚的诗意以及诗的韵味。比如他提出的二十四字校训，以及抗战胜利后第一届学生留言簿上的题词等，就是诗的形式，诗的凝炼，诗的韵味，更是深刻体现了"诗言志"的无上功能。

会计人员　首宜立信
信不由中　术精无益

---

① 朱熹：《诗经传序》。

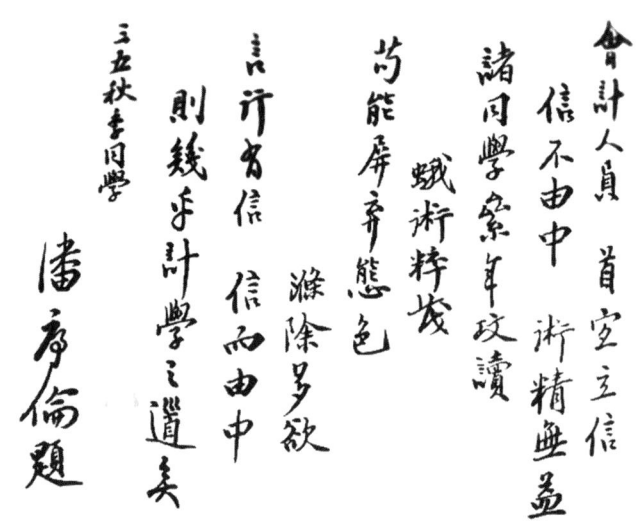

潘老在立信会计专科学校抗战胜利后第一届毕业生同学录的题词

诸同学絫①年攻读

蛾术②粹茂③

苟能屏弃态色

涤除多欲

言行有信　信而由中

则几乎计学之道矣

三五秋季同学

潘序伦题

---

① 絫,"累"。《说文解字》:"增也。十黍之重也。《汉书·律历志》:权轻重者,不失黍絫。【注】应劭曰:十黍为絫,十絫为铢。

② 蛾术(yǐ shù),出自《礼记·学记》:"蛾子时术之。"郑玄注:"蛾,蚍蜉也。蚍蜉之子,微虫耳,时术蚍蜉之所为,其功乃复成大垤。"后因以"蛾术"比喻勤学。

③ 粹,冰清玉粹,比喻德行高洁。茂,音 mào,风华正茂,形容青年朝气蓬勃、奋发有为。粹茂,来源于北宋方逢辰《和金事夹谷之寄韵》:光霁挹茂叔,粹盎师伯淳。

这就是读诗、学诗、精研诗歌的效果。可以说潘老是懂得诗歌的人，更是本身具足了诗性，得了诗的灵魂。潘老四字为句，直抒胸臆的写作，谁能说不是得到了《诗经》的精髓？

潘老对诗的理解，并不只是诗歌的形式及音韵之美，更在于其中内涵的思想境界，在于通过长时期诗的涵养，时时事事体现出来的崇高的理想和精神境界。

潘老在为庆祝中华人民共和国成立30周年而写的文章中曾经坦言：

> 我是浑身沾满了资本主义气味，以替资本家谋发财致富为专业的这样一个人。……在国内，确实有不少资本家利用了我对他们的服务，成为百万富翁。可我自己却鄙视百万富翁而不为，愿意把我的巨额财富投入到会计教育中去。我曾发出狂言，说我能教不少资本家发财致富，成为百万富翁，难道我自己反而不能自谋，成为一个百万富翁么？可是我志不在此。①

他的志向，在于富民强国。用他自己的话来说，就是"把资本家谋求发财致富的手段、方法，经过社会主义改造，来为国家和全体人民谋求发财致富、改进生活。"

这就是潘序伦，他想要做的，是像《甘棠》中百姓感念的召伯那样"棠荫长留"。

---

① 潘序伦：《热烈庆祝国庆三十周年》，见《潘序伦文集》，第528页，立信会计出版社，2008年版。

第四章　气象氤氲

文以广识，继以载道

一、天地有正气

人之所以为人，关键何在？俗话说：人活一世，草木一秋。人的一生，难道只是如草木般，自然地经历一个由生向死的过程？

"人啊，认识你自己！"古希腊德尔菲神庙门楣上镌刻着的这句神谕，启示了许多人，同样也困惑了无数人。然而，对每一个处在不同时代的人而言，这都是必修的功课。

在阅读潘老藏书和撰写本书的过程中，我也一直在思考这个问题。其核心则是：潘老究竟是一个什么样的人，是什么样的环境，滋养、生成了他那样的灵魂？在他身上，始终有着一种凛然正气，这是这种气让他得以超出侪辈，不为世俗的利禄所动。也因为这种气，使他能够始终不被打倒，在艰难困苦的环境中，活出了非常的世界。为此，我在撰写本章的过程中，重新捡起了文天祥那首有名的《正气歌》，仔细感受每一个词句。内心回放的，却是一帧帧潘老的影像。

是他赴美留学，船行大洋，面对浩渺的海水，意气风发伫立船头时对未来的期望和畅想；

是他在哈佛大学和哥伦比亚大学的图书馆里，啃着干面包苦读时留下的汗水；

是他辞去大学教授和高薪职位，投身会计师行业时的决绝和勇气；

是他面对淞沪会战的战火挥毫写下《义勇军赋怀》时的壮怀激烈；

是他与全体立信同仁在山城重庆祝抗战胜利时激动的热泪；

也是他一次次辞去官职，回归上海时的落寞与期待；

是被打为右派遭受背叛和批判，遭受批斗、凌辱时的绝望、屈辱和不安；

是身无分文，为了活下去不得不向远在香港的朋友求助时的无奈、羞惭和内心的痛楚；

更是七十多岁，拖着年迈的身躯，被发配到工厂监督劳动时的屈辱和困顿；

是他在暗夜中掩卷遐思，借助古诗诉说心事，独自舔舐伤口时的悲苦与无助；

也是收到抄家物资补偿巨款时视钱财如无物，云淡风轻的多次捐赠。

二十年蓄须明志，数十载奋斗不息。铮铮铁骨，在艰难困苦中安之若素，为了钟爱的会计事业鞠躬尽瘁，历九十三载，安然西去。

何也？唯有浩然正气。

正气歌

（宋）文天祥

余囚北庭，坐一土室。室广八尺，深可四寻。单扉低小，白间短窄，污下而幽暗。当此夏日，诸气萃然：雨潦四集，浮动床几，时则为水气；涂泥半朝，蒸沤历澜，时则为土气；乍晴暴热，风道四塞，时则为日气；檐阴薪爨，助长炎虐，时则为火气；仓腐寄顿，陈陈逼人，时则为米气；骈肩杂遝，腥臊汗垢，时则为人气；或圊溷、或毁尸、或腐鼠，恶气杂出，时则为秽气。叠是数气，当之者鲜不为厉。而予以孱弱，俯仰其间，于兹二年矣，幸而无恙，是殆有养致然尔。然亦安知所养何哉？孟子曰："吾善养吾浩然之气。"彼气有七，吾气有一，以一敌七，吾何患焉！况浩然者，乃天地之正气也，作正气歌一首。

天地有正气，杂然赋流形。下则为河岳，上则为日星。于人曰浩然，沛乎塞苍冥。

皇路当清夷，含和吐明庭。时穷节乃见，一一垂丹青。在齐太史简，在晋董狐笔。

在秦张良椎,在汉苏武节。为严将军头,为嵇侍中血。为张睢阳齿,为颜常山舌。

或为辽东帽,清操厉冰雪。或为出师表,鬼神泣壮烈。或为渡江楫,慷慨吞胡羯。

或为击贼笏,逆竖头破裂。是气所磅礴,凛烈万古存。当其贯日月,生死安足论。

地维赖以立,天柱赖以尊。三纲实系命,道义为之根。嗟予遘阳九,隶也实不力。

楚囚缨其冠,传车送穷北。鼎镬甘如饴,求之不可得。阴房阗鬼火,春院闷天黑。

牛骥同一皂,鸡栖凤凰食。一朝蒙雾露,分作沟中瘠。如此再寒暑,百疠自辟易。

哀哉沮洳场,为我安乐国。岂有他缪巧,阴阳不能贼。顾此耿耿存,仰视浮云白。

悠悠我心悲,苍天曷有极。哲人日已远,典刑在夙昔。风檐展书读,古道照颜色。

每每读史,对于古代的许多文人士子、民族英雄,皆会心生敬佩,悠然神往。尤其对那些心存天下,践行"先天下之忧而忧,后天下之乐而乐",高唱"人生自古谁无死,留取丹心照汗青""马革裹尸当自誓,蛾眉伐忤休重说""我自横刀向天笑,去留肝胆两昆仑"之类词句,为了民族大义舍生取义、慷慨赴死的英雄,以及"鞠躬尽瘁,死而后已"的先贤,敬佩之余不得不思考,究竟是什么样的土壤和环境,养成了他们这种气概和精神。

这是五千年的文化氤氲,一代代中华儿女用血肉筑成的精神根基,更是一个个大写的"人"字所真正具有的文化意蕴。

然而,一个最基本的问题是:这样的正气,究竟由何而来,又是如何养成的？

"天地有正气，……于人曰浩然"。可是，为什么有些时候，我们所看到的却多是戾气？是无尽的贪婪，蝇营狗苟，只为眼前之利？

二、书香文润

潘序伦于1893年出生在江苏宜兴蜀山镇一个书香门第，家学渊源。6岁开蒙，读四书五经，博览群书，形成了他对古诗文和中国古典文化的深切爱好。

先生的故乡宜兴蜀山，山明水秀，地灵人杰，历代许多诗人文豪如李太白、白居易、谢灵运等都曾到此游历。宋朝大诗人苏东坡还在此买田造屋，"并在《橘颂帖》中说道：'吾来阳羡（宜兴旧名），船入荆溪，意思豁然，为惬平生之欲'。并作诗云：'买田阳羡吾将老，从初只为溪山好'。后人便在此建立了东坡祠堂，每逢苏东坡的生辰，地方士绅集会祭祀。"① 幼时的私塾教育，为潘序伦打下了坚实的传统文化底子。13岁入东坡高等小学，在学习英文、日文、数学、中外史地、体操、音乐的同时，更深读了"四书五经"、《史记》等古代经典。氤氲于家乡富足的人文环境之中，奠定了作为一个中国文化人的基本观念和基础。

先生一生嗜书，收藏甚广，古今中外无所不包。即便经历了许多波折和磨难，依然保留下了一些线装古籍不离身前。作为文化人的潘序伦，一生守正。为天下立信，为生民立命。取《论语》"民无信不立"之意，创立了不朽的立信会计史事业，被誉为"中国现代会计之父"。先生的身上始终保持着中国传统知识分子的精神。故土的山水和文化，以及各种人文经典古籍，则是他涵养的源泉。

著名报人贺越明先生曾编《潘序伦年谱》，仔细梳理了潘序伦一生的重要事实。在此摘录其早期部分如下：

---

① 潘序伦：《潘序伦回忆录》，见《立信往事》，第427页，立信会计出版社，2013年版。

1893年（清光绪十九年）　一岁

七月十四日，出生在江苏省宜兴县城外蜀山镇一个地主家庭；初取名曾，后改序伦，字秩四，父亲潘亮之，母亲□□□①。另有长兄嗣曾，二兄绍曾，三兄治（诒？）曾。曾祖和胞伯都中过举。

1898年（清光绪二十四年）　六岁

入家乡私塾念书，由长兄教授，所读的内容主要是四书、五经。

1904年（清光绪三十年）　十二岁

变法维新后，考试废除八股，改为经义、策论和文艺。在长兄指点下读的书，逐步接触到西方的历史、地理及数理化知识，

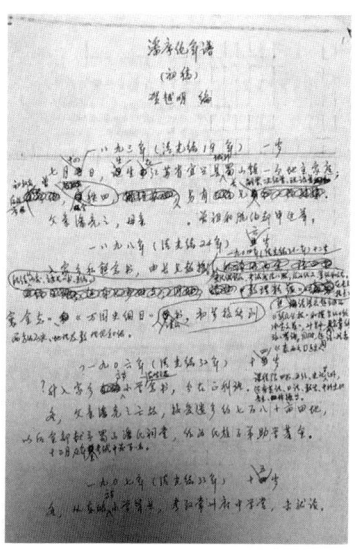

贺越明编《潘序伦年谱》（手稿）

熟读梁启超主编的《新民丛报》和撰写的《饮冰室文集》，对其中一些名章能琅琅背诵，同时，还阅读一些像《泰西各国通史》《瀛寰全志》《万国史纲目》。

1906年（清光绪三十二年）　十四岁

升入家乡高等小学——东坡学堂——念书，分在正科班。课程除四书、五经、《史记》等之外，还有英语、日语、数学、中外史地、音乐、体操等。

冬，父亲亮之亡故，接受遗产约七百八十亩田地，以后全部献予蜀山潘氏祠堂，作为氏族子弟助学基金。

十二月，在年末考试中获第一名。

1907年（清光绪三十三年）　十五岁

冬，从东坡高等小学毕业，考取常州府中学堂，未就读。

---

① 原稿此处留空。查各种资料皆未见潘老母亲名讳。特此说明。

以这份年谱为基础，结合《潘序伦回忆录》相关内容，关于潘老家世背景和早期就学情况，可以得出以下事实。

（1）出生在"书香门第"，曾祖、胞叔皆为举人，因此，潘序伦幼承庭训，被要求用功读书，像曾祖父一样中举，光宗耀祖。他从小就读了不少古文，还曾参加过一场秀才的县试。父亲一有机会就私下对他说："你好好用功，将来中了举人才风光呢。"所以潘老自认"我中封建科举的毒是很深的。"① 这当然是那个特殊时代特殊的表达，其潜台词则是，光宗耀祖、光大门楣等观念在潘老身上是根深蒂固的，也因此，对于古文及中国传统文化是极其用功的。

（2）从6岁入私塾开蒙，从传统蒙学书目开始，潘序伦就接受了正规的传统教育，从此开始，"四书五经"等经典就一直伴随着他的学习生活。直到15岁升入中学之前，大约十年的时间，他一直在"四书五经"等传统文化的浸润中成长，打下了坚实的传统文化基础。终其一生，潘老身上体现出超人的志趣、情怀，传统士人的风骨，应该与这一时期所受教育不无关系。

在"四书五经"熏陶中成长起来的潘老，对《诗经》情有独钟，也就顺理成章了。陪伴潘老一生的28册不同版本的《诗经》，大多出版于民国初期，可见这些书，事实上成为连接两个不同时期的潘序伦，由最初属于传统，到走向世界、中西合璧的关键性转换。然而，岁月沧桑，骨子里的潘序伦，依然是那个心中藏着"四书五经"，种下了士人之魂的潘序伦。

（3）从12岁接触新学，一个全新的世界知识和文化的大门在潘序伦眼前开启，成为他最终走向世界，学贯中西，成就一代伟人的重要转换。

在此想要多说一些的是，中国古代的蒙学书籍以及"四书五经"、《古文观止》《文心雕龙》、文人文集等各种图书资料对于一个人成长的真实意

---

① 参见潘序伦:《潘序伦回忆录》,见《立信往事》,第427页,立信会计出版社,2013年版。

义，我们——包括我本人——可能并没有真正地理解。比如对"三百千"①等开蒙读物，我一直以为只是作为儿童识字的工具，直到有一天静下心来读《千字文》，才蓦然发现根本不是那么一回事。从起首两句，我就被深深地震撼到了：

  天地玄黄，宇宙洪荒。

  这究竟是什么？为什么本以为是教孩子认字的一本书，起首就是"天地""宇宙"。它让我感到震惊，是因为他告诉我们，从南北朝时期，梁武帝（464—549）命人从王羲之书法作品中选取1 000个不重复汉字，命员外散骑侍郎、给事中周兴嗣编纂成文，开蒙阶段的中国儿童，就是在这样宏阔的视野中涵养成长的。他们从一开始就脱离了眼前的苟且，心灵中根植的是天地大美，无垠的宇宙，悠远的历史。是天地、宇宙！也只有胸怀天地的人，才能够唱出"为天地立心，为生民立命"吧！

  天地玄黄，宇宙洪荒。日月盈昃，辰宿列张。
  寒来暑往，秋收冬藏。闰馀成岁，律吕调阳。
  云腾致雨，露结为霜。金生丽水，玉出昆冈。
  剑号巨阙，珠称夜光。果珍李柰，菜重芥姜。
  海咸河淡，鳞潜羽翔。龙师火帝，鸟官人皇。
  始制文字，乃服衣裳。推位让国，有虞陶唐。
  吊民伐罪，周发殷汤。坐朝问道，垂拱平章。
  爱育黎首，臣伏戎羌。遐迩一体，率宾归王。
  鸣凤在竹，白驹食场。化被草木，赖及万方。
  盖此身发，四大五常。恭惟鞠养，岂敢毁伤。
  女慕贞洁，男效才良。知过必改，得能莫忘。

---

① 《三字经》《百家姓》《千字文》，俗称"三百千"，是三部影响大流行广的启蒙读物。明代思想家吕坤曾说："初入社学，八岁以下者，先读《三字经》以习见闻，读《百家姓》以便日用，读《千字文》以明义理。""三百千"将早期的识字教育与中国的历史文化以及人格修养的教育巧妙地融合在了一起。言辞简练，含义丰富，朗朗上口，便于诵读。

罔谈彼短，靡恃己长。信使可覆，器欲难量。
墨悲丝染，诗赞羔羊。景行维贤，克念作圣。
德建名立，形端表正。空谷传声，虚堂习听。
祸因恶积，福缘善庆。尺璧非宝，寸阴是竞。
资父事君，曰严与敬。孝当竭力，忠则尽命。
临深履薄，夙兴温凊。似兰斯馨，如松之盛。
川流不息，渊澄取映。容止若思，言辞安定。
笃初诚美，慎终宜令。荣业所基，籍甚无竟。
学优登仕，摄职从政。存以甘棠，去而益咏。
乐殊贵贱，礼别尊卑。上和下睦，夫唱妇随。
外受傅训，入奉母仪。诸姑伯叔，犹子比儿。
孔怀兄弟，同气连枝。交友投分，切磨箴规。
仁慈隐恻，造次弗离。节义廉退，颠沛匪亏。
性静情逸，心动神疲。守真志满，逐物意移。
坚持雅操，好爵自縻。都邑华夏，东西二京。
背邙面洛，浮渭据泾。宫殿盘郁，楼观飞惊。
图写禽兽，画彩仙灵。丙舍旁启，甲账对楹。
肆筵设席，鼓瑟吹笙。升阶纳陛，弁转疑星。
右通广内，左达承明。既集坟典，亦聚群英。
杜稿钟隶，漆书壁经。府罗将相，路侠槐卿。
户封八县，家给千兵。高冠陪辇，驱毂振缨。
世禄侈富，车驾肥轻。策功茂实，勒碑刻铭。
磻溪伊尹，佐时阿衡。奄宅曲阜，微旦孰营。
桓公匡合，济弱扶倾。绮回汉惠，说感武丁。
俊乂密勿，多士实宁。晋楚更霸，赵魏困横。
假途灭虢，践土会盟。何遵约法，韩弊烦刑。
起翦颇牧，用军最精。宣威沙漠，驰誉丹青。

九州禹迹，百郡秦并。岳宗泰岱，禅主云亭。
雁门紫塞，鸡田赤城。昆池碣石，钜野洞庭。
旷远绵邈，岩岫杳冥。治本于农，务兹稼穑。
俶载南亩，我艺黍稷。税熟贡新，劝赏黜陟。
孟轲敦素，史鱼秉直。庶几中庸，劳谦谨敕。
聆音察理，鉴貌辨色。贻厥嘉猷，勉其祗植。
省躬讥诫，宠增抗极。殆辱近耻，林皋幸即。
两疏见机，解组谁逼。索居闲处，沉默寂寥。
求古寻论，散虑逍遥。欣奏累遣，戚谢欢招。
渠荷的历，园莽抽条。枇杷晚翠，梧桐蚤凋。
陈根委翳，落叶飘摇。游鹍独运，凌摩绛霄。
耽读玩市，寓目囊箱。易輶攸畏，属耳垣墙。
具膳餐饭，适口充肠。饱饫烹宰，饥厌糟糠。
亲戚故旧，老少异粮。妾御绩纺，侍巾帷房。
纨扇圆絜，银烛炜煌。昼眠夕寐，蓝笋象床。
弦歌酒宴，接杯举觞。矫手顿足，悦豫且康。
嫡后嗣续，祭祀烝尝。稽颡再拜，悚惧恐惶。
笺牒简要，顾答审详。骸垢想浴，执热愿凉。
驴骡犊特，骇跃超骧。诛斩贼盗，捕获叛亡。
布射僚丸，嵇琴阮啸。恬笔伦纸，钧巧任钓。
释纷利俗，并皆佳妙。毛施淑姿，工颦妍笑。
年矢每催，曦晖朗曜。璇玑悬斡，晦魄环照。
指薪修祜，永绥吉劭。矩步引领，俯仰廊庙。
束带矜庄，徘徊瞻眺。孤陋寡闻，愚蒙等诮。
谓语助者，焉哉乎也。

我之所以要将其全文录在这里，是因为源自内心无法抑制的顶礼膜拜，是因为面对这些文字，忍不住有一种想哭的冲动。我真切地希望看到此处的朋友,尤其是为人师表、为人父母者,能够一字一句地读一下这篇千古奇文,细心领会其中的文化意蕴。这样,当今天的我们不明白古代为什么有那样多为了这个民族、为了天下万民不避生死的人物时,起码知道,他们之所以那样,是因为他们从小接触的是这样一些涵养。从另外一个更现实的层面来看,寥寥千字,组合成一篇绝佳的文稿,对仗工整,条理清晰,文采斐然。更重要的,则是这些文字所组成的字句中所表达的实际意思(对天地万物的认识,做人行事的知识和规则)以及其高远的立意(塑造一个大写的人)。

这是真正的文化,也是真正以"育人"为核心的教育的根本。

景行维贤,克念作圣。德建名立,形端表正。

读着这样的文句,我们才能真正理解"腹有诗书气自华"的含义,也才能够真正理解"礼仪之邦""文化之邦"的真实意涵。

可以想象,当一个人,从幼童时期就念着这样的句子,待其长大成人,心心念念是如何效法先贤,建德立名,会是一个什么样的人?

当一个人成长的环境中,所遇到的大多是教他如何做个好人善人,如何为国为民,解民倒悬,如何仁爱,如何孝敬,他又会如何做人行事?

当一个人,数十年如一日沉浸在《诗经》、唐诗宋词的精美文句和优美的音韵之中,与先贤共情,与山川共美,与天地同心,其德行和对世间万物的感知,又会受到什么样的影响?

三、文心雕龙

潘老的藏书中,有一本民国四年(1915)扫叶山房石印版《文心雕龙》,一直陪伴他到最后。这是很奇怪的事情。奇怪的并不是书本身,而是其中的内容和知识,究竟是如何雕琢潘序伦这块璞玉,最终演化成龙,腾飞九天的?

《文心雕龙》是南朝文学理论家刘勰所著。按照通常的观点,它是中国文学理论批评史上第一部有严密体系的、体大而虑周的文学理论专著,对文学起源、文体类别、神思、风格、修辞、鉴赏、作家人品、文学与社会变迁等一系列重大问题进行了系统论述。

《文心雕龙》全书50篇，包括总论、文体论、创作论、批评论四个主要部分。总论5篇，论"文之枢纽"，是全书理论的基础；文体论20篇，每篇分论一种或两三种文体，对主要文体都作到"原始以表末，释名以章义，选文以定篇，敷理以举统"；创作论19篇，分论创作过程、作家个性风格、文质关系、写作技巧、文辞声律等问题；批评论5篇，从不同角度对过去时代的文风、作家的成就提出批评，并对批评

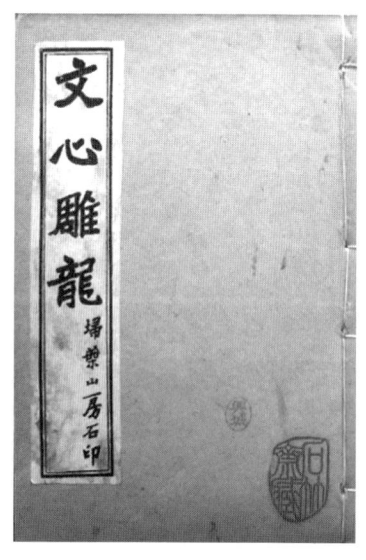

潘序伦藏《文心雕龙》，扫叶山房民国四年（1915）石印版

方法作了专门探讨；最后一篇《序志》说明创作目的和全书的部署意图。这部著作虽然分为四个方面，但其理论观点首尾一贯，各部分之间又互相照应。正如作者在《附会篇》中所说："众理虽繁，而无倒置之乖；群言虽多，而无棼丝之乱。"①

《文心雕龙》究竟是一部什么书，不同时代、不同的人有不同的见解。

《四库全书》将《文心雕龙》列入集部"诗文评"之首，以此经常为人们所津津乐道。近代学者颇多阐释该书，乃至形成所谓"龙学"。各种学说归结起来，大多属于"诗文评"和"子书说"。明人张之象②认为《文心雕龙》"扬榷古今，品藻得失，持独断以定群器，证往哲以觉来彦，盖作者之章程，艺林之准的也。"不仅指出其"意笼百家"的特点，更明

---

① 刘勰：《文心雕龙》，第148页，广陵书社，2019年版。
② 张之象（1496—1577），字月麓，又字玄超，别号碧山外史，晚年号王屋山人。博览群书，以太学生游南都，与何元朗、黄淳甫等赋诗染翰，才情蕴藉。嘉靖中官浙江按察司知事、布政司经历，不能为小吏俯仰，投劾而归。著作不下千卷，有《四声韵补》《韵学统宗》《诗学指南》《诗纪类林》《楚骚绮语》《彤管新编》《古诗类苑》《唐诗类苑》《唐雅》《回文类聚》《史记发微》《史记评林》《太史史例》《盐铁论新旧注》等。

白无误地肯定其创为新说之功,从而具有继往开来的作用。他的评说中,最值得注意的是所谓"作者之章程,艺林之准的",等于是具体确定了《文心雕龙》的性质和作用,即写作的章程和标准。

清人黄叔琳①延续了张之象这一看法,论述更为具体:"刘舍人《文心雕龙》一书,盖艺苑之秘宝也。观其包罗群籍,多所折衷,于凡文章利病,抉摘靡遗。缀文之士,苟欲希风前秀,未有可舍此而别求津逮者。"称其为"艺苑之秘宝",与张之象的定位一脉相承,都肯定了《文心雕龙》作为写作章程的重要性。

广陵书社编辑部在其2019版《文心雕龙》的"出版说明"中对该书标题进行解释,认为"'文心'意即'写作文章的用心'。'雕龙'则指如同雕刻龙纹一样精细的研讨,合起来即是'写作文章的精义'。书的本意是写作指南,所以广泛涉及了各种问题,结构严谨,论述周详,旁征博引,系统完整。"②

《文心雕龙》为什么重要?这也是我们理解潘老为什么将其作为终身修读之书的关键所在。从其基本意义上来讲,《文心雕龙》是讲为文的道理,可以简单理解为"写作指南",但从另外一个层次来理解,则其价值远超其上。其书50篇,以"原道"开篇,以"程器"作结,乃取《周易》"形而上者谓之道,形而下者谓之器"之意。前者论述从天地之文到人类之文乃自然之道,以此强调"文"之于人类的重要性和必要性。后者从"《周书》论士,方之梓材,盖贵器用而兼文采也。"历数"文士之疵",提出"安有丈夫学文而不达于政事哉",强调"摛③文必在纬军国,负重必在任栋梁"。实质性地说明,文之为用,在于"以方治国"。"是以君子藏

---

① 黄叔琳(1672—1756),幼名伟元,字昆圃,又字宏献,号金墩、北砚斋,晚号守魁。清朝大臣,学者。康熙辛未科(康熙三十年,1691)探花,经康熙、雍正、乾隆三朝。官至詹事,内阁学士,礼部、刑部、吏部侍郎。时推为巨儒,世称北平黄先生。著有《史通训故补》《文心雕龙辑注》《砚北易抄》《诗经说》等。
② (南朝)刘勰:《文心雕龙》"出版说明",广陵书社,2019年版。
③ 摛(chī),形容舒展;散布。

器,待时而动,发挥事业,固宜蓄素以弸①中,散采以彪外,梗楠其质,豫章其干,摛文必在纬军国,负重必在任栋梁,穷则独善以垂文,达则奉时以骋绩,若此文人,应《梓材》之士矣。"② 即:做一个可以因时应事、为国大用的"梓材之士"。固知为文的意义,并不在于写出漂亮的字句,而是作为士人的基本修养,达成"纬军国""任栋梁"的人生目标,也就是《原道》所谓"观天文以极变,察人文以成化,然后能经纬区宇,弥纶彝宪,发挥事业,彪炳辞义"。③

《程器第四十九》最后更有"赞曰:瞻彼前修,有懿文德。声昭楚南,采动梁北。雕而不器,贞干谁则。岂无华身,亦有光国。"④

综上可知,《文心雕龙》之所以为后世所称道,并作为学人研究学习的经典,并不只是因为它对学习为文的指导意义,更在于其立意高远,从士人修身养志的角度来确定文的意义。尤其是在当下,更需要强调说明:《文心雕龙》所谓的"文",比今天通常所称"文学"的范围要宽广得多,其地位也重要得多。如《序志》篇所言:"唯文章之用,实经典枝条;五礼资之以成,六典因之致用,君臣所以炳焕,军国所以昭明。"也即是说,社会生活的各个方面——政治、经济、军事、法律、制度、仪节,都离不开这个"文"。如此之"文",显然不是世俗作为艺术之文学所可涵括的了。因此,刘勰固然是在"论文",但却不等于今天的"文学理论",更不是简单地进行"文学批评",而是一部中国文化的教科书,也是传统士人的修养之书。其"洞性灵之奥区,极文章之骨髓","开学养正,昭明有融",如"太山遍雨,河润千里"。把以各种"文"的形式所体现的中华优秀文化的功效,尤其是在修身养德方面的效用,说得十分透彻而明白了。

潘序伦小时即读该书,一方面是用其方法修炼为文之道,另一方面又

---

① 弸(péng),本指弓强劲有力,满也。
② (南朝)刘勰:《文心雕龙》,第175页,广陵书社,2019年版。
③ (南朝)刘勰:《文心雕龙》,第3页,广陵书社,2019年版。
④ (南朝)刘勰:《文心雕龙》,第175页,广陵书社,2019年版。

是终身体悟,作为自己为人处世的指南。"君子藏器,待时而动,发挥事业,蓄素弸中",不正是潘老一生的写照吗?

为了说明青年潘序伦在为文之道方面的修养,以下抄录他在中学阶段的一篇文章。

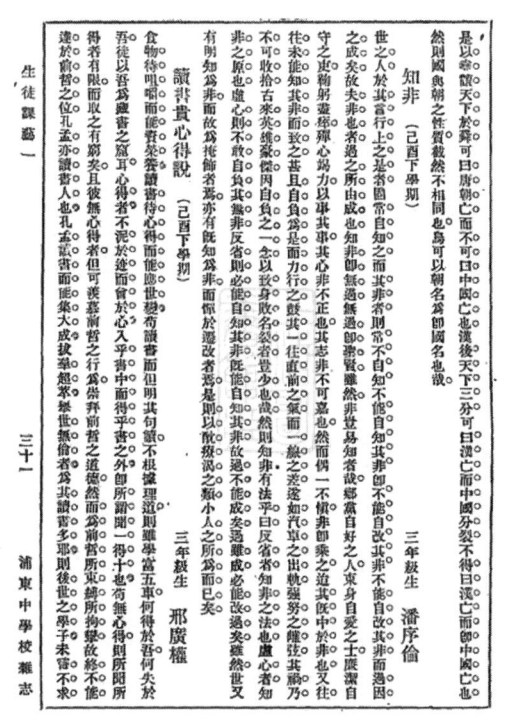

潘序伦《知非》,刊于《浦东中学校杂志》,1910 年第 2 期第 31 页。

《知非》 (己酉下学期) 三年级生 潘序伦

世之人于其言行上之是者,固常自知之。而其非者,则常不自知。不能自知其非,即不能自改其非,而过因之成矣。故夫非也者,过之所由成也。知非即无过,无过即圣贤。虽然,非岂易知者哉!乡党自好之人,束身自爱之士,廉洁自守之吏,鞠躬尽瘁,殚心竭力,以事其事,其心非不正也,其志非不可嘉也,然而偶一不慎,非即乘之。迨其既中于非也,又往往未能知其非而致之,甚且自负为是而力行之,鼓其一往直前之气,而一线之差,遂如汽车之出轨,强弩之离弦,其祸乃不可收拾。古来英雄豪杰，因自负之一念，以致身败名裂者，岂少也哉！然则知非有法乎？曰：反省者，知非之法也。虚心者，知非之原也。虚心则不敢自负其无非，反省则必能自知其非。既能自知其非，故过不能成矣。过难成必能改过矣。虽然，世又有明知为非，而故为掩饰者焉？亦有既知为非，而惮于迁改者焉？是则以酖①疗渴之类。小人之所为而已矣。

这篇370字短文，是18岁的青年潘序伦的一篇小作文。其以《知非》为题，论说深刻精到，详论"非之为非"之各个方面，以及如何知非改过。更涉及明知为非而故为掩饰，以及惮于迁改之类。更有意思的是，宏论"知非"之后不久，潘序伦却因为白卷风波，遭到学校开除，由此沦入十年的人生低谷，乃至数次失业、与流氓为伍。而在十年之后，再次"知非"，幡然醒悟，重新踏上外出求学之道，终于成就了会计大业，能不令人唏嘘且感慨？

《文心雕龙·序志》："盖《文心》之作也，本乎道，师乎圣，体乎经，酌乎纬，变乎骚，文之枢纽，亦云极矣。"② 为文之道，实际便是修身的路径。这个路径，是需要用一生的时间和生命阅历去探索的，这当是潘老之所以以《文心雕龙》傍身的理由吧。

四、修身载道

读书是一个人获得知识的重要途径，更是个人自身涵养的功夫。对于一个真正的读书人，读书和藏书有着更为深刻的意义。潘序伦先生的读书和藏书，极好地处理了博学与精专的关系。其博学体现在博览群书，对自然科学、人文科学，尤其是中国传统文化的各个方面都有涉猎，视野宏阔，对许多领域的知识都有专门研究，人文底蕴深厚，宛如海洋浩渺且深邃。精专则体现在对会计专业知识系统而深入的掌握。除了学习应用会计基本理论、知识和技能，深刻理解并能亲自执行实际业务外，更随

---

① 酖酒（dān jiǔ），意思是嗜酒、毒酒。
② （南朝）刘勰：《文心雕龙》，第178页，广陵书社，2019年版。

时把握世界会计理论的最新发展和环境条件的变化，引领潮流。在个人涵养方面，他是以"修身、齐家、平天下"的目标指向来广泛地收藏和阅读。

潘序伦收藏的中文图书从类型上来说，经史子集、诗书画易无所不包，更有涉及医学的书籍如《黄帝内经素问》《黄帝素问灵枢合纂》《唐氏中西医判》《女科撮要》，还有《孝经》《闺范图说》等与齐家相关联的知识读本。这些图书表明，他是以一个传统知识分子的知识涵养来学习和理解传统文化的精髓。综合起来来看，凡与传统文化相关的各个方面，除了诗书画印中的"印"、佛道儒医武中的"佛"与"武"，琴棋书画中的"棋"和"琴"，其余无不涉及。

另外有一点需要提及的是，藏书中经史和子类图书并不多，更没有小说类作品，更多的是集部和诗书画方面的图书。但我们知道，他对《论语》《红楼梦》等通常意义上的经典之作是非常熟悉甚至有很深入的研究的。藏书中少了这类图书，也没有上面所提到的几个类型，并不意味着他没有涉猎过这些方面。最大的可能，是因为居室空间有限，又饱受颠沛流离之苦，经历了各种浩劫，最终能留下来的，只能是精选了又精选，淘汰了又淘汰，或者说更多的是一种侥幸或偶然。这也可以在一定程度上解释，更多的是诗书画、医学之类一般所谓无关宏旨的"闲书"的原因。当然，对此我们并无确切的证据，只能当作一种猜想，姑妄言之姑妄听之吧，不值得认真追究。

在他的文化类藏书中，还有一些近现代知名人物的著作，具有特别的意义。可以认为，他从这些藏书中学习，更好地把握了传统与现代的衔接与结合问题。以下择其要者做概略分析。需要特别说明的是，此处的讨论涉及多位知名人物，关于这些人物的生平和事迹，我们无法一一做专门研究，因此，以下内容，大多系采用网上公开资料编辑整理而成，并非原创性研究，难保其中或有不实或不准确之处，仅供参考，并对原创作者顺致谢忱。特此说明。

1. 《唐吕和叔文集》

唐吕温（字和叔）撰，上海涵芬楼借常熟瞿氏藏述古堂景宋抄本印行。

作者吕温（772—811），字和叔，一字化光，河中（今山西永济）人。因官终衡州刺史，所以世称吕衡州。与他同时代的柳宗元、刘禹锡、元稹等人都曾给予他极高的评价，是因为他既是唐代中期一位有成就的文学家，又是王叔文①政治革新集团的重要人物。吕温幼学从父，20 岁从著名学者陆贽学《春秋》，从梁肃学文章。他为学刻苦，有志于世。唐德宗贞元十年（794）应河南府试，为贡士之冠。十四年（798）进士及第，次年中博学宏词科，授集贤殿校书郎，十九年（803）擢左拾遗，次年与张荐出使吐蕃，历官户部员外郎、司封员外郎、刑部郎中兼侍御史。元和三年（808）秋，因奏劾李吉甫先被贬道州，后又徙衡州。在道州、衡州任上，他恪尽职守，政绩颇著，方当有所作为，不料只过了一年多便因病卒于任上，终年 40 岁。

擢左拾遗后的数年，是吕温在政治上的活跃时期。他以 30 多岁少壮之年参加王叔文政治集团，为王叔文所倚重，是革新派重要成员。他行事不肯苟且从俗，有志气，有抱负，谈史论政，极富热情。令人深感惋惜的是，著名的永贞革新，仅数月时间便夭折了，吕温的政治主张也因此失去了付诸实践的机会。

吕温是一位颇有仁心的官员、诗人。他忧民生，悯农事。据《云溪友议》载，李绅著名的《悯农》诗，就是为吕温所赏而盛传于世的。柳宗元在为吕温所作的祭文中称他："志不得行，功不得施。"好友刘禹锡称吕温"年益壮，志益大，遂拔去文字，与隽贤交，重气概，核名实，歘然以致君及物为大欲。每与其徒讲疑考要皇王霸强之术、臣子忠孝之道，出入上

---

① 王叔文（753—806），越州山阴（今浙江绍兴）人，唐朝中期政治家、改革家。唐顺宗李诵为太子时，王叔文担任太子侍读，"常言民间疾苦"，深得赏识和信任。永贞元年（805）正月，唐顺宗即位后，授翰林院待诏、度支使、盐铁转运使，联合王伾、刘禹锡等人，推行政治改革，减免税赋、罢诸道进奉，废止宦官把持的宫市，史称"市里欢呼""人情大悦"。二王（王叔文、王伾）前后掌权 146 天，史称"永贞革新"。

下，百千年间，诋诃角逐，叠发连注"。吕温逝后，刘禹锡将其诗文辑为《吕衡州集》十卷（原集已佚，今十卷二百余篇经过了后人的加工整理），后有《吕和叔文集》行世。

潘老收藏本书，原因自是不可确知。然古代名人文集浩如烟海，单论文才诗名，吕温（和叔）并非十分突出，而潘老独选《吕和叔文集》存之，当与二人的经历、抱负相类有关。潘老1932年（时年39岁）出仕，任国民政府主计处会计局副局长，与吕温30余岁少壮之年参加王叔文政治集团颇相类似。二人皆为少年才俊，有志于世而不肯苟且从俗，因而很快便失去了发挥才学的机会。更遗憾的是吕温壮志未酬便溘然长逝，难免令人唏嘘，也可能使潘老隔着历史长河而生出一些惺惺相惜之情吧。

2.《唐黄御史公集》

《唐黄御史公集》八卷，诗文别集，全三册。唐黄滔撰，上海涵芬楼借闽县李氏观槿斋藏明万历刊本景印。作者黄滔，晚唐时人，曾官监察御史，史称"御史公"。

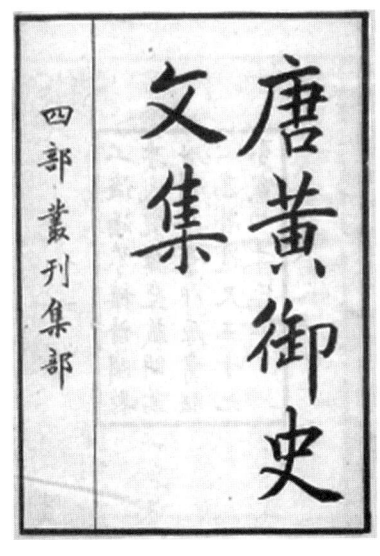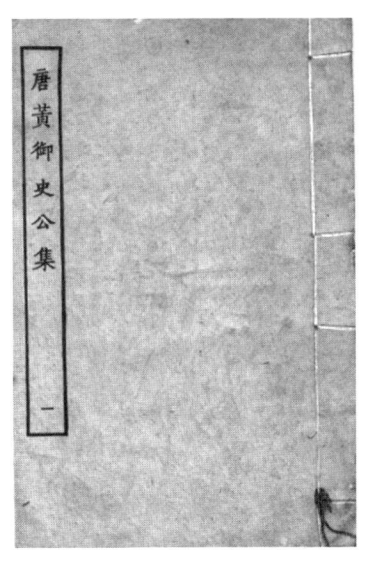

《唐黄御史公集》，全三册，上海涵芬楼借闽县李氏观槿斋藏明万历刊本景印

黄滔（840—911），字文江，福建莆田人。晚唐著名诗人，《全唐诗》收录其诗作一百多首。黄滔是莆田早期的文学家，人称"闽中文章初祖"，其著作《黄御史集》被收入《四库全书》和《丛书集成》。

唐大中十四年（860），年已弱冠的黄滔只身一人离开家乡涵江黄巷，来到30多里[①]外的县城西北南山东峰书堂苦读，在山上一住就是十年。唐咸通十二年（871），时年31岁的黄滔北上长安求取功名。第一次考试，黄滔初场即落第。但这次落第不过是他屡试不第的开始。此后的24年间，黄滔参加20次科考，场场落第，经历了惨痛的打击。每当考试落第，黄滔就会离开都城长安到各地游览。考场失意加上饱尝流离贫困之苦，使他的思想逐渐接近民众，痛恨为争权夺利而无休止的军阀混战，同情陷于战争和饥馑中的人民，写下了许多描写社会现实的诗作，比如《书事》一诗："望岁心空切，千夫尽把弓。千家数人在，一税十年空。"这一时期的经历，也为黄滔认识社会并在以后辅佐闽王王审知治闽打下了坚实的基础。

唐乾宁二年（895），55岁的黄滔终于考中进士。像所有新科进士一样，高中后的黄滔第一件事就是回乡省亲。其时藩镇割据，政局动荡，朝廷无暇授官。因此，直到四年之后的唐光化二年（899），年届60的黄滔才被授予"四门博士"闲职。一年后，宦官刘季述作乱，黄滔避乱回闽。唐天复元年（901），黄滔应主持闽政的王审知征聘并得到重用。他悉心辅佐王审知治闽，提倡节约官府开支、减赋税、轻徭役；重商务、开港路、兴旺海上贸易；建学校、育人才，发展地方文化。朱温篡唐后，割据各地的军阀纷纷称王。黄滔审时度势，以一个老练的政治家眼光，建议王审知"宁为开门节度使，不做闭门天子"。王审知接受了黄滔的建议，奉后梁、后唐为正朔，使福建在天下大乱、军阀混战的情况下能够独享太平，30年免受兵祸。为了拉拢王审知，朱温逐步为王审知加官进爵，公元909年拜王审知为中书令（宰相）、福州大都督；次年又加封王审知为闽王。对于黄滔的匡正之功，《四库全书总目提要·黄御史集》给予了高度评价，

---

① 1里＝500米。

认为"王审知据有全闽,而终守臣节,滔匡正之力为多。"

黄韬辅佐王审知八年,官至监察御史里行、威武军节度推官。

后梁开平五年(911),黄滔离开福州回莆田定居。当年病逝于家中,终年72岁。

接受传统教育的古代知识分子,多以"达则兼济天下"作为终身抱负,"穷则独善其身"不过是不得志时聊以自慰的想法。黄滔在屡试不第心灰意冷时,曾感叹"十年除夜在孤馆,万里一身求大名"。满腹才学、久怀报国志向的黄滔,直到62岁才得遇王审知,有机会施展自己的抱负,既是一种不幸,也是他的幸运。久经战乱的黄滔,深刻地体会了战乱对社会造成的摧残和民间疾苦,也使他的诗作具有了深刻的社会意义,为后人所称道。

潘老的人生经历,似乎与黄滔有很大不同。潘序伦在青年时期亦曾蹉跎,但1924年学成回国,刚过而立之年的潘序伦博士很快就成了社会闻达人士,举世闻名的立信事业让他声名鹊起。然而,就在他成功设立立信会计高等专科学校,准备进一步大展宏图之时,却遭遇了连年战乱,十余年苦苦支撑,身心俱疲。他收藏《唐黄御史公集》,或许正是与此相关,也或许是对老年黄滔得遇明主、解民倒悬的艳羡!

3.《新学伪经考》

《新学伪经考》十四卷,又名《伪经考》,南海康祖诒广厦(康有为)撰。初刊于1891年,是康有为打着公羊派①的旗号,宣扬托古改制思想的经书论证著作。

康有为(1858—1927),原名祖诒,字广厦,号长素,又号明夷、更牲、西樵山人、游存叟、天游化人,广东南海县丹灶苏村人,人称康南海。晚清时期重要的政治家、思想家、教育家,资产阶级改良主义的代表

---

① 公羊派:与穀梁派相对,是儒家经学中专门研究和传承《春秋公羊传》的一个学派,它属于今文经学内部最重要的一个分支学派。西汉景帝时期,立治《春秋》"公羊学"的博士胡毋生、董仲舒,汉武帝立五经博士,其中的《春秋》博士就是公羊学派,而传授系统就是胡毋生和董仲舒两个系列。

《新学伪经考》十四卷，光绪十七年（1891）七月广州康氏万木草堂刊

人物。康有为出生于封建官僚家庭，光绪五年（1879）开始接触西方文化。光绪十四年（1888），康有为到北京参加顺天乡试，借机第一次上书光绪帝请求变法，受阻未上达。光绪十七年（1891）后在广州设立万木草堂，收徒讲学。光绪二十一年（1895）得知《马关条约》签订，联合1 300多名举人上万言书，即历史上有名的"公车上书"。

光绪二十四年（1898）开始戊戌变法。变法失败后，康有为逃亡日本，自称持有皇帝的衣带诏，组织保皇会，鼓吹开明专制，反对革命。辛亥革命后，作为保皇党领袖，他反对共和制，一直谋划溥仪复位。1917年，康有为和张勋发动复辟，拥立溥仪登基，不久即宣告失败。康有为晚年始终宣称忠于清朝，溥仪被冯玉祥逐出紫禁城后，他曾亲往天津，到溥仪居住的静园觐见探望。1927年，康有为病逝于青岛。

康有为认为，历代封建统治者所尊崇的"古文"经典如《周礼》《逸礼》《古文尚书》《左传》《毛诗》等，都是西汉末年刘歆伪造的，因此都是"伪经"。而刘歆制造伪经的目的，是为了帮助王莽篡夺西汉的政权、建立国号为"新"的朝代,所以他认为,古文经学是新莽一朝之学,只能称之为"新学"。清代今文经学家刘逢禄、龚自珍、魏源、邵懿辰等早就对刘歆及一些古文经传发动过攻击,清末廖平更撰《古文字考》《知圣篇》《辟刘篇》,主张今文经是孔子的真经,古文经是刘歆篡改过的。康有为继承和发展了廖氏的学说,对所有古文经进行彻底的否定和批判,在学术上攻破了古文经学"述而不作"的旧说,更重要的是在政治上打击"恪守祖训",不愿变法的封建顽固派,为资产阶级改良运动做了舆论准备。

《新学伪经考》在广州出版后,各省纷纷翻印,在社会上引起很大的震动,1894年阴历七月,御史安维峻弹劾康有为"非圣无法,同少正卯,圣世不容,请焚《新学伪经考》,而禁粤士从学",两广总督李瀚章令康有为将此书自行焚毁,戊戌政变后,又曾两度被禁,由此可见《新学伪经考》在政治上所起的巨大作用。

潘序伦所处时代,正是西学东渐、社会日新的大变革特殊时代。他在幼稚读书时即经历了变法维新和废除八股,在长兄指点下接触西学,熟读维新派领袖梁启超主编的《新民丛报》及《饮冰室文集》。留学归来后,亲身参与并领导中国会计学界著名的改革派与改良派的论战,推动会计改革和发展。作为从小接受传统教育、而又赴美留学接受现代科学知识的有识之士,潘序伦在其发展会计事业的过程中,始终要面对传统与新知、继承与变革的现实矛盾和冲突,尽管他不遗余力地引进现代西方会计学发展的最新成就,努力推动中式会计的现代化发展与进步,但同时仅从"立信"一词的使用,即可以看出他对中国传统文化的高度认同和继承。在这个意义上,康有为所倡导的变法维新,他的人生经历和社会活动,以及《新学伪经考》等著作所体现出来的思想观念,自然是潘老需要研读和探究的。

4.《洞庭席嘏卿先生言行录》

《洞庭席嘏卿先生言行录》,1函4册,是洞庭耆老、金融闻达席嘏卿先生的言行录。分为孝字集、友字集、正字集、直字集。函套上有"是编所印无多,颐性室主除答赠佳章题咏及惠礼亲友外,余均助入敝处。充作经费。如蒙见爱,请向敝账房接洽可也。惠然轩附启。平桥路一九七九号。"可知本书并非公开发行的正式出版物,而是编印出来用以馈赠亲友及同好。

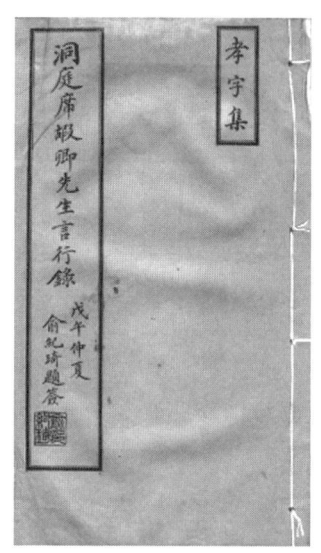

民国七年(1918)石印本《洞庭席嘏卿先生言行录》,1函4册

席嘏卿(1833—1918),字素煊,清末民初洞庭东山(今属江苏苏州)人。东山金融世家席品方长子,席正甫之兄。席嘏卿早年在浙江做钱庄学徒,后又改做贸易。咸丰七年(1857),因为战争的烽烟弥漫长江中下游地区,席嘏卿偕二位兄弟避战乱至沪经商,投靠其继母的哥哥、已经成为沙逊洋行华人买办的沈二园,进入沈二园的钱庄,从学徒做到执事。咸丰十一年(1861),席嘏卿出任英商麦加利银行(Chartered Bank of India, Australia & China,亦称渣打银行)买办兼司账,前后任职17年。光绪五年(1879)让位给儿子裕康。其子席裕康于光绪五年(1879)至光绪三十三年(1907)任英商麦加利银行副买办、买办,继于光绪三十三年至民国十四年(1925)任俄商华俄道胜银行买办,后任法商中法工商银行买办。

席嘏卿之弟在钱庄工作一段时间后,在沈二园的推荐下进入汇丰银行工作。从1870年代开始,席正甫祖孙三代连任汇丰银行买办,累积了巨额财富，纵横上海滩金融界数十年，成为赫赫有名的金融家族。席正甫固然是整个席氏家族金融事业的核心人物，但家族的核心人物，却是长兄席嘏卿一脉。

1函4册的《洞庭席嘏卿先生言行录》，是席嘏卿故世后家人为纪念他而编集，以表彰席嘏卿先生的功绩，激励后人。该书"孝字集"第二页有民国七年江苏省省长齐耀琳题写的"耆年硕德"四字。

书中有杭州吴道晋撰，吴兴沈镇书《席公嘏卿先生行略》：

> 有望族而侨处于沪之东者曰席嘏卿先生，乃洞庭之耆老也。先生之父蘭坡公，以典商致富，为昆山冠。先生少时亦习业于乡里及浙境之鹤沙诸典肆。迨壮游沪滨，为某洋行某银行司出纳。而先生之长于商战，名成利遂，亦于是乎基焉。性孝友，仰事俯蓄，俱无所憾于中。其平昔之行，好施与赡族郇恤邻右，建支祠，施病药，仁心仁术，诸美必备。或表扬先生之名，亦骎骎驰海内矣。德配初聘陈氏，以病逝，续聘张氏，有淑德，资内助，即锡蕃生母也。先生晚年既甘恬退，锡蕃又能缵续述志以显扬其亲。传曰：天佑善人，其后必昌，殆斯之谓欤？不特此也。论先生之志，则有类于陶朱。盖富而仁者也。问先生之年，则又同于晋绛，又仁而寿者也。当先生称觞时，汪孙两太史先后既为之序，而锡蕃又自撰其亲之言行实录，以征文于时。吾知海内士大夫必更有表而章之者矣。且夫人子之事亲也，亲在观其行，亲没观其志。而墓阙有题泷岗，有表恒欲借文为亲寿。世更不惜旁求博采，一丐文人之文，而文人亦往往勒而书之。或咏以诗歌，或撰以传记，盖其人传则其文亦传。然亦必亲其人之可传，而后其文洒足以传也。苟非其人，则其文亦不显。某不文因慕先生之为人，知其行必有传于后世者，谨濡笔而为之赞曰：
>
> 洞庭之东昆山之阳，有畸人，言表行坊，不儒不士，非墨非杨，而声名洋溢于四方，曰：既富矣，俾寿而康。吾无以名之，曰斯前哲之椠范，为后学之津梁。
>
> 杭州吴道晋拜撰，吴兴沈镇书

这篇行略,真实写得极好!既有"论先生之志,则有类于陶朱。盖富而仁者也。问先生之年,则又同于晋绛,又仁而寿者也。"富且寿,自然是人所羡慕的。而席煆卿先生"不儒不士,非墨非杨,而声名洋溢于四方",能为"前哲之楷范","后学之津梁",又当是多少人可望而不可及的。潘老收藏此书,概源于此?

5.《渔洋精华录笺注》

《渔洋精华录笺注》,渔洋山人王士祯著,上海有正书局民国七年版,6册1套。

《渔洋精华录笺注》,王士祯著,上海有正书局民国七年版

王士祯(1634—1711),原名王士禛,字子真,一字贻上,号阮亭,又号渔洋山人,世称王渔洋。山东新城(今山东桓台县)人。清初诗人、文学家、诗词理论家。

王士祯为清顺治十五年(1658)进士。康熙四十三年(1704)官至刑部尚书,颇有政声。康熙五十年五月十一日(1711年6月26日)卒于里第,享年78岁,谥文简。

王士禛是清初著名诗人、文学家、诗词理论家。他在取得卓著诗文成果的同时，还能突破正统文坛和文人偏见，重视和高度评价小说、戏曲、民歌等通俗文学、文体。其主要成就在诗文创作与理论方面，但在小说、戏曲、民歌、书画、藏书、史论等方面所取得的成就亦不容忽视。此外，王士禛还是卓有成就的书法家、藏书家。王士禛家富藏书，其先父有遗书，因兵火散佚过半。入仕途后，借他人藏书而录做副本。所得收入，悉以购书，长达30余年，从无间断。康熙四十年（1701）王士禛请假告归时，载书数车以行，弟子禹之鼎为之画有《载书图》。作书楼"池北书库"，取白居易池北书库之名命名，藏书之富，甲于山左。与"曝书亭"①并称盛一时。

王士禛以诗文为一代宗师，其诗多抒写个人情怀，清新蕴藉、刻画工整，早年作品清丽华赡，中年后转为清淡苍劲。散文、填词也很出色。擅长各体，尤工七律，与朱彝尊齐名，时称"朱王"。他提出的神韵诗论，渊源于唐司空图"自然""含蓄"和宋严羽"妙语""兴趣"之说，以"不著一字，尽得风流"为作诗要诀。所传诗文中，有不少题咏济南风物，记叙济南掌故之作。被认为是继司空图、严羽之后倡导神韵理论的又一大家，"神韵说"的集大成者。潘老收藏此书，大概与此有莫大关系。

6.《清道人遗集》

《清道人遗集》两册，民国著名教育家、书画家，两江师范学堂校长李瑞清著。民国二十八年（1939）中华书局出版。

李瑞清（1867—1920），字仲麟，号梅庵、梅痴、阿梅，自称梅花庵道人，喜食蟹，自号李百蟹，入民国署清道人，谥号文洁。江西省临川县温圳杨溪村（今属进贤县温圳）人。清末民初诗人、教育家、书画家、文物鉴赏家，中国近现代教育的重要奠基人和改革者，中国现代美术教育的先驱，中国现代高等师范教育的开拓者。

---

① 曝书亭是清初著名学者朱彝尊的故居，原名竹垞，但因其《曝书亭集》闻名于世，后人遂以亭子作为园林名。

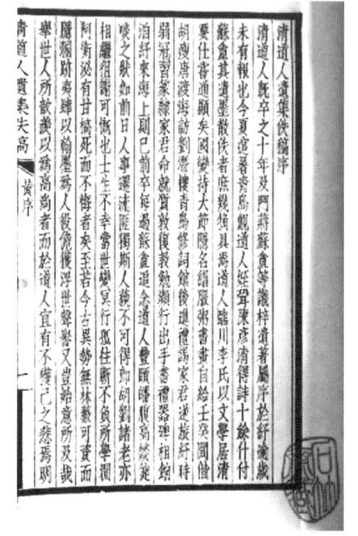

《清道人遗集》，民国二十八年（1939）中华书局出版

1891年，李瑞清在湖南参加乡试，因不合乡籍被注销。1893年回原籍参加江西乡试中举，1894年中进士（另说是光绪二十一年进士），选为翰林院庶吉士。1905年分发江苏候补道，署江宁提学使，1905至1911年任两江师范学堂监督（即校长），1906年正式上任。

李瑞清是一位杰出的教育家，在两江师范学堂任上锐意改革，在改造和增设学科的同时，大力充实师资，使两江师范成为东南一大学府。针对东南地区急需任课师资的实际，李瑞清在学堂增设选科、补习科，附设中小学校。创办短期的留学预备学堂，输送了一批青年学生去美国深造。他提倡国学、科学、艺术不遗余力，改博物科为农业博物科，购置农田耕牛供学生实习之用。并曾亲赴东瀛，聘请日本教习传授西方科学和近代工艺。此外，他还创设图画手工科，设立画室及有关工场，并亲自讲授国画课，增设音乐科，培养了中国最早的近代美术师资和艺术人才。国画大师张大千、著名书法家胡小石、李仲乾、黄鸿图皆出自他的门下。著名学者王伯沆、柳诒徵、刘师培、夏敬观、姚明辉、雷恒、萧俊贤、钟钟山、松本孝次郎皆执教于此，培养出了许多著名的学者和专家，如生物学家秉志、教育学家廖世承、戏曲史家陈中凡、艺术教育家吕凤子。自勉"视教育若生命，学校若家庭，学生若子弟"，以"嚼得菜根，做得大事"为校训，"俭朴、勤奋、诚笃"为校风，倡导"匡时而振俗"，主张融会贯通中西之学以造就"中国之培根、笛卡尔"，为近代南京大学大学品风之雏形。

李瑞清晚年寓沪，1920年病逝，因对南京感情深厚，遵其"归葬金陵"的遗言，弟子胡小石与梅庵先生同乡挚友曾农髯将其遗体安葬于南京城郊牛首山雪梅岭，墓旁植梅300株，筑室数间，名之曰"玉梅花庵"。南京高等师范（今南京大学）① 校长江谦为褒扬李瑞清的功绩，在校园西北角六朝松旁建茅屋三间，取名梅庵，并悬柳诒徵手书李瑞清所定校训"嚼得菜根，做得大事"。

李瑞清书画方面的造诣极高。其书法上追周秦，博宗汉魏，各体偕备，尤工篆隶。其书法作品，"秀者如妖娆美女，刚者如勇士挥槊"，潇洒俊逸，各具神态。自称北宗，与曾熙的南宗颉颃，世有"北李南曾"之说。与吴昌硕、曾熙、黄宾虹并称"海上四妖"。其绘画涉猎广泛，擅山水、人物、花卉。山水师法原济、八大山人，花卉宗恽南田，所绘松石、花卉意境独特，尤擅古松、画佛。是著名画家张大千的恩师，在书画界名声显赫。

《清道人遗集》包括遗集二卷、佚稿一卷、扩遗一卷、附录一卷，共五卷。系作者逝世后，门人亲友断续哀辑剔理而得。李瑞清五古纯学魏晋，自然淳朴，有古直苍凉之气；七绝洵为唐人格调，其中往往寄寓家国之忧思。

7.《张季子九录·政闻录》

《张季子九录·政闻录》。张謇著，民国二十年（1931）中华书局聚珍

---

① 辛亥革命爆发后，李瑞清辞去两江师范学堂监督职务。两江师范陷于停办。1914年，原两江优级师范学堂改建为南京高等师范学校，1915年开学。1921年改建东南大学，1928年更名中央大学，1949年易名南京大学。

仿宋版。一函七册,涉及政事、经济、农工商、行政及水利计划盐务改革等项。

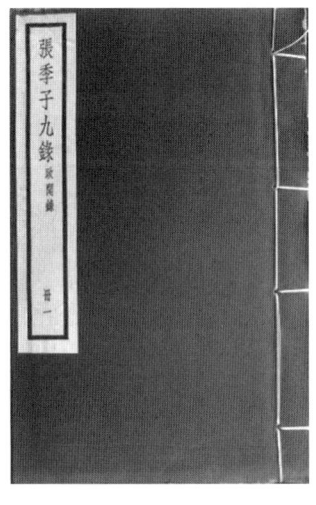

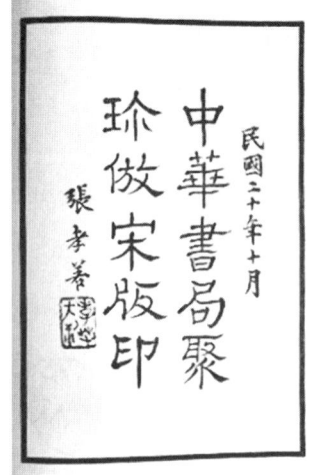

《张季子九录·政闻录》,张季直先生像

《张季子九录》是近代商业巨子张謇文集。该书内容丰富,分为政闻录、实业录、教育录、自治录、慈善录、文录、诗录、专录、外录,故名九录。共八十卷,另有附编《张南通先生荣哀录》十卷,并附有张謇年谱。内容包括张謇参加政治活动和创办实业及教育事业的情况及其思想主张。

张謇(1853—1926),字季直,号啬庵。祖籍江苏常熟,生于江苏通州海门长乐镇。光绪二十年(1894)状元,中国近代史上著名的实业家、政治家、教育家、书法家。

清咸丰三年五月二十五日(1853年7月1日),张謇出生于江苏通州(今南通)海门常乐镇。从4岁时起,父亲张彭年就开始教他学习《千字文》,到5岁就已经可以完整无误地背诵《千字文》,于是父亲命他随三个哥哥入私塾,从

近代商业巨子张謇像

海门邱大璋先生读书。至10岁时，张謇已读完《三字经》《百家姓》《大学》《中庸》《论语》等蒙学基本书籍。12岁时，父亲张彭年自辟家塾，延请老家西亭镇宋效祁先生教授孩子。14岁时，因宋效祁病故，父亲命张謇前往西亭，从宋效祁的从子宋琳读书。

张謇16岁中秀才，光绪二十年（1894）中状元，授翰林院修撰。光绪二十一年（1895），奉张之洞之命创办大生纱厂。宣统元年（1909），被公推为江苏咨议局议长。宣统二年（1910），发起国会请愿活动。宣统三年（1911），任中央教育会会长，江苏议会临时议长，江苏两淮盐总理。民国元年（1912），起草清帝退位诏书，在南京政府成立后，任实业总长；同年，改任北洋政府农商总长兼全国水利总长。民国四年（1915），因袁世凯接受日本提出的"二十一条"部分要求，张謇愤然辞职。民国七年（1918）10月23日，与熊希龄、蔡元培等人发起组织了"和平期成会"。民国八年（1919），建成南通更俗剧场。

民国十一年（1922），北京、上海报纸举办民意测验，张謇以最高票当选为民众"最敬仰之人物"。同年，由于棉纺织业危机，导致他的事业全面崩盘。虽然他多方筹措，但还是未能挽回败局，债台高筑的大生集团，无可挽回地走向衰落。

民国十五年（1926）8月24日，张謇在南通病逝，享年73岁。

张謇一生力耕实业、功勋卓著。作为近代中国棉纺织领域的早期开拓者。他旗帜鲜明地提出"实业救国"的主张并身体力行，从筹办南通大生纱厂开始，陆续兴办了数十家企业，堪称中国近代第一实业家。此外，他的事业还广泛涉及教育、文化等诸多领域。光是他创办的学校就有370多所。他同时还是文化领域许多事业的拓荒者。光绪三十一年（1905），他以个人的力量创建了南通博物苑，开启了中国文博事业之先河，今天的南通被称为博物馆之城，即是因此而起。光绪三十一年兼任江苏教育会长的张謇与马相伯一起成立了中国图书有限公司，他本人担任董事长。该公司以"巩护我国教育权、驱策文明之进步、杜绝外人之觊觎、消弭后来之祸

137

患"为宗旨。光绪三十三年（1907）9月，张謇创办了南通历史上第一张报纸——《星报》。民国元年（1912）10月，张謇作为最大股东，连同史量才、赵凤昌、应德闳、陈景韩四人以12万银元的价格从席子佩手中购得了《申报》的产权，史量才任经理。由于张謇、史量才这批股东超前的发展眼光和敏捷的商业思维，《申报》在短期内飞速发展。1912年《申报》仅仅发行7000份，到1917年便已经飙升至2万份，1925年突破了10万份，1932年达到空前的15万份。《申报》因此成为近代中国历史最长、影响最大的一份报纸。

张謇的"实业救国"有许多重要而突出的内容：（1）张謇认为经济才是根本；（2）张謇是一位坚决的重工主义者，很重视采用新工艺、新技术；（3）张謇鼓吹"棉铁主义"，实行了符合国情及19世纪末世界潮流的轻重工业并举的"棉铁政策"；（4）张謇善于利用多年从政所形成的社会关系，力争官方支持，发展民间资本。张謇与两江总督兼南洋大臣张之洞的特殊关系，对于他投身实业、创办大生纱厂起了重要的作用。但是，他与洋务派的官僚截然不同，他一贯主张发展民间资本，并且以他为首在中国东南沿海地区形成了一个民族资本集团——大生资本集团。

张謇兴办实业，目的是为了"养民"，为了减少帝国主义对中国的经济控制，建立独立的民族经济。张謇在大生纱厂赚得丰厚利润之后，踌躇满志，从光绪二十五年（1899）到宣统三年（1911），以通州为基地，以棉纺业为中心，在大生纱厂的基础之上又兴办了一系列辅助企业，共34个，总投资900多万元，形成了一个相当完整的经济体系，具有强烈的民族性。中国的面粉、玻璃等产业从此开始起步。为了达到"养民"的目的，张謇又在苏北沿海各县先后创办了20个盐垦公司，资本估计达到1600多万元，围地413万多亩①，已垦地98万亩，年产棉11.6万余担②。工农业加在一起，形成一个庞大的大生民族资本集团，资产总额大

---

① 1亩＝666.67平方米。
② 一担＝50千克。

约 3 300 多万元。大生系在全盛的时候，人称"南通是中国著名的实业模范区，张氏也是中国第一个实业大王"。

从 1902 年创办通州师范学校至 1925 年的 20 余年间，张謇将他在大生纱厂中的全部工资与部分红利捐作教育、慈善及地方公益经费。据统计，他一生在南通教育上的投资为 257 万两白银，到 1924 年，他在南通地区共创办小学 370 余所、中等学校 6 所、高等学校 3 所，初步形成了以基础教育和农、工、商、科技为中心，包括学前、初等、中等和高等教育在内的较为完整的近代教育体系，其中尤以师范教育为首创。他的教育实践取得了巨大成绩，也产生了很大影响。美国教育家杜威曾对南通的教育水平有很高的评价，称"南通者，教育之洋，吾尤望其成为世界教育之中心也。"①

人民网评价：张謇是近代史上的传奇人物，他大器晚成，前半生勤奋读书求取功名，终于在 41 岁时一举获得状元头衔，却不满于自己当官无助于救国，毅然放弃仕途，从头再来，投身于实业和教育。之后 30 多年的时间里，他硕果累累，开辟出多条他人未走之路，以自己的实践亲自见证了一个爱国者的满腔热情，成为历史上众人皆知的"状元实业家"。他的伟大事业为后人景仰，他的光辉成就将彪炳史册。②

我们不知道张謇一生的作为和成就如何具体影响或激励了潘老。然而，正如本书第二章中分析认为，潘序伦一生事业的发展，颇受黄炎培"教育救国"和简照南"实业救国"思想的影响。潘老收藏《张季子九录·政闻录》，必然从中获益不少。我们也确实看到二人身上许多共通之处：

（1）从开蒙时期起，就饱受传统文化涵养，养成了传统士人为国为民的志向。

---

① 引自：石建国，张謇：中国早期现代化先驱，来源：人民网—人民日报海外版，2013 年 09 月 20 日 http://culture.people.com.cn/n/2013/0920/c1013-22977187.html

② 引自：360 百科：张謇，https://baike.so.com/doc/1326619-1402511.html

（2）以"实业报国"为宗旨，投身事业，张謇鼓吹"棉铁主义"，潘序伦则是终身奉行了"会计主义"，以会计作为一生从事的事业核心。

（3）善于利用多年累积形成的社会关系，包括与官方的关系，力争各方面支持，发展民间事业。

（4）围绕中心全面发展，形成独特的事业（经济）体系。张謇有他庞大的工农业加在一起、兼及教育、文博、新闻媒体的大生民族资本（事业）集团，潘序伦有他影响深远的"三位一体"立信会计事业，事务所、教育、出版全面发展。

（5）最重要的则是，二人都有报国为民的忠心，不为私利谋，而是将所得金钱捐献用于教育及社会公益。

潘老藏书中的文史类书籍占比较大，而且大多属于今人并不熟悉甚至从未听说过的稿本。篇幅所限，以上只能取其中数种做一简单介绍，除了书籍本身的内容之外，更注意到作者的生平、志向、思想观念及职业（事业）特点等。虽然并不是十分明显和直接，但也大概可以看到，这些藏书之所以最终陪伴潘老，与潘老的经历、个人情志及志向是有一定联系的。也即是说，潘老既可以从这些书中获得特定的知识和学问（所谓广识），同时也是作为自身的激励及修养。简单来说，这些最终的藏书，本身成为潘老人生的一种参照，作为一面镜子，关照自身，不使懈怠或迷失。

俗话说：腹有诗书气自华。读书多了，不但改变人的气质，也改变人的言谈举止，让一个人显得儒雅有内涵，也直接影响甚至决定一个人的表达、志向。潘老阅读广泛，各种经典名句信手拈来。在他所写的一些文章及讲话中有很多这类例子。比如在回忆马寅初先生时，谈到马老的故乡浙江嵊县时写道："我在多年前曾到过嵊县，也读过王羲之所写《兰亭集序》中的'此地有崇山峻岭，茂林修竹'一语。我看到嵊县全境实在万山峻岭之中，但到处是茂林修竹，郁郁葱葱，显出一股文雅秀丽的境界，古语所称地灵人杰，就应在马老身上了。他的性格就是坚强刚毅，孟子所说'富贵不能淫，贫贱不能移，威武不能屈，此之谓大丈夫。'若把此语移帖于马老,作为对他百岁大庆的祝词,我想是十分适当的。"①

潘老幼读诗书,饱受国学涵养。以上所列,只是经过大浪淘沙,也是经历了许多坎坷之后留存下来的图书。笔者生来也晚,无缘得见潘老亲聆教训。后来翻看潘老去世时的照片,看到他卧室和书房的照片,忍不住涕零!

区区斗室,能容得下潘老的身躯,安放他高贵的灵魂。可是,实实在在,又能容得下多少图书?

潘老在会客(卧室?书房?)

五、斯文若元气

举凡研究中国人,研究中国社会,研究数千年中华文明演进的历史,有一个东西是无论如何都绕不开的,那就是"气"。"气"之为物,看不见摸不着,但却实实在在地影响着人,影响着人周围他赖以生存的许多东西。作为中国人观念中一项至关重要的要素,"气"充盈于万物,无处不在,发挥着无可替代的作用,乃至具有重要的决定性意义。一个人死了,

---

① 潘序伦:《对马寅老生平的认识及点滴回忆》,见《潘序伦文集》,第531页,立信会计出版社,2008年版。

我们会说他没气了，断气了；一个国家要亡了，就是气数已尽。做人要有骨气，有气节；做事要讲究和气，和气生财。与"气"有关的词汇和习语，实在数之不尽。说到底，"气"代表了中国人一种特殊的世界观和方法论，代表了在对世界和人自身的认识中对于物质之外虚无和非物质的关注。对于人的生命，至关重要则是元气。

按照传统中医的说法，元气是由元精（父母之精）所化生，由后天水谷精气和自然清气结合而成阴气（精、血、津、液）与阳气（卫气、宗气、营气、脏腑之气、经脉之气），"气聚则生，气壮则康，气衰则弱，气散则亡"。概而言之，元气是人体和生命的原动力，是生命之本。

对于一个人，除了作为生命本原及生存基础的这些生理之气外，还有更重要的精神之气，则是与一个人一生读书、体悟，以及其他各种精神上的修炼相关联。这种更难名状的"精神之气"，即是孟子所谓"浩然之气"的真实意义。古代文人读书，除了现实的功名利禄方面和广识的考虑之外，更多的则是作为涵养精神之气的方法。按照现代西方人需求层次论的分析，是属于更高的精神层面的需求。

在潘老的藏书中，我们特别注意到他对《唐诗三百首》的点评，注意到其对于潘老自我认识和自我表达的重要意义。在一篇纪念马寅初的文章中，潘老曾写道："我读《唐诗三百首》，其中有一首歌颂韩愈所撰的《平淮西碑文》的诗，诗中有四句云：公之斯文若元气，先时已入人肝脾。愿书万本颂万遍，口角流沫右手胝。"马老的《新人口论》主张节制生育这一段，真如唐诗所说，已经普遍渗入人们的肝脾！[①]

潘老所引这首诗，便是唐代大诗人李商隐所作之《韩碑》。该诗是唐代大诗人李商隐在中唐时期创作的一首七言古诗。作者在诗中盛赞韩愈《平淮西碑》的观点，主张加强中央集权，对平叛统一予以高度的评价，认为国家的治乱主要归结于宰相的政绩。诗中高度赞扬了宰相裴度的丰功

[①] 潘序伦：《对马寅老生平的认识及点滴回忆》，见《潘序伦文集》，第535页，立信会计出版社，2008年版。

伟绩，含蓄地批判了其下将领李愬自私自利的行为。

李商隐这首诗的缘起，则是与《平淮西碑》背后的史事相关。

安史之乱后，边疆内地藩镇四起，唐王朝陷入了中央与藩镇的长期苦斗之中，在风雨飘摇中摇摇欲坠。其中，从公元783年淮西节度使李希烈叛唐开始，淮西之地就落到叛将之手，五十余年，几次易手。唐宪宗在位时，占据淮西的是叛将吴元济。他手握重兵，据地千里，对大唐形成严重威胁。为了平定淮西，宪宗下令讨伐叛贼，但由于用兵不利，平淮之战连打数年却收效甚微。直到元和十二年（817）10月，在朝中重臣宰相裴度统领下，部将李愬率兵勇三千雪夜突袭，在蔡州活捉了吴元济，才最终结束了平淮之战。此战不仅结束了长达5年之久的平叛之战和蔡州长达52年的割据局面，稳定了大唐基业，也让裴度、李愬一战成名，万民敬仰。

为了纪念战事的胜利，表彰相关人员，宪宗皇帝钦点韩愈撰文立碑。韩愈果然不辱使命，其撰写的碑文汪洋恣意，一气呵成。勒碑之时，国人视为奇文争相诵读。然而，让大家始料未及的是，这通立于汝南城北门外，"碑高三丈字如斗，负以灵龟蟠以螭"的平淮西碑，却引起了一场不小的纷争，落得个碑毁人伤的结局。

自古以来，摆功排位的事情总是最难将就。尽管韩愈在撰写碑文时已经很仔细地考虑了如何在碑文里摆正相关人员的关系，在序文里一一点到了各人的功劳。但因为他在碑文中主要突出了宰相裴度在执行宪宗旨意后的运筹帷幄，引起了最先突入蔡州活捉敌酋吴元济的大将李愬夫人的不满。愬妻（唐安公主之女）进宫找到宪宗，诉说碑文不实，宪宗复命翰林学士段文昌重新撰文勒石。李愬部将石忠孝用百尺长绳拉倒原碑，磨去其上所刻碑文。为了解气，又亲自挥锤将其砸断。平淮西碑本是按圣意而立，如此毁损，有犯天条。更为严重的是，当官吏来抓他时，石忠孝非但不束手就擒，反而动手打死一名吏卒。

李商隐作《韩碑》诗，回想韩愈奉旨撰写碑文时的风采，对韩碑的意义给予了高度评价，对韩碑被毁表达了极大的愤慨。诗中以"元气"来比喻韩愈碑文的重大意义，言其早已如人体中的元气一般浸入人的肝脾。而诗人自己愿意抄写万遍，诵读万遍，哪怕是读得口角流沫，抄得手磨出老茧，也要让它千秋万代流传下去。

韩　碑

李商隐

元和天子神武姿，彼何人哉轩与羲。
誓将上雪列圣耻，坐法宫中朝四夷。
淮西有贼五十载，封狼生貙貙生罴。
不据山河据平地，长戈利矛日可麾。
帝得圣相相曰度，贼斫不死神扶持。
腰悬相印作都统，阴风惨澹天王旗。
愬武古通作牙爪，仪曹外郎载笔随。
行军司马智且勇，十四万众犹虎貔。
入蔡缚贼献太庙，功无与让恩不訾。
帝曰汝度功第一，汝从事愈宜为辞。
愈拜稽首蹈且舞，金石刻画臣能为。
古者世称大手笔，此事不系于职司。
当仁自古有不让，言讫屡颔天子颐。
公退斋戒坐小阁，濡染大笔何淋漓。
点窜尧典舜典字，涂改清庙生民诗。
文成破体书在纸，清晨再拜铺丹墀。
表曰臣愈昧死上，咏神圣功书之碑。
碑高三丈字如斗，负以灵鳌蟠以螭。
句奇语重喻者少，谗之天子言其私。
长绳百尺拽碑倒，粗砂大石相磨治。

> 公之斯文若元气，先时已入人肝脾。
> 汤盘孔鼎有述作，今无其器存其辞。
> 呜呼圣王及圣相，相与烜赫流淳熙。
> 公之斯文不示后，曷与三五相攀追。
> 愿书万本诵万遍，口角流沫右手胝。
> 传之七十有二代，以为封禅玉检明堂基。

潘老在称颂马寅初先生《新人口论》的贡献时，引用李商隐这几句诗文，一方面表明对马老著作及其意义的肯定。另一方面也直观地表达了潘老作为一个文人，对于文章能够刻石勒碑，流传千古的羡慕之情。而这种羡慕并非出自世俗名利的考虑，而是一个文人以文载道、道化万千的自然。

唐诗千百首，潘老能将此诗信手拈来，不也值得深思？

> 公之斯文若元气，先时已入人肝脾。
> 汤盘孔鼎有述作，今无其器存其辞。

这几句诗句也表达了另外一层意思，即有形的物化记录，其载体可以被毁坏，可能无法长留，但其所载之文辞，却可以借助无形的载体万古流传，作为人类社会最重要的根基吧。

六、一念成佛一念成魔

常言说，人生是一场艰难的修行。是非成败转头空，固然可以让人很容易地生出一种幻灭感，对人生的意义产生怀疑。而在现实的生活中，即便是在顺风顺水的坦途之中，各种考验和磨难都可能随时扑面而来，打一个措手不及，成魔成佛全在一念之间。

如此，更显得个人涵养、修行的重要和不易。

如此，也更彰显不断读书、读好书的意义。借助书的氤氲，与先贤对话，养浩然正气，以应对不时的侵袭。

潘序伦的一生，简单地看起来，成就巨大，为人处世皆受人赞许、尊敬，无数人为之倾倒。但即便是这样一个人物，在其生前也只是个常人，有常人的七情六欲、喜怒哀乐，有常人难以忍受的磨难、孤寂及痛苦。在其数十年生涯中，更是不时地面对成佛成魔的危险考验。这才是生活的真实，真实的人。而潘老之伟大，在于总是能保持内心深处那一点清明，在关键时刻总能够抵挡住诱惑，幡然觉醒。以下依潘序伦《一个会计学者的自述》中所讲，转述几个重要的关键。

（1）16岁考入浦东中学读书，"自恃各科考试成绩优异，经常考得第一名，骄傲自满，既于尊师之道有亏，全班同学对我也无好感。"[1] 在将毕业时，卷进了交白卷风潮而被学校开除。从此走了数年坎坷之路。

（2）受物质诱惑，违背了学习经济学的初衷投考了南京海军军官学校附设无线电报讲习班，一年半后学习期满，毕业考试五门学科都是一百分，获得该校建校以来从未有过的优秀成绩，却因为在中学里的骄傲自满，经常顶撞老师的恶习仍在发展而被"摒弃于校门之外，派在我国当时一艘最大吨位的海军巡洋舰'海圻'号，当了一名准尉级无线电收发报员。"[2] 自言"从十六岁考进浦东中学起，到二十三岁脱离海军至，我已成了一个'学书不成，学剑无门'不成材的青年了。"[3]

（3）辞去镇江中学英文教师之职回到故乡，"既无适当的工作可做，又缺乏学习、进修的机会，加上我意志薄弱，受了当时乡间坏风俗的影响，逐步陷入赌博、放浪的泥淖中。"

（4）1920年，"我已二十八岁，那年除夕夜，我听到西郊青年旧交周君准备去赴法勤工俭学，不禁怦然心动，当夜走访他，与他仔细交谈。周君说：因自己知识浅薄，没有什么前途、希望，看到许多有志青年远赴法国，用勤工俭学的方法来争取进步，所以也想去试一试。这一番话，对我犹如雷轰电击，打入我的心坎！我回家后，思想剧烈斗争，整夜失眠。年

---

[1] 潘序伦：《一个会计学家的自述》，见《潘序伦文集》，第457页，立信会计出版社，2008年版。
[2] 同上，第547-548页。
[3] 同上，第548页。

初一早晨,我唤醒我的前妻,对她说:'我过去多次走出家门,不听你的劝阻,做了不少荒唐事。我昨夜受到一次极大的刺激,决心改邪归正。从初四起,我一定和赌友一刀两断。我想到上海去报考圣约翰大学进修英语。倘有机会,我还想仿效周君的雄心壮志,出洋深造呢!'"①

(5)"自一九二七年起到一九三八年止,我所业务逐渐发展,几乎垄断了全国的会计师业务。我的收入,每年可达十数万元。对我这样一个以前曾经有过几次堕落,几次改正的人,发财致富绝不是一件好事。于是,我又在执业余闲,邀请几个游手好闲的游伴,晚间经常出入灯红酒绿的舞厅之中。可是,有几件事对我刺激甚大,……因此,我在一九三七年夏创建了一所经当时教育部批准立案的立信会计专科学校。从这以后,我经常代表本校参加大专院校联谊会的活动,与各国私立大专院校的校长为伍,与跳厅也永别了。"②

(6)1957年,好不容易走出心理困境的潘序伦,决心为社会主义建设贡献,却又遭遇一场更大的危机,被打为"右派"遭受批判,众叛亲离。但他并未因此沉沦,而是蓄须明志,苦熬二十年,终于守得云开见月明,在生命的最后阶段,迎来了钟爱一生的立信会计事业的复兴,为祖国的"四化"建设奉献出最后的力量。

七、时穷节乃见

在古代中国,文人往往受人崇敬,一方面因为他们知书达理,有文化有见识,担当得起大任,可以成为"社会的良心";另一方面是文人往往是有"风骨和气节"的,可以做到"富贵不能淫,贫贱不能移,威武不能屈""宁为玉碎,不为瓦全""三军可以夺帅,匹夫不可夺志""先天下之忧而忧、后天下之乐而乐""仰不愧于天,俯不怍于人""达则兼济天下,穷则独善其身",如此等等。

---

① 潘序伦:《一个会计学家的自述》,见《潘序伦文集》,第550页,立信会计出版社,2008年版。
② 同上,第550-551页。

这些品质和特点，在潘序伦一生做人行事中多有体现，以下仅举数例予以说明。

例一，不畏强暴济友穷。

抗战期间，马寅初先生在重庆大学任教时，因为谴责蒋介石政权和四大家族大发国难财危害国家命运而遭到逮捕，直到1942年夏天，才在社会各方的努力下被迫释放。刚从监狱里放出来的马寅初不但在政治上而且在经济上被断绝了当教授写文章的一切可能性，家庭生活陷于困境，无人敢于接济，唯有潘序伦不畏强权，出手相助。按照潘老的说法："我也略有一点不畏强暴的气概，敢于聘请他到我所创办的北碚私立立信会计专科学校担任财经教授，并请他带领子女一同在风景秀丽著名的北碚我校校舍居住。这样过了两年，被那时设在离北碚数十里青木关的国民党政府教育部部长C.C头领陈立夫所知悉了，他以教育部指令，命我去教育部见他。我去见他后，他用威胁的口吻，命令我立刻辞去马老在我校教授职务。我回校后用啼笑皆非的声音告诉了马老，他一笑置之。那时已是1945年的5月，日寇已有无条件投降之讯，因之我也不以陈立夫的指令为意。果然不到8月，日本宣布无条件投降，我于9月8日乘美国的第一班到上海来接管日军投降的军用飞机回到上海，马老也就回到了上海。"①

例二，穷且益坚，不坠青云之志。

潘老一生有许多高光时刻，但也经历过许多常人难以忍受的磨难、背叛和屈辱。但他始终坚守文人的气节和风骨。在面对高官厚禄时可以拂袖而去，不为所动；在遭受批判和凌辱时坚持忍耐，保持乐观的心态；在生活困窘到难以为继时，也依然保持风度。堪称士人的典范。

罗银胜先生著作中亦曾引述蔡经济给潘老寄送钱物的往事，并在其后补述了其他一些情况：

潘序伦他那紧锁的双眉刚有所舒展，嘴角边才浮现出微笑，1966年，

---

① 潘序伦：《对马寅老生平的认识及点滴回忆》，见《潘序伦文集》，第533页，立信会计出版社，2008年版。

史无前例的"文化大革命"开始了。十年动乱期间，他遭受了难以忍受的冲击。身经磨难，审查、批斗、检讨、抄家……欲置之于死地而后快。

红卫兵和革命造反派要潘序伦交代所谓的"罪行"，并要支撑衰老的身体，去接受"监督"劳动。他只好下放到上海纸品一厂从事"惩罚性"的劳动，该厂的造反派多次上潘序伦家里抄家……

可潘序伦叩心无愧："我一生培育会计人才，我到底在什么地方得罪了他们？"自杀不失为一种抗议手段，但他才不去干那种傻事呢！

出于对会计事业的执着追求，潘序伦身居陋室，伴着孤灯一盏和书卷几箱，自甘寂寞，安之若素；岁月流逝，始终不渝。[①]

正是因为这种坚韧，潘老才能活着等到了改革开放的春天，并在那个令人激动的时代尽情绽放，为恢复他一生钟爱的会计事业燃尽了最后的生命。

八、取之于社会、用之于社会

从古典文化中吸收的营养，既决定了潘老的思想境界和高度，也决定了潘老为人行事的准则。而一个人处世的态度，最典型则是体现在聚财用财，对待财富的态度方面。

潘老在用财方面，始终坚持"取之于社会、用之于社会，取之于会计、用之于会计"。而其思想根源，则是《汉书·疏广传》中所说："贤而多财，则损其志；愚而多财，则益其过。"潘老从这个观点中领会总结出了自己对待财富的态度。他曾经说道："我认为，多财总是一件好事，但一个人多了财富，首先应当考虑用财之道，应当把多余之财，用于有益于人民大众的事业上。我一生聚财、用财之道，就是遵循这一主旨的。"[②]

[①] 这部分文字引自罗银胜《经世济民——中国现代会计之父潘序伦的家国情怀》。感谢罗银胜先生，在书稿尚未出版时便让我能有机会先睹为快，并从中获得许多重要启示。关于蔡经济先生给潘老寄物的史实，参见蔡经济：《潘序伦博士百周年诞辰有感》，见《立信往事》，第6页，立信会计出版社，2013年版。

[②] 潘序伦：《潘序伦回忆录》，见《立信往事》，第447页，立信会计出版社，2013年版。

潘老是这样说的，也是这样做的。我们根据《潘序伦回忆录》及其他一些资料整理汇总出潘老一生的捐献情况如下：

- 捐资 1 万元，并替王志莘垫支 3 000 元，设立"思源助学基金"，以"饮水思源"之义，以感恩南洋烟草公司简照南先生当年资助 1 万元供他留学。
- 与简照南先生选派赴英美留学的学生 50 余人捐资修建"思源亭"。
- 把 1927 年以后几年学费结余款项为学校购置几所校址。
- 1937 年，把"立信会计丛书"的版权（每年可收版税约 4 万余银元）全部捐赠给立信会专，把个人历年积累的银元 6 万元捐赠给会专作为建校基金。
- 抗战后从重庆回到上海后，把长乐路五开间三层楼的一所住宅，捐赠给专校作为临时校舍，后成为夜校部永久校舍。
- 建造徐家汇新校舍时，出资 1 万美金，建造了一座体育馆。
- 解放初，各地几十座校舍及大量图书设备，上海专科学校现款人民币 45 000 余元，重庆高职校现款 5 000 元，全部移交归公。
- 1979 年，把抄家财物作价 8 万余元，4 万元捐赠作为上海市会计学会基金。随后又把家中个人藏书中的会计类藏书捐赠上海市会计学会作为研究资料。
- 1980 年，立信复校时，捐赠 3.5 万元给学校，作为优秀学生的奖学金。
- 1985 年故世后，家中全部图书资料捐赠给立信图书馆收藏。

因为时事推移，不同时期的物价和货币价值各有不同，我们无法确切地计算潘老这些捐赠的具体经济价值。对此，我们亦难以多置一词。只是想到范仲淹《岳阳楼记》中那响彻千古的名句：

嗟夫！予尝求古仁人之心，或异二者之为，何哉？不以物喜，不以己悲；居庙堂之高则忧其民；处江湖之远则忧其君。是进亦忧，退亦忧。然则何时而乐耶？其必曰"先天下之忧而忧，后天下之乐而乐"乎。噫！微斯人，吾谁与归？

＊　＊　＊

潘序伦一生与书为伴，书成就了他，而他本身也活成了如许多书中所描绘的人物。尽管他有留洋的经历，且通过对西方社会和历史文化的深入钻研，真正做到了学贯中西，并在引进西方现代会计学，推进中国会计的现代化发展方面做出了巨大贡献，但他本质上，依然是一个十分典型的中国传统知识分子，具有传统士人的风骨和学养。一生只为天下谋。毫不利己，专门利人。

潘老在回忆文章中，曾多次说到自己受封建思想影响很深。比如在《潘序伦回忆录》中就曾写道，上海解放后，顾准"来我家劝我弃暗投明，在上海市人民政府下担任一个职务，为国家为人民效力。但我因前半生受封建主义和资本主义思想的影响较深，一时尚难解脱，就对顾准说：'我以一个再醮妇的身份（指我已失足担任过国民党蒋政权下的高级官吏），来担任人民政府的公职，必将使十分为难。因为在必须表态的场合用进步的口吻来发言，有许多和我同样处境的人们会骂我为投机分子，无耻之徒；用落后的口吻来表态，又担心要为自己带来不良后果。因此，还是让我闭门思过，等一段时间再说罢！'我就这样自视清高，不问政治，回绝了他的好意。"①

在纪念马寅初的文章中也写道："1949年5月上海解放，顾准随着陈老总到了上海，首先就来看我，要想给我以什么市人民代表的名义。我当时封建思想余毒很深，自己认为已一度做了国民党政府的高级官吏，不宜再去做再醮之妇，所以坚决拒绝，闭门在家专心从事会计编译工作。"②潘老所说那些封建思想的余毒，可能就是这各种书籍在他心中形成的诸如"忠臣不事二主""忠孝节义"等观念吧。一定程度上，也是因为受这些观

---

① 潘序伦：《潘序伦回忆录》，见《立信往事》，第450页，立信会计出版社，2013年版。
② 潘序伦：《对马寅老生平的认识及点滴回忆》，见《潘序伦文集》，第534页，立信会计出版社，2008年版。

念影响，潘老在经过"三十年的长期改造和教育之后，在打倒'四人帮'之后，才能以我会计的工作，拼着老命，想为'四化'作出一点贡献。"①这实在是很大的遗憾，也足以证明那些封建思想害人不浅。不过，从另一方面，那些看起来不合时宜乃至害人不浅的观念，也正是潘序伦之所以成为潘序伦的可敬之处吧。

单就读书而言，潘老自是当得起"饱读诗书""学富五车"之类的赞誉的。在当今这个凡事皆讲求"实用"，许多人追问读书究竟有什么用的时代，潘老的读书、藏书，可以算做一个传统中国读书人的典型范例吧。为了回答当下人为人之学的疑问，我们在撰写本书的过程中，努力从潘老的书信、讲话、文稿中，去找寻潘老"用"书的例证，并举以下数例，作为佐证，也勉强作为本章的结尾。但我们其实知道，对于潘老而言，书的真正价值和意义，在于其无用之用。因为正是这些书，以其无形的力量养育了他这个人，成就了他无与伦比的精神世界。

你们的来信是在本月十二日寄发给我的，但我直到今天才握管作复，"非敢缓也，盖有待也"（引自欧阳修之泷冈阡表）。
——潘序伦，1981年9月25日写给"八零届会计四班全体师生"的信

记得岳飞在他所作的《满江红》词中，有"莫等闲白了少年头，空悲切"。我想诸位同学都是抱着"天天向上"的雄心壮志，决不会把少年头等闲白了的吧。

《论语》有云："子路人告之以有过则喜"。还有"忠言逆耳利于行"。
——《潘序伦名誉校长在复办以后专科第一届毕业典礼上的讲话》

---

① 潘序伦：《对马寅老生平的认识及点滴回忆》，见《潘序伦文集》，第534页，立信会计出版社，2008年版。

第五章 西学为用

从《圣经》到会计

基督教圣经有言："耶稣是世界上的光，是世界上的盐"。我觉得这两个字在事业的立场，用之于会计极为恰当。因"盐"是事业的防腐剂，"光"是事业的指南针。

——潘序伦，一九五一年，元日

一、有用与无用之间

本章讨论的重点是西学对潘老一生的影响及在他的事业、工作、生活中所起的作用，通过各种信息资料考察数十年对西方学问及历史文化的浸淫，如何影响了潘老的为学为人，如何影响他会计事业的发展。以"西学为用"为题，是因为惯常中人们有"中学为体，西学为用"之说。这种说法，其实是在清朝末期社会经济和思想文化的大变革中，洋务派在处理中西文化作用关系、应对外部挑战、处理内部矛盾冲突时总结出来的基本原则，作为洋务派办理洋务、进行社会变革实践的指导思想。其核心主张，是以中国伦常经史之学为原本，以西方科技之术为应用。其最早为晚清思想家、散文家，改良主义之先驱人物冯桂芬[①]所提出。冯桂芬在任李鸿章幕僚期间，完成了其政论代表作《校邠庐抗议》四十篇，提出"以中国之伦常名教为原本，辅以诸国富强之术"。后来，张之洞在其《劝学篇》中全面阐发了"中学为体，西学为用"的思想，成为洋务派的思想武器。张之洞在《劝学篇·设学》中讲"中学为体"，强调以中国的纲常名教作为

[①] 冯桂芬(1809—1874)，字林一，号景亭，吴县(今江苏苏州)人。晚清思想家、散文家，改良主义的先驱人物。曾师从林则徐。道光二十年(1840)进士，授编修。咸丰初在籍办团练，同治初入李鸿章幕府。少工骈文，中年后肆力古文，尤重经世致用，精历算、勾股之学。尝避兵至上海，总司江南机器制造局添建广言馆事，培养西学人才。先后主讲金陵、上海、苏州诸书院，最早表达了洋务运动"中体西用"的指导思想。著有《校邠庐抗议》《说文解字段注考证》《显志堂诗文集》。

决定国家社会命运的根本;"西学为用"则是强调采用西方资本主义国家的近代科学技术,效仿西方国家在教育、赋税、武备、律例等方面的一些具体措施,举办洋务新政,以挽回清王朝江河日下的颓势。其中,"中学"是指以孔孟之道为核心的儒家学说;"西学"是指近代西方的先进科技,"西学"为"中学"服务。

这一思想,在处理西风东渐下继承与发展的关系,尤其是调和统治阶级顽固派和改良派之间的矛盾方面,具有重要的积极作用。但在具体实践上,却依然存在强烈的乃至完全无法调和的矛盾。其根源在于,一方面:西学与中学,本来就是两个基于不同的社会历史、完全不同的文化体系,其间差异巨大,虽然在理念上并非不可并存,然而一旦涉及具体实践,则矛盾立显,很难调处;另一方面,则是"体"与"用"的关系,并非黑白分明,彼此之间可以把界限简单地划分清楚,相反却是矛盾重重、左右支绌。在后世发展中,人们关于"用"的理解变得日益狭隘,仅仅将"用"理解为现实的、物理(物质)意义上的使用,如此形成关于"用"之理解上极端的教条主义和实用主义。最终造成的结果就是,所有被视为"无用"的学问、知识、技能等,皆被视为抛弃的对象。也因此使人这一本来应该具有十足灵性的物种,堕落成为只有物质和物欲的存在,而人本身也被当作物来对待。

因此,在开展具体的考察研究之前,本章首先联系潘老藏书及相关知识,就"用"的意义做一个粗浅的阐释。

思考"用"的意义,首先需要考虑关于"用"的两个极端:

一个是万事都问"有用吗",然后将所有认为无用的人、事、学问等都直接打入另类的极端"实用主义"理解。放在现实中,即是一切向钱看、以功名利禄为根本目标指向,极端物化,极端功利主义的行为和观念。

另一个则是曾经为复旦人引以为傲、视作其灵魂的"自由而无用"。其超出了对"用"的狭隘理解,强调大学因"无用"而有"大用",反对过度现实、功利、浅薄、狭隘、自我的有用观。强调"大用",意味着并不要让其"效用"立刻"变现",而是要在很长的时间光谱上呈现开来。

其最基本的或者说是根本的内涵,是认识世界和人的复杂性,认识在物质(有)之外非物质(无)的存在。无论是世界还是人,除了物质化表现的"有"之外,与之相对的"无"同样是一种重要的存在,是构成这个世界、构成人的至为基础且重要的成分。

从文字学的角度来讲,"用"是汉语通用规范一级字,其使用广泛、含义丰富。"用"之一字,始见于商代甲骨文,作桶形,是"桶"的初文。桶可使用,故假桶形表用。《云梦秦简》"用"假作"桶",正好证明古初"用"即"桶"。最初"用"的基本形体是以三竖表示组合桶的木板,用横线表示把木板串联起来箍成桶。《说文》本义为施行、行用、使用。引申指任用、治理等。甲骨文、金文中又特指杀牲祭祀。

应用于现实生活中,则有大用、小用之分。犹如通常所谓"道"与"术"之分别。联系到读书、学习,则可对"用"作进一步的区分。大体分为"有用之书"和"无用之书"。

潘老的外语藏书大多属于"无用之书",只有一少部分可以归为"有用之书"。大体分类如下。

(一)"无用"之书

1. 宗教类

这类藏书包括:*The Bible*(《圣经》)、*The Holy Bible*(《圣经》)、*Bible History*(《圣经故事》)、*Children of God: An American Epic*(《上帝之子:美国史诗》)、*God's Ravens*(《上帝的乌鸦》)、*God is My Adventure*(《上帝是我的奇遇》)、*Drawing Nigh to God*(《接近上帝》)、*God's Candlelights: An Educational Venture in Northern Rhodesia*(《上帝的烛光:北罗得西亚的教育冒险》)、*International Bible Commentary*(《国际圣经评论》)等。

《圣经》是西方社会影响至为深广的一部著作。从最早成书的《约伯记》（3500年前左右，约公元前1500年）到最后成书的启示录（公元90—96年之间），历经1600年左右，共有超过40位作者。这些作者多为犹太人，其文化水平、身份地位和职业各有不同，其中包括君王、先知、祭司、牧人、渔夫、医生等。就内容而言，《圣经》是一部耶和华神应许和拯救其选民以色列人的故事，是关乎神的传记。《圣经》又是一部关乎犹太民族，自埃及奴隶经历黄金时代终至成为巴比伦之囚的民族历史，是一部犹太民族传记。

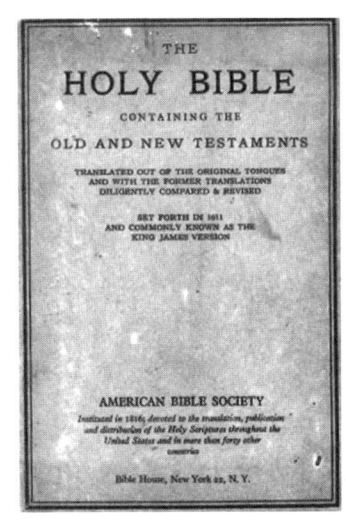

潘老所藏《圣经》之一种，美国圣经学会（American Bible Society）1933年版

《圣经》在西方社会影响巨大而广泛，早已超出宗教范围。其教义渗透在社会的各个阶层，影响力遍及哲学、政治、经济、制度、伦理、法律、文学、艺术乃至日常生活的各个方面。

在最终遗存下来的潘老西文藏书中，此类书数量最多，表明潘老于此用功很深，也甚为看重。其最直接的证明，即是本章题头所引潘老有关"光"和"盐"的理解，以及将其类推于自己为之奉献一生的会计领域。也证明潘老研习《圣经》，并非作为一种宗教信仰，而是将其作为理解西方社会，理解西方制度、文化和人的至为深刻的学问。正如要理解传统的中国人和中国社会，必须于四书五经、老庄哲学等用功一样。

对此类书籍的深入研读，也才能使他真正了解西方社会，了解其制度和人，并与本土文明相对照，真正达到通古彻今、学贯中西，深刻理解人类社会本质的境地。从一定意义上说，此类阅读，完全是在精神的领域用功，是最"无用"的学问。但她影响并塑造一个人的心灵、丰富和净化人的精神世界，产生信仰、敬畏、怜悯、友善和爱，最终影响甚至决定一个人的为人行事，因而具有重大价值。

2. 传记类

这类藏书包括：*George King: Medical Evangelist*（《乔治·金：医学布道者》）、*Selected Letters of William Cowper Biography*（《威廉·柯珀传：书信选》）、*A Roving Commission: My Early Life*（《丘吉尔自传》）、*Heroes of Modern Europe*（《现代欧洲英雄》）；*The Victory of Paul Kent*（《保罗·肯特的胜利》）、*George Bernard Shaw*（《萧伯纳》）、*Christina Alberta's Father*（《克里斯蒂娜·艾伯塔的父亲》）、*God Protect Me From My Friends*（《上帝保佑我不受朋友伤害》）等。

人物传记是许多人喜爱的文学作品，是遵循真实性原则，用形象化的方法记述具体人物的生活经历、精神风貌及其历史背景的一种叙事性文体。其文体特点是真实性和文学性并重，因而广受人们喜爱。一些人更可以从一些重要（成功）人物的传记中，学习吸收许多有用的经验和激励。潘老藏书中如此众多的传记作品，且能陪伴他到生命的最后一刻，是否可以理解为他本人具有很浓厚的英雄情结？也是这种情结，让他能脱离一个凡人对日常生活和金钱、享乐、功名利禄等一些世俗所重的东西的追求，把自己放在一种更高的层次和境界，借此激励和约束自己的行为，在精神层面支持着他坚韧不拔地面对惊涛骇浪，乐观地承受生活中的磨难和不公，为了自己钟爱的会计事业奋斗终生。舍弃小我成就大业，差不多是所有伟大的英雄人物共同的特点。

3. 文学类

这类藏书包括：*Three Famous Murder Novels*（《谋杀小说名作三种》）、*Tales From Shakespeare*（《莎士比亚故事集》）、*The History of Pendennis: His Fortunes & Misfortunes, His Friends & His Greatest Enemy*（《潘丹尼斯的历史》）、*The Table Talk and Omniana of Samuel Taylor Coleridge*（《枯立支语录》）、*Strange Stories From a Chinese studio*（《聊斋志异》）；*Tales by Edgar Allan Poe*（《普的短篇小说》）等。

文学作品是童稚的食粮，成人的童话。是一种用口语或文字作为媒介，表达客观世界和主观认识的方式和手段。当文字不单单用来记录，而被赋予其他思想和情感，并具有了艺术之美，则可称为文学艺术。文学通常采用诗歌、散文、小说、戏剧、寓言、童话等不同体裁，借此表达内心情感，再现一定时期和一定地域的社会生活。

文学最基本的功能是认识功能、教育功能、审美功能和娱乐功能，除此之外还有凝聚功能、益智功能、心理补偿功能等。文学功能不是孤立存在的单独个体，而是一个相互渗透的整体，它对人的情感、理想、信念、道德、人格都有潜移默化的影响。

作为文化人的潘序伦从小嗜书，书籍给予他无尽的营养和慰藉。书和书中的故事，一定程度上甚至构成潘老本身的生活。潘老的侄孙潘曾锡曾记述潘老蒙难期间，他去看潘老，潘老请他打"牙祭"，潘老在饭桌上给他讲了一个故事："一夕，夜深人静，纽约荒郊一小屋中，有一老者，倚窗凝望，只见远处荒冢累累，皆是生前少壮不努力、虚度光阴、一事无成，老来被社会遗弃的一群流浪汉、盗贼、光棍、吸毒者、囚徒的最后归属地。老者触景生情，感到自己一生无异远处荒冢的众多逝者，不由悔恨交加，凄然泪下。就在这时，突然发觉此乃南柯一梦，自己还正当青春年少。就此，他发奋图强，最终成为美国一位名人。"①

我们无法知道这个故事的来历，但可以肯定，磨难中的潘老是以书中这样的故事激励自己的侄孙，也借以激励自己。我们相信，在生命中许多时刻，一定是那些书中的人物和故事陪伴着潘老，陪着他忍受孤独和寂寞，陪伴他抵抗死亡的威胁，抵抗来自外界的摧残和屈辱。

(二)"有用"之书
1. 社会类

这类藏书包括：*Believe It or Not!*（《不管你是否相信》）、*Valley of*

---

① 潘曾锡：《难忘的往事——缅怀叔祖父潘序伦》，见《立信往事》，第 74-75 页，立信会计出版社，2013 年版。

Power（《权力谷》）、*If I Were King*（《我若为王》）等。

人是社会动物，了解社会，研究社会，深刻理解社会的实质和生活的意义，理解社会中的人，是在社会中生活最基本的能力之一。借助此类书籍，了解西方社会，理解其中的一切，包括制度、人及社会关系，是人们理解西方文化的基本手段。

2. 地理类

这类藏书包括：*The Valley of Diamonds*（《钻石谷》），*A Golden Highway*（《黄金大道》）等。

地理对于人类生活具有重要意义，在于一方面，不论是作为个体的人，还是作为一个整体的族群，总是生活在某一具体的地理环境之中，各种地理因素对人和由人构成的社会集体的生活产生深远影响。地理因素不仅塑造人的身体，也塑造人的精神。所以，对地理因素的兴趣和探索，根深蒂固地长在每个人内心，也促使人们通过旅游、探险、战争、商贸等多类不同性质的活动，不断探求外面的世界，扩大地理认知。自然，阅读地理类书籍也是一个不错的选择。地理类书籍对潘老具有重要意义，因为他是一个胸怀世界的人。因此，青年潘序伦在完成博士学业之后，并没有急匆匆直接回国，而是"赴欧洲各国游历，行经英、法、德、意、瑞、比诸国，旋乘法国邮船返国"①。在潘老留下来的照片中，也有一些旅游照，比如本书开头所用游览雁荡山的照片，那是他与世界、与自然的对话，与自然融为一体，感受活着的意义。

3. 时事类

潘老英文藏书中唯一一种时事类图书，是苏联出版的英文版 *Face to Face With America*（《直面美国：赫鲁晓夫访美纪实》）。它代表的是具有国际视野、关心国家大事的潘序伦在特殊时代里对影响世界格局变化的重大事件和人物的关注。

---

① 《会计学者潘序伦返沪》，《申报》第 18508 号（上海版），1924 年 9 月 6 日第 18 版。

4. 技术类

这类藏书包括：*Experiment in the Film*（《电影中的实验》）和 *The Household Painter*（《粉刷匠》）。关心各种技术及其进展，应该是一个现代人的一种基本素养，因为技术发展直接影响乃至彻底改变我们的生活。电影是诸多艺术门类中一门较为年轻而且发展迅速的艺术，同时它也是运用科学技术催生的产物。电影的出现，不仅使人类获得了一种全新的感知世界的经验，而且产生了一种新的电影思维的方式。正如本书书名所意涵的，电影中包含各种技术和观念的实验，带给人们一种特殊的创造的快感和体验。收藏并阅读这样一本书，代表了一种对技术和新观念的好奇。这是一位关注世界变迁的优秀人文科学研究者需要具备的基本素质。

（三）"有用"却"无用"：会计及经济类书籍

潘老藏书中，会计和经济类书籍，自然应该是最有用的书籍。但从另外一个角度来看，在潘老心目中，这类书籍却同时又是最无用的。理由是：在我们所看到的最后的这一批藏书中，竟然没有一本会计和经济类外语原版书。

这真是很奇怪的事。当然，这也并不是说在潘老心目中会计和经济类书籍就真的无用。从潘老一生学习工作的实际，以及我们从其他资料里获得的各种一星半点的信息来看，潘老的藏书中，肯定是有许多会计和经济类外文书籍的。这些书籍究竟有多少？最后又去了哪里？在撰写本书的过程中，我们带着这些问题做了一些专门的调查研究和资料收集。情况如下：

（1）潘老学成归国后，不久即撰写了两部英文著作：*Bookkeeping and Accounting*（《簿记及会计学》）[1] 和 *Corporation Finance*（《公司财政》）[2]。随后，为解决会计教材问题，在会计师事务所内设置编译科，潘老亲自领导，配备了一批专职人员，开始编译簿记、会计、审计等书

---

[1] *Bookkeeping and Accounting*（《簿记及会计学》），英文版，商务印书馆民国十五年（1926）6月出版。

[2] *Corporation Finance*（《公司财政》），英文版，商务印书馆民国十七年（1928）9月初版。

籍。这个过程自然免不了要使用英文原版书籍。"鉴于当时我国会计名词极不统一,各种书刊的译法都不一样,给编译工作、读者和实务工作者都带来不少困难。于是我组织编译工作同仁,不时探讨,收集了会计名词2 400余条,每条先把国内会计书刊原有的翻译名词开列出来,然后从中选定一个适当的译名或者由我们暂拟订一个统一的译名,并加以注释。"① 于1935年由商务印书馆出版发行《会计名辞汇译》(中英文对照)。截至1936年底,立信编译所编译的各类簿记、会计和审计书籍多达50余种。

抗战胜利后,为了集中精力研究一些会计新理论,解决因为连年战乱引致的引进介绍西方最新会计理论发展方面的断档问题,潘老又组织力量成立了"立信会计编译社",并派人从中国香港、美国购入一些最新的会计著作,打算把国外有重大贡献的会计新著,"私拟在二三年内,秉述而不作之志,逐译二三十种,使我国会计学子,多得新颖读物,总名之曰立信会计译丛,作为'立信会计丛书'之新篇。俟至相当阶段,再将前著'立信会计丛书'陆续改编,以适应我国新的环境及需要。"② 于是我们看到,1949年8月和1950年5月,由潘老亲自翻译的《公司会计准则绪论》和由潘葆墀翻译的《会计原则述要》出版发行。这是潘老三年翻译计划的开启之作,也是战后中国会计学界急起直追,引进和学习西方最新会计理论的标志性作品。

有证据表明,即便是在抗战期间国际交通几近断绝的情况下,潘老和立信事业几家单位依然努力保持着与外部世界尤其是美国的联系,随时了解西方会计理论和实务的发展。因此,在战争结束后不久,潘老就派人赴中国香港和美国收集最新的会计论著,并在上海解放前夕重组编译社,制订了颇具雄心的翻译计划。《批判右派分子潘序伦在会计方面的反动言行》

---

① 《潘序伦回忆录》,《立信往事》,第439页,立信会计出版社,2013年版。
② 见潘葆墀译,《会计原则述要》,立信会计图书用品社发行,1950年版,潘序伦撰《立信会计译丛总序》。

中说道:"在上海解放前夕,潘序伦就托人去中国香港地区和美国搜罗大批所谓'最新',也就是最反动的资本主义会计书籍。"① 尽管批判者所谓"大批"无法核实究竟是多大数量,但也从另一个方面印证了潘老确曾托人搜集境外最新的会计著作。《顾准文存》中的记录,也可以间接证明这一点。根据顾准的记载,1962年9月他到上海出差调研时,曾去潘老家中要些会计书籍作为研究资料,"他说他现在根本什么书也用不着了,让我就他家中所存的书自己挑选,共挑了二三十本,都是上海解放后两三年间他搞会计研究时置办的。"② 说明潘老这一时期的购书具有持续性。我们大概率可以推断,顾准当时挑选去的潘老藏书是外文原版书,因为这一时期的顾准刚刚进入经济研究所,他来上海调研的目的,就是思考和研究如何改变苏联会计造成的不良影响。

(2) 为了搜寻潘老会计类藏书的去向,我们查阅了上海立信会计金融学院图书馆的馆藏,发现了一些盖有"上海市会计学会"藏书印的书籍,其中包括数种会计和经济类英文原版图书③,证明潘老确实有此类藏书,但之前因为各种原因可能有过一些流失,包括顾准拿走的二三十种。最后剩余多少,无法确知。唯一可知的是,此类图书中的剩余部分,连同中文版会计、经济等类图书一起,在1979年上海市会计学会成立之初捐赠给了该学会作为研究资料。后来,很可能是在立信会计专科学校复校以后,为了解决学校图书资料不足的问题,其中部分图书又回到立信归图书馆收藏使用。后来,其中一些图书退出流通作为特藏保存。

二、书中的世界

《华严经》有云:"佛土生五色茎,一花一世界,一叶一如来。"对于世人而言,一本书便是一个世界,许多不同的书加在一起,就可能构成整

---

① 上海财政经济出版社编辑:《批判右派分子潘序伦在会计方面的反动言行》,第11页,上海财政经济出版社,1958年版。
② 顾准:《顾准自述》,第61页,中国青年出版社,2002年版。
③ 参见第一章表1-2。

个世界。以此来说,拥有了书便是拥有了世界,读书也便是阅读世界,与世界对话,开展沟通和交流。

潘老的许多英文版藏书,既是他了解世界,广泛地理解外部世界和人类行为的有效工具和渠道,也是他在那些与世隔绝、苦难无边的日子里,与先贤对话,同世界交流,云游世界,从中获得慰藉的最便利津梁。

1. 人手必备话《圣经》（Bible）

潘老西文藏书中,以《圣经》数量最巨。光是不同版本的《圣经》（包括：*The Bible*，*Bible History*，*The Holy Bible*）就有 5 本,加上其他与上帝相关联的书,共 11 本,在全部 34 种（本）西文图书中占比 32%。

《圣经》（Bible）是犹太人和欧洲人的信仰经典,讲述古时犹太人、耶和华的历史,并记录先知预言。当犹太教经典大量译成希腊文本后,希腊文"Ta biblia"（复数,原意为"诸书"）遂被用以专指这些经典,拉丁文衍为单数词 Biblia,后成为犹太教、基督教正式经典的专称,汉译作《圣经》。在西方世界,《圣经》几乎是人手必备的随身书籍,对西方世界人的观念、行为及秩序构建具有重要的意义。

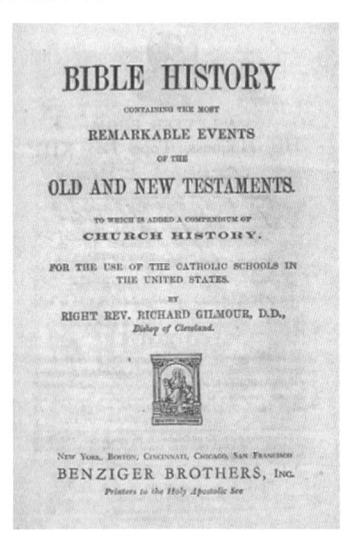

潘老所藏 *Bible History*（《圣经故事》），Benziger Brothers Inc. 1936 年版

需要说明的是，潘老并非基督徒，他收藏这样多不同版本的《圣经》，与他在圣约翰大学读书时曾修习相关课程有关。《潘序伦回忆录》中写道："圣约翰大学，原是美国教会通过在我国办学的方式，对我中华进行文化侵略的工具。学校原设宗教科目为必修课，所用课本就是《圣经》。每逢星期日，全体在校学生照例到学校专门设置的教堂里去'做礼拜'。但是，这种诱惑加强迫的手段，并未能使我信仰上帝，因我之所以进入圣约翰大学，完全是为了学好英语。"① 之后的留学和从业经历，自然会使潘老对《圣经》及相关知识的理解更加深入，从"被迫"接受到主动探索研究，有了更多收获。有证据表明，潘老研读《圣经》，乃是将其作为一种人类知识和智慧的结晶，从中汲取养分，更是理解西方社会的一种重要渠道和手段。在重庆期间的一次演讲中，潘老曾谈到他对《圣经》中一种比喻的理解，并将其引申到会计事业中来。他说："基督教《圣经》有言：'耶稣是世界上的光，是世界上的盐'，我觉得这两个字在事业的立场，用之于会计极为恰当。因'盐'是事业的防腐剂，'光'是事业的指南针。"后来他把这段话特别抄录出来赠送给一位同学。这一宏论也见刊于《计人月刊》②（见下图）。对于一个醉心事业和学问的人，处处留心皆学问。真的学问家，可以从古今中外各种文明的成就中汲取养分，而非坚持狭隘的专业和门户之见。

《会计人员与"盐"》载于《计人月刊》1945年第二卷第二期第5页

---

① 潘序伦：《潘序伦回忆录》，第19页，中国财政经济出版社，1986年版。
② 《计人月刊》，1944年7月创刊于浙江云和，属于经济类会计刊物。由计人月刊社编辑发行。停刊时间及原因不详。

2. 比肩《名利场》的又一部杰作：《潘丹尼斯的历史》（*The History of Pendennis*）

《潘丹尼斯的历史》（*The History of Pendennis*），是潘老英文藏书中出版时间最早（1849年）的一部著作。这部长篇小说是与狄更斯齐名的维多利亚时代英国代表小说家威廉·梅克比斯·萨克雷（William Makepeace Thackeray）中年时代的一部重要作品。

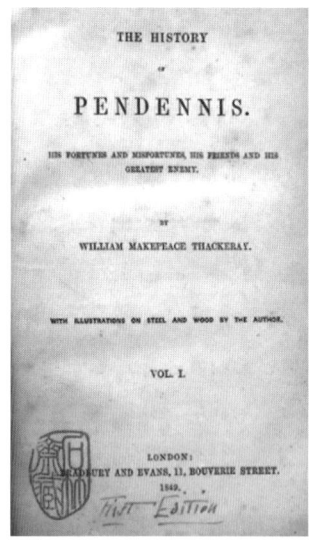

威廉·梅克比斯·萨克雷著，《潘丹尼斯的历史》（*The History of Pendennis*）扉页

英国小说家威廉·梅克比斯·萨克雷（William Makepeace Thackeray）

《潘丹尼斯的历史》（*The History of Pendennis*），中文译名又作《班迪尼斯》，是继《名利场》之后萨克雷的又一部重要长篇小说。该书讲述的是一个可爱而又出手大方的年轻人的经历，很明显其中许多描述的是作者自己生活的写照。

威廉·梅克比斯·萨克雷（1811年7月18日—1863年12月24日），是英国著名的批判现实主义作家，与狄更斯齐名，为维多利亚时代的代表性小说家。他著有多部小说、诗歌、散文、小品，以特写集《势利人脸谱》（1847 年）和成名作长篇小说《名利场》（1848 年）最为有名。

在萨克雷众多作品中，《名利场》是最具代表性的作品。该书以辛辣讽刺的手法，真实描绘了 1810—1820 年摄政王时期英国上流社会没落贵族、资产阶级暴发户等各色人物的丑恶嘴脸和弱肉强食、尔虞我诈的人际关系。这部小说篇幅宏大，场面壮观，情节复杂，心理刻画深入，其尖锐泼辣的讽刺风格更为精彩。这本书在 1847 年问世，是萨克雷首次用自己的名字发表的小说，因其对社会的批判和意义被看成是他众多小说中最具代表性的一本。萨克雷也因《名利场》一书而享誉世界，叱咤文坛。马克思曾赞誉萨克雷与狄更斯等作家是英国"一批杰出的小说家"。

3. 莎翁剧作的世界性普及读本：《莎士比亚戏剧故事》（*Tales From Shakespeare*）

本书是由英国 18 世纪著名作家兰姆姐弟二人（查尔斯·兰姆与姐姐玛丽·兰姆）共同改编的莎士比亚戏曲故事集。初版于 1807 年。原是为英国儿童写的通俗读物，现已成为全世界莎剧初学者的入门读物。书中精选莎士比亚最著名的 20 部戏剧，其中喜剧 12 部，包括《暴风雨》《仲夏夜之梦》《无事生非》《皆大欢喜》《威尼斯商人》《第十二夜》等；悲剧 8 部，包括《罗密欧与朱丽叶》《奥赛罗》《哈姆雷特》《麦克白》《李尔王》等，囊括了莎士比亚在各创作时期的不同作品类型。两人在改编时重点考虑让孩子们能读懂这些戏剧，同时也向原著表达了热情的敬意。正如作者在引言中指出的那样，他们的悲剧版本倾向于依赖原著的语言，而喜剧则更自由地改编。

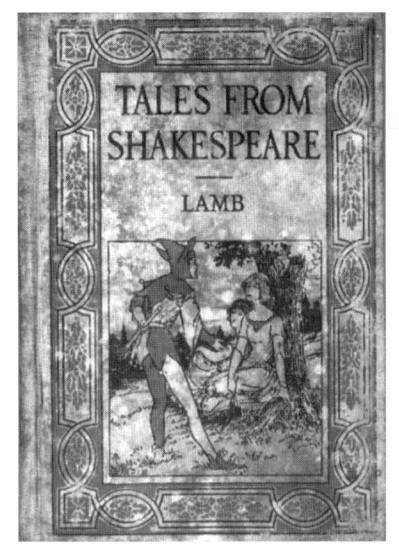

Tales From Shakespeare,
By Charles and Mary Lamb,
Ginn and Company, 1915

4. 享誉世界的蒲松龄著作经典译本：*Strange Stories from A Chinese Studio*（《聊斋志异》）

***Strange Stories From A Chinese Studio*，
（《聊斋志异》），Translated and annotated by Herbert A. Giles,
Third edition revised, Kelly & Walsh, Limited, 1916，封面及扉页**

清代文学巨匠蒲松龄的《聊斋志异》，是我国传统历史文化银河中一颗璀璨的明珠。全书491个短篇，成功塑造了众多典型的艺术形象，人物鲜明生动，故事曲折离奇，文笔简练，描写细腻，堪称文言短篇小说的巅峰之作。《聊斋志异》不仅在国内家喻户晓，而且被翻译为外文，受到了世界其他国家人民的喜爱。有学者认为，"在中国古典文学名著中，《聊斋志异》是拥有外文翻译语种最多的一部小说，同时，也是中国古典文学作品中外文版本最多的一部，达近百种。"[①] 潘老所藏的这一版本由翟理斯（Herbert A. Giles）翻译（图5-7），通常称为"翟理斯本"，堪称众多英译本中的集大成者，再版次数最多，影响最大。

---

① 李林峰等:《〈聊斋志异〉的英译历史及其国内研究的现状与未来》,《世界家苑·学术》,2018年第5期。

翟理斯这个英译本，是译者花两年时间完成的。《聊斋志异》原著16卷491篇故事，翟理斯选译了其中164个故事，1880年由伦敦德拉律公司（Thomas De LaRue & Co.）出版，题为《聊斋志异选》（*Strange Tales From a Chinese Studio*）。1908年，上海别发洋行（Kelly & Walsh, Limited）和纽约佳作书局（Paragon Book Gallery）重新出版该书，1916年、1926年、1936年经上海别发洋行三次再版发行。当代以来，美国纽约多佛出版社（Dover Publications）、新加坡格雷布拉出版社（Graham Brash Publishing）、美国塔特出版社（Tuttle Publishing）先后于1969年、1987年、2010年重新出版该译本。多次再版发行，使这一译本成为中文著作外译本中的经典。

该书原作者蒲松龄，是旧中国封建时代一名典型的乡村读书人，私塾先生，也是一位伟大的现实主义文学家。他一生十次赶考，理想是考取功名，光耀门庭，却每次都铩羽而归，进而转向教书和文学领域，从事写作。他的短篇小说脍炙人口，格律诗词、书信案牍、碑记桥启、医药农书，写的无不生动活泼，既文采飞扬又典雅别致。尤其是短篇小说，充分地展开想象，笔底生花，上天入地，无拘无束，笔纵万里，塑造了一个光怪陆离但又不乏真情的鬼怪世界。

康熙十八年（1679），年届四十的蒲松龄受聘来到淄川县忠信乡西铺庄毕家（明代一户部尚书儿子家）做塾师，教授东家毕际有的八个孙子读书。在毕家他一待就是30年，在这里他完成了使他进入文坛的小说集《聊斋志异》。这30年不仅是小说、俚曲、杂著创作高峰期，也是其诗词创作的旺盛期。30年中，蒲松龄在毕府共创作了780余首（阙）诗词，占到其诗词总数的近75%。

翟理斯本《聊斋志异》是中西文化交流的典型样本，它证明了文化的国际性和世界性交流的必要。对于终身从事学习引进西方会计文化的潘序伦先生，该书具有重要的启示性意义，自是不言而喻。

5. 塞尔维亚放牛娃的美国梦：《从移民到发明家》（*From Immigrant to Inventor*）

美国是一个典型的移民国家，哥伦布发现新大陆之后的数百年间，无数人从世界各地蜂拥来到这里，追逐自己的美国梦。本书是塞尔维亚裔美国物理学家、闻名世界的发明家迈克尔·普品的自传作品，1924年出版，曾获普利策奖，并被翻拍为电影，产生了深远影响。

该书作者迈克尔·普品（Michael Idvorsky Pupin，1858—1935）是美国科学史上一颗耀眼的明星，也是一位伟大的教育家，哥伦比亚大学教授，应用物理学家。同时，普品还是当时美国一位十分重要的社会人物。

Micheal Pupin（迈克尔·普品）著，《从移民到发明家》（*From Immigrant to Inventor*），1930年重印版

少年时代的普品，是贝尔格莱德附近巴纳特省的伊德沃尔村一个穷苦的放牛娃。15岁时，因为听说美国有个富兰克林和林肯，心向往之，便从学校逃学乘船来到美国。身无分文、举目无亲的普品经历了许多艰难，在农场和工厂里工作，经过不懈的努力，最后赢得了接受高等教育的机会，成为那个时代最伟大的科学家之一。

普品的发明众多，影响深远。他最早发明沿传输线每隔一定的距离装置加感线圈的方法，使长途电话通信的范围大大扩展。1890年，普品成为哥伦比亚大学数理物理学导师。6年后他发现原子受X射线照射会产生次级X射线辐射。他还发明了X射线照片短曝光方法。1901年贝尔电话公司和一些德国电话行业获得他在长途电话上的发明的专利权。

成名后的普品荣誉不断，获奖众多。其中包括5枚奖牌和18个荣誉学位。此外，他还当选为美国国家科学院院士，为美国数学学会和美国物理学会提供了大量资金，并成立了美国国家研究委员会。他是 1919 年参加巴黎和会的南斯拉夫代表团的顾问，该会议对前南斯拉夫的形成作出了重大贡献。普品是一个雄辩的演说家，具有诗意的想象力和非凡的个性。

1935 年 3 月 12 日，普品在纽约去世，享年 78 岁。他去世后，哥伦比亚大学将他的实验室命名为"普品物理实验室"。在普品物理实验室从事研究工作的美国科学家中，有 28 位获得了诺贝尔奖。美国第一颗原子弹的初步科学研究就是在普品物理实验室进行的。

普品的人生经历属于美国梦的成功典型。由普品自己亲自执笔完成的这部自传作品，以生动的笔触记录了作者从一个农家穷小子成为享誉世界的大物理学家和发明家的传奇故事。因为该书的广泛流传，

迈克尔·普品作为《哈珀周刊》(*Harper's Weekly*) 1902 年 11 月 8 日刊的封面人物

再加上后来翻拍成电影，对无数逐梦美国的人产生了重要的激励。

潘老收藏的这本书是 1930 年重印版（纽约、伦敦），是该书 1923 年初版后的第 16 次重印版。在书的封底内页有铅笔写的"27/5/32"，据此推断，当是 1932 年 5 月 27 日购置的。书中有许多铅笔勾画和标注，表明本书的阅读极为仔细。从这些很有意思的标注文字中，看得出来潘老在阅读中和作者（也是书中主人公）高度共情，把自己对作者一些描述性文字的理解和分析以及自己的感悟写出来。这在潘老遗书中并不多见。以下摘录其中数条标注：

23 页：助学费　卅日旅行　打扮入时　初出门　初见汽船

24页：初见山　烧鹅被神学学生偷去

26页：初见火车　贪睡误站

27页：幽默

33页：忽大变　多思　自幼参加革命之心　此后特多读书

34页：不向双亲索多资　放去政治运动　父逝　专心学业等　未决母劝勿归　在外多学　设法不使母负担经费

35页：对美好国之回忆　到卖衣作经费　在汉堡搭四等舱位，贫极自信、自尊、自负

36页：顿起思乡之情

37页：到舱面风寒　三月寒天　信仰宗教产生力量

45页：求业

47页：不讳言女

57页：有点差金

58页：又失窃　仍耕烟田

59页：四十二年后得博士学位

61页：码头工人罢工，普民得业助水手漆船三星期　积三十元

62页：漆栏牌得五元

63页：漆工美术　又赚五元

65页：失业太久得业不易，又告家之步行驱寒，冀得一漆工糊纸终不可得　搬煤每吨五角

68页：反抗耶教训练而私逃

72页：饼干厂做工

74页：在火炉间铲煤生火　学引擎

75页：忆师Jim　难得Jim善教　氏得益　用功方法　思想来源（注：Jim为书中人名）

76页：入夜校　得益处

77页：瞻仰诸大科学家而起敬慕之心

78 页：科学家功绩有感于心

79 页：日工夜读　得新职业

81 页：一群蛮皮女孩之嘲笑　老前辈宝贵训词

82 页：力量比宋儒训词更大　不讳谈爱　晨钟暮鼓

　　从这些零星的标注文字可以看出来，潘老读本书的过程中，像是一路跟着主人公普品的脚步向前走，把其中一些关键的生活经历一一记下来，其中标注得比较多的是一些特殊的经历，以及有关环境的认识，还有对一些事情的感悟。到后来则更关注就业、收入、学习技能等方面。似乎在学习如何在美国生活。尤其从 5 页开始的几条记录，很可能对潘老后来从事教育有很大影响。尤其是 76 页"入夜校　得益处"，以及第 77 页"瞻仰诸大科学家而起敬慕之心"。之前在研究潘老时，对于他如何会想到采用夜校等多种方式有所不解，从这些批注信息可知，他这些方法和观念，很有可能就是这样学来。潘老真可谓"善学者也"。在第 82 页上，潘老在铅笔勾画出来的一段话旁加注"力量比宋儒训词更大"。究竟是什么话，让他能拿来和宋代大儒的训词来比较？下面是原文照录：

　　"You are geting on swimmingly, my lad，"said Jim one day，and he added something like this：" The girls are calling you Michael，just as they call me Jim. We are popular, my boy, but don't let this popularity mislead you into foolish notions. Just watch me；I have enjoyed this popularity for twenty years, and here I am still a bachelor, and an old bachelor at that. You have controlled your temper well，but how about controlling your heart, my lad？"

　　翻译过来是：

　　"你进展得很顺利，我的孩子。"有一天吉姆（作者的第一位工程学教授）这样对我说，随后又说了些类似这样的话："姑娘们叫你迈克尔，就像她们叫我吉姆一样。我们很受欢迎，我的孩子，但不要让这种受欢迎误导你产生愚蠢的想法。瞧我吧,我在这儿受人欢迎已经二十年了,可现在我还是个单身汉,而且还是个老单身汉。你的脾气控制得很好,但是你的心控制得怎么样,我的孩子?"

这段话潘老称之为"老前辈的宝贵训词"且"力量比宋儒训词更大",在我们看来,是因为它直指人心,告诉人们不要被眼前看似成功的假象所迷惑而忘了初心,而是要控制心性一心向前(所谓不忘初心),确实是振聋发聩的。

以上之所以把潘老在读该书时的批注不厌其详地全部摘录下来,一方面是为了理解潘老的读书方式,另一方面则是因为我们从中看到许多潘老的身影。

6. 一个逝去的时代的缩影:《丘吉尔自传》(A Roving Commission By Winston S. Churchill)

温斯顿·S. 丘吉尔(Winston Spencer Churchill,1874—1965),英国政治家、历史学家、画家、演说家、作家、记者,出身于贵族家庭,父亲伦道夫勋爵曾任英国财政大臣。丘吉尔1940—1945年及1951—1955年两度任英国首相,被认为是20世纪最重要的政治领袖之一。他个性洒脱、率真、任性,语言文字充满激情,极具激励作用,是一个划时代的演讲者,一个超脱时代和政党的政治家。他撰写的《不需要的战争》获1953年诺贝尔文学奖,另著有《第二次世界大战回忆录》16卷、《英语民族史》24卷,曾获诺贝尔和平奖提名。从1929年到1965年,连续36年担任英国布里斯托大学校长。2002年,BBC举行了一个名为"最伟大的100名英国人"

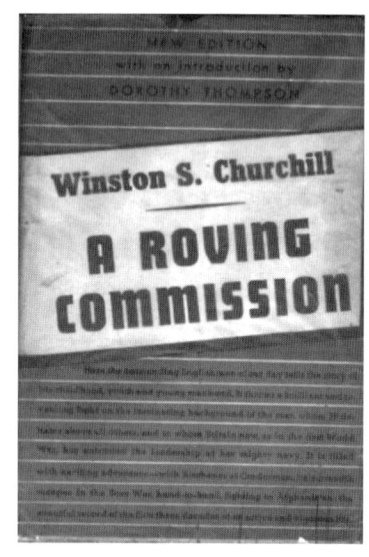

A Roving Commission By Winston S. Churchill, London: Thornton Butterworth, Ltd., 1930.

的调查，丘吉尔获选为有史以来最伟大的英国人。

这部由丘吉尔本人撰写的《丘吉尔自传》，是对他早期生活的回忆。书中回忆了他的童年、学校，他在南非布尔战争①中担任战地记者以及初涉政坛成为议员的一系列经历。本书不仅让读者对这个伟大人物的早期生涯有了一个了解，而且正如丘吉尔自己所写的一样，是"一个逝去的时代的缩影"。

在人们的印象中，丘吉尔是一位极富传奇色彩的人物。他习惯性地叼着雪茄、眼神倔强、性格坚毅、人生内涵极为丰富。他一生经历了两次世界大战，带领英国人民顽强抵抗希特勒法西斯的侵略，获得了第二次世界大战的胜利，成就了人类历史上不可忽视的传奇。这样一个创造了伟大功绩的人物，小时候却差不多是一个问题少年。由于父亲忙于政治而母亲又沉湎于交际之中，少年时代的丘吉尔很少感受到父母的关爱。在贵族子弟学校读书时，他是学校中最顽皮、最贪吃、成绩最差的学生之一，为此经常遭到老师体罚，后来不得不转学到另一所学校。1888年丘吉尔进入哈罗公学就读，成绩依然不佳。丘吉尔从军校毕业后进入第四骠骑兵团任职。作为骑兵军官，他也并不完全称职，因为他在自己岗位上待的时间，远没有他以记者身份待的时间长。布尔战争期间，丘吉尔曾被俘虏但成功越狱，因而在国内一举成名。对政治痴迷而且天生有政治天赋的丘吉尔，抓住机会，转身投入政治，开始了他61年的政治生涯，用他自己的话说："从此过上了幸福的生活"。

在这部自传中，丘吉尔用生动的笔触介绍了他从婴儿、学童，成长为一名军校学员、少尉军官、战地记者，最终成为一名年轻的政治家的历程。"书中，我尽力把我的各个年龄阶段相应的看法和观点展示给读者。"

---

① 布尔战争(Boer War)，又称"英布战争"(Anglo-Boer War)，指1899年10月11日至1902年5月31日，英国与荷兰移民后裔布尔人建立的两个共和国——德兰斯瓦尔共和国和奥兰治共和国，为争夺南非领土和资源而进行的一场战争。又称南非战争或第二次布尔战争。布尔战争是帝国主义时代到来的一个主要历史标志。在帝国主义时代里，各列强首先对已分割的殖民地要求重新分割，继之以战争手段，进行疯狂的争夺。

丘吉尔"不放弃、不放弃、决不放弃"的坚毅性格,在书中得到淋漓尽致的体现,对奋斗中的年轻人具有极大的鼓励作用。

在这部丘吉尔的自传中,我们似乎能隐约看到潘序伦先生淡淡的影子。有些类似的年少经历,同样的坚韧不拔,同样的博学多才。永不言弃,才有最终事业的成就。

7. "一个误入费边派的好人":《萧伯纳传》

萧伯纳,全名乔治·伯纳德·萧(George Bernard Shaw,1856—1950),英国现代杰出的现实主义剧作家,世界著名的擅长幽默与讽刺的语言大师,同时还是积极的社会活动家和费边社会主义的宣传者。他支持妇女的权利,呼吁选举制度的根本变革,倡导收入平等,主张废除私有财产。1925年因作品具有理想主义和人道主义而获诺贝尔文学奖。

人们对萧伯纳的文学成就和社会价值有着极高的评价,认为他是西欧批判现实主义文学最杰出的代表之一,现代英国最伟大的戏剧家和批评家,18世纪以来英国最重要的散文作家,现代最优秀的戏剧评论家、音乐评论家,政治、经济、社会学等方面的卓越的演说家和论文作家。在他60多年的创作生涯中,除了5部长篇小说和大量评论文章外,一共创作了52个剧本。其中《卖花女》在1964年改编成电影《窈窕淑女》,当年获奥斯卡最佳影片、最佳导演、最佳改编音乐等8座小金人。他于1925年获得了诺贝尔文学奖。他的戏剧在世界范围内广泛传播,并且跨越时间的长河,具有极强的生命力。

萧伯纳(George Bernard Shaw,1856—1950)

萧伯纳的文学作品包含囊括了人文理念之下的不同人性展示、时代现状揭露以及社会改良思考,具有强烈鲜明的批判精神,对于文学艺术的拓展革新以及社会意识的引导改良都具备积极务实的价值效用。国外学界公认,无论是在剧作思想艺术的丰富多样上,还是在对英国乃至欧美戏剧发展的持久影响上,萧伯纳都是莎士比亚以后最重要的剧作家。20世纪50年代起,美国、英国、加拿大、日本等国家先后成立了萧伯纳学会。据美国萧伯纳学会统计,世界各国研究萧伯纳的书籍和文章数量之多仅次于莎士比亚。萧伯纳的大部分戏剧作品已进入经典剧目之列,至今仍占据着世界舞台,具有持久不衰的艺术生命力。鲜明丰满的人物形象、精妙优美的戏剧语言、复杂多变的艺术样式,是"萧伯纳式"戏剧的独特魅力所在。

萧伯纳的一生与社会主义运动有着密切关系。他认真研读过《资本论》,公开声言自己"是一个普通的无产者""一个社会主义者"。他主张艺术应当反映迫切的社会问题,反对"为艺术而艺术"。其思想深受德国哲学家叔本华和尼采的影响,也受到马克思的影响。不过,他主张用渐进的方式改变资本主义制度,反对暴力革命。

萧伯纳对20世纪初中国社会的发展变革也有重要影响。20世纪初,为了适应文学革命的要求,易卜生、史特林堡、萧伯纳等人的剧作,都曾有过比较系统的翻译引进,许多进步青年借他们的戏剧,结合"民主与科学"的激荡,反对中国传统戏剧和已经商业化了的"文明新戏",以形式多样的活动推动已趋消沉的话剧运动。

1925年上海"五卅惨案"发生后,萧伯纳拍案而起,联合各国著名人士发表宣言,严厉谴责英帝国主义的残暴行径,支持中国人民的反帝爱国运动。此后他一直密切关注着中国的民族独立和抗日救亡运动。"九一八"事变以后,"国际反帝同盟"曾委托一批世界文化名人到中国访问,其中便有萧伯纳的名字。

1933年2月17日,萧伯纳来到上海,与宋庆龄、蔡元培、鲁迅、林语堂等会面。中国的文化精英们期待他为积弱之中国开出一个"社会主义治疗的药方",萧伯纳本人也有这样的自负,精英们说:"萧伯纳先生,你真幸运,可以在上海见到太阳!"萧伯纳立刻回应:"不,是太阳幸运,可以在上海看到萧伯纳!"2月25日,萧伯纳游览长城时说:"我来是向中国吸取新的指示,并没有什么诏示给中国。"这难免让中国左翼知识分子感到失望。但这或许是他面对长城和能够建成如此工程的民族的真情流露吧。

萧伯纳与鲁迅、宋庆龄、蔡元培、林语堂等在上海孙中山故居合影

像萧伯纳这样具有重大世界性影响而且跨界甚多的世界性名人,通常都是传记作者趋之若鹜的热点人物。有关萧伯纳的传记著作很多,早期作家包括阿齐博尔德·亨德森、赫斯基斯·皮尔逊、圣约翰·欧文、迈克尔·霍尔罗伊德等。在开展这项研究的过程中,我们做了专门的搜索,发现后来影响较大的一个是爱尔兰裔美国作家、记者、编辑、出版家,英国文学史上与王尔德、萧伯纳齐名的作家及评论家赫里斯(Frank Harris)的作品。赫里斯是一位很有才华的作家,写过长篇小说和诸多传记作品,其中,《奥斯卡·王尔德传》与《萧伯纳传》被视为他的"最佳作品"。1931年8月26日,他刚写完《萧伯纳传》的最后一章便去世了。另一位是澳大利亚学者,悉尼麦考瑞大学的英语荣誉教授 A. M. 吉布斯(A. M. Gibbs)。他是世界上首屈一指的萧伯纳研究权威,发表了许多有关萧伯纳研究的书籍和文章,并且是国际萧伯纳社团协会的创始人之一。吉布

斯一生的研究工作都围绕着萧伯纳，迄今为止，已出版了五部关于萧伯纳的书，其《萧伯纳传》是萧伯纳生平研究的权威之作。

潘老收藏的《萧伯纳传》，却是与以上各位作家的研究极不相同的另外一种版本。这本由阿力克·韦斯特（Alick West，1895—1972）撰写的《萧伯纳传》，1950年由国际出版公司在纽约出版。其作者阿力克·韦斯特，属于受共产主义影响的英国年轻一代作家。这些青年作家基于自身的反法西斯注意和反资本主义立场而转向共产主义，他们通常被称为"奥登一代"。由于历史的原因，"奥登一代"的作家们都是苏联的坚定支持者。在文学创作方面，他们热烈响应共产国际关于文学服务于无

George Bernard Shaw, by Alick West, International Publishers, New York, 1950

产阶级革命的主张进行文学创作。在文学批评方面，他们努力学习、应用斯大林主义所提供的马克思主义基本原理去分析他们所关注的英国文学问题。最能代表这本《萧伯纳传》特色的，是其封面上红色色块，以及与书名同样十分醒目的题词："A good man fallen among Fabians — Lenin"（一位沉沦于费边主义的好人——列宁）①。

---

① 费边主义(Fabianism)：近现代社会主义思潮的一支，简单来说就是渐进的社会主义，指19世纪后期流行于英国的一种主张采取渐进措施对资本主义实行改良的社会主义思潮。它是英国费边社(Fabian Society)的思想体系和政治纲领。不同于列宁主义认为的应该通过革命的方式进入社会主义。1884年，英国一部分知识分子创立费边社，该社成员认为社会改革应循序渐进，故以公元前3世纪古罗马一位因主张等待时机、避免决战的战略而著名的将军费边(全名"昆图斯·费边·马克西姆斯·维尔鲁科苏斯"，古罗马政治家、军事家，杰出的统帅。费边以在第二次布匿战争中采用拖延战术对抗汉尼拔，挽救罗马于危难之中而著称于史册，故被称为"拖延者费边"。)而命名。其学说被称为"费边社会主义(Fabian Socialism)"，简称"费边主义(Fabianism)"。费边主义者的基本信念认为由资本主义到社会主义的实现，是一个渐进而必然的转变过程。

1950年11月2日，萧伯纳在赫特福德郡埃奥特圣劳伦斯寓所因病逝世，终年94岁。萧伯纳毕生创造幽默，他的墓志铭虽只有一句话，但恰巧体现了他幽默的风格："我早就知道无论我活多久，这种事情迟早总会发生的。"要是他泉下有知，知道一生注重自传掌控的他，才离世就被他人在自传方面写上那样一句话，不知是否会觉得更加幽默？

至于潘老藏书中为什么会有这个版本的《萧伯纳传》，我们猜想，可能是萧伯纳20世纪30年代来上海的轰动让潘序伦印象深刻，而他一定通过阅读或其他渠道，深知萧伯纳的成就和大名。遗憾的是，20世纪三四十年代战乱频频，他一直无缘获得一本原文的萧伯纳传记，直到50年代，才有了这个可能。我们进一步猜想，这本英文版萧伯纳传，极可能是他在解放前后托人赴中国香港和美国收集会计原版新著时的副产品。而这样一本书，一方面可以让他与崇敬的喜剧大师做跨时空对话，另一方面，则是理解作者本人在书中所作社会主义的表达吧。

8. 无言的慰藉：《上帝保佑我不受朋友伤害》（*God Protect Me From My Friends*）

潘老的所有英文藏书中，本书在我们眼中至为特殊。其书名为 *God Protect Me From My Friends*，翻译成汉语是：《上帝保佑我不受朋友伤害》。

这个书名，本源于一句意大利谚语：

Dai nemici mi guardo io, dagli amici mi guardi Iddio!

翻译成英文是：I（can）protect myself from my enemies, may God protect me from my friends!

意思是：我可以保护我不受敌人伤害，但只有上帝才能保护我不受朋友的伤害。

God protect me from my friends, by Gavin Maxwell, Readers Unions Longmans, Green, London, 1957

也就是说，敌人的伤害容易提防，而真正最难防范的是来自朋友的伤害。德国哲学家康德曾说："愿上帝保佑我们免受友人的攻击。"这些说法，都是在传达这样一种观念：对于敌人的攻击，因为我们知道他们是敌人，所以会时时提防，从而可以减少伤害。而最难防的却是来自亲友的伤害。因为我们通常不会对亲友设防，所以对来自他们的伤害往往猝不及防，防不胜防。所谓"伤害你最深的，往往是你最亲近的人"，便是这个道理。

关于这本书，我们不想去讨论其具体内容和作者，而是简单说明两个事实。

其一，本书1957年出版于伦敦。我们不知道潘老在什么时候通过什么渠道得到的此书，但我们确知，1957年在潘老一生中绝对是一个难以忘记的年份。

按照《潘序伦回忆录》中的记载，1957年春天，做了多年"寓公"的潘老，终于放下包袱，重新出来参与社会工作。经友人介绍加入"民盟"，并担任了一个学习小组的副组长。然而，很快，命运的车轮又发生逆转。因为在学习小组讨论中讲了一些不合时宜的话，潘老被打为"右派"受到批判和处分，而批判他最厉害的，竟然多是往日走得很近的故旧，包括一些学生和朋友。

1958年8月，上海财政经济出版社编辑出版了一本名为《批判右派分子潘序伦在会计方面的反动言行》的期刊。该书"编者的话"中说道："在反右派斗争中，各种形形色色的右派分子被广大的群众揭发出来。潘序伦就是这些被揭发的右派分子中非常恶劣的一个。"并进一步说明："关于右派分子潘序伦的反动罪行，政协上海市委员会已经在去年八九月间举行过多次座谈会，进行揭发和批判。今年三四月间，又继续举办座谈会，并邀请有关单位，对潘序伦在会计书本中所散布的反动论点作进一步的批判。"①"为了让广大的读者认识潘序伦的右派面目，彻底粉碎潘序伦在会

---

① 上海财政经济出版社编辑：《批判右派分子潘序伦在会计方面的反动言行》，第11页。上海财政经济出版社，1958年版。

计方面的反动谬论",该书选择 9 篇批判潘序伦的发言汇编成册,供各方面学习使用。翻阅该书,我们发现,书中其实只包含 6 篇文稿。《编者的话》中之所以说是 9 篇,大概是因为其中有 3 篇文稿分别由两个人的两部分内容所组成。6 篇文稿的标题分别为:

　　潘序伦是一个彻头彻尾的右派分子

　　以学术研究为借口,妄图资本主义复辟

　　打着"会计是纯技术"的幌子,否定会计核算的阶级性

　　宣扬资本主义会计,为资本主义制度辩护

　　污蔑和歪曲社会主义会计,反对社会主义制度

　　撕去潘序伦伪装学者的外衣

一篇篇发言,犹如嗜血的利刃,插入昔日师尊好友的胸口,不知那是怎样一种锥心的疼!

我们不知道,当时已年近古稀的潘老,如何承受这样的痛楚。或许,阅读本书可以给他一些慰藉,因为它告诉他:只有上帝才可能保护你不受朋友的伤害,凡人对此只能无可奈何。

这本书能陪伴潘老到最后,我们可以断定,它是一本好书,值得一读。

巧合的是,这本书出版是在 1957 年,而潘老被打为"右派"坠入深渊,也是在同一时间。所以,它可能是整整陪伴了潘老 29 年之久。

其二,我们肯定这本书是好书,是因为它也出现在美国著名影星梦露的书单当中。世人多以为梦露只是一个艳星,却不知真实的梦露是一个热爱读书和藏书、很有文化底蕴的文学青年。她写诗也读诗,她读惠特曼,也读《尤利西斯》。更让世人惊讶的是,她竟然读完了《尤利西斯》[①]!在梦露去世后,她的粉丝会整理出的梦露包含 430 本书的书单中,就包括这本 God Protect Me From My Friends。

[①] 《尤利西斯》是爱尔兰作家詹姆斯·乔伊斯创作的长篇小说。作为意识流小说的代表作,被誉为 20 世纪百大英文小说之首,并被奉为 20 世纪最伟大的小说。然而,尽管享有如此盛誉,《尤利西斯》却得到了许多读者"看不懂"的评论。该书最早于 1922 年出版,因其艰涩难懂,许多读者阅读困难。而《尤利西斯》的难懂在于其意识流的创作手法和小说中含有的现代性特征。

9. 湖畔诗人的哲思:《枯立支语录》(*The Table Talk and Omniana of Samuel Taylor Coleridge*)

本书是潘老藏书中又一部古董级的图书。其作者塞缪尔·泰勒·柯勒律治(Samuel Taylor Coleridge,1772—1834),是著名的英国诗人、文评家,英国浪漫主义文学的奠基人之一。这部书是一本综合性的文集,书名直译是《塞缪尔·泰勒·柯勒律治的餐桌谈话与杂烩》,早在20世纪初就进入中国文化人的视野,钱锺书读书笔记中称其为《枯立支语录》。

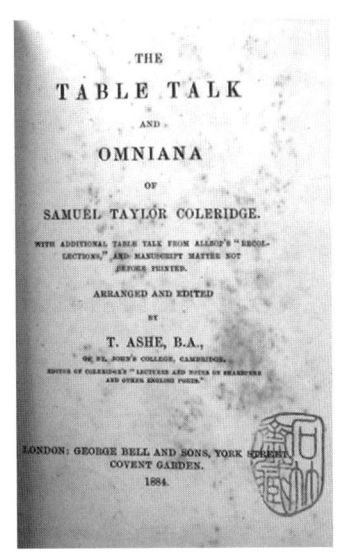

The Table Talk and Omniana of Samuel Taylor Coleridge, By T. Ashe, B. A., London: George Bell and Sons, 1884

柯勒律治1772年10月21日生于英格兰西南部德文郡一个乡镇牧师的家庭。9岁丧父,被送往伦敦基督慈幼学校上学,熟读希腊、罗马文学。19岁入剑桥大学,与骚塞①相识。当时两人都同情法国革命,但又都害怕革命暴力,于是设想去美洲建立乌托邦社会。计划失败后,柯勒律治移居英格兰部西部湖区,致力于写诗,并与华兹华斯②结成密友。他们憎恶资本主义城市文明和冷酷的金钱关系,于是远离城市,隐居于昆布兰湖区,寄情山水或怀念中世纪的宗法社会。他们创作出歌颂大自然的或美化宗法制农村生活方式的诗篇,以抵制丑恶的资本主义现实,因此被称为"湖畔诗人"③。

---

① 罗伯特·骚塞(Robert Southey,1774—1843),英国作家,湖畔派诗人之一。"消极浪漫主义"诗人,他曾一度激进,后反对法国革命,于1813年被英国王封为桂冠诗人。

② 威廉·华兹华斯(William Wordsworth,1770—1850),英国浪漫主义诗人,曾被封为桂冠诗人。其诗歌理论动摇了英国古典主义诗学的统治,有力地推动了英国诗歌的革新和浪漫主义运动的发展,被认为是文艺复兴运动以来最重要的英语诗人之一。

③ 1800年,柯勒律治迁居湖区的开士威克(Keswick),离索西和华兹华斯的住所很近。这三人后来成为著名的"湖畔诗人"。

柯勒律治一生作诗不辍，但中年时自称弃诗从哲，精研以康德①、谢林②为首的德国唯心论。巨大的个人魅力、他与华兹华斯的微妙关系，使他成为西方文学史上最令人瞩目的作家之一。

柯勒律治以《古舟子咏》(*The Rime of the Ancient Mariner*，亦译作《古舟子之歌》)一诗名家，其文评集《文学传记》(*Biographia Literaria*)以博大精深见称，书中对想象（imagination）与幻想（fancy）的区别尤其著名。

柯勒律治的晚年生活是在撰写和讲授文学论题中度过的。《对沉思的援助》(1825年）是一篇关于哲学、文学和宗教的专题论文，旨在调和正统基督教教义与德国先验哲学之间的关系，它对美国的先验论者有着特别的影响。《政教宪法》(*The Constitution of Church and State*，1829年）是他最后的散文作品。

本书在潘老藏书中具有重要意义，代表着潘序伦先生对中国诗歌的浓厚兴趣，也延伸到了具有浪漫主义传统的英国诗人这里，同时，对这位精研和推广德国哲学的诗人的特别关注，也在一定程度上体现了潘老对西方哲学的浓厚兴趣，表明潘老对西方文化的了解和研究，曾经进入让一般人望而生畏的哲学领域。

10. 遥看世界风云变幻：《直面美国：赫鲁晓夫访美纪实》(*Face to Face With America: The Story of N. S. KHRUSHCHOV'S Visit to the U. S. A., September 15-27, 1959*)

本书是潘老外文版藏书中出版时间最晚，最具政治性和时事性意义的

---

① 伊曼努尔·康德(德语：Immanuel Kant，1724—1804)，著名德意志哲学家，德国古典哲学创始人，其学说深深影响近代西方哲学，并开启了德国唯心主义和康德主义等诸多流派。康德是启蒙运动时期最后一位主要哲学家，是德国思想界的代表人物。他调和了勒内·笛卡儿的理性主义与法兰西斯·培根的经验主义，被认为是继苏格拉底、柏拉图和亚里士多德后西方最具影响力的思想家之一。

② 弗里德里希·威廉姆·约瑟夫·谢林(Friedrich Wilhelm Joseph Schelling，1775—1854)德国哲学家。谢林在哲学史上有着无可争辩的重要性，但他也常被认为是风格隐晦，没有条理的。解读他的哲学通常不太容易，因为其哲学中关于自然的定义总是不确定的。一些学者认为他是伟大但又捉摸不定的思想家，因为他在观点间的跳跃对于一个完整的哲学体系来说缺少一些将它们连接起来的力量。

第五章 西学为用 / 从《圣经》到会计

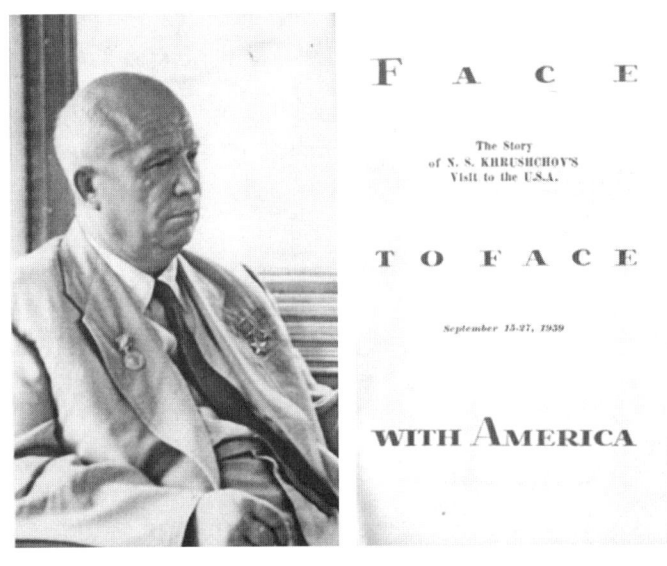

Face to Face With America: The Story of N. S. KHRUSHCHOV'S Visit to the U. S. A., September 15-27, 1959
Foreign Languages Publishing House, Moscow, 1960

著作。本书 1960 年在苏联莫斯科由外语出版社（Foreign Languages Publishing House）出版发行。书名：*Face to Face With America*：*The Story of N. S. Khrushchov'S Visit to the U. S. A.*，September 15-27，1959，直译为：《直面美国：赫鲁晓夫访美纪实，1959 年 9 月 15—27 日》。

20 世纪 50 年代，是世界格局和力量对比发生重大改变的关键时期。1953 年，赫鲁晓夫当选苏联总理，社会主义世界的老大哥苏联由此开始踏上"变修"的路线。赫鲁晓夫主张以一种"开放"的姿态去面对资本主义，在 1956 年召开的苏共二十大上，赫鲁晓夫首次提出"三和方针"（和平共处、和平竞争、和平过渡），以应对来自西方资本主义国家的政治压力。赫鲁晓夫一直想向美国等西方资本主义国家展示社会主义制度下苏联的强大，也想改变西方人民对他"冷血魔鬼"的刻板印象。最重要的是，他想改善与西方世界的关系，达成美苏两大世界巨头和平合作的目的。

1959年9月15日，赫鲁晓夫的专机降落在美国马里兰州的安德鲁斯空军基地，开始了为期13天的对美访问。赫鲁晓夫访美在当时是一件震惊世界的大事，被苏联人称为"惊动世界的13天"。当时是美苏冷战最严重的时期，之前从来没有苏联领导人访问过美国。赫鲁晓夫此举，堪称石破天惊，震惊了整个世界。

对于同属社会主义国家阵营的中国，这个事件同样具有重大意义，产生了后来一系列连锁反应。在一定意义上也决定了后来中国的政策转向。

这部由苏联自己出版的英文版图书，其目的不言而喻，便是向世界介绍这一举世震惊的重大事件。

对研究潘老生平，本书具有重要意义，在于：

（1）该书出版于1960年，当时潘老已经被打为"右派"接受批判和改造。本书作为一件直接的证据，向世人表明，身处逆境的潘老，并未因为个人的不幸遭遇而自怨自艾，而是依然胸怀天下，时时关注着国家的前途命运，关注着世界局势和政治上的风云变幻，进行有关国家和人民前途命运等重大问题的研究和思考。

（2）本书是潘老藏书中出版时间最晚的一本综合性（非会计专业）外文图书。它代表着由此（1960年）开始，潘老据以了解外部世界的一扇重要窗口——外文图书——彻底关闭，也意味着对他而言一个完全闭锁的世界的重新开启。

（3）本书再次证明，外语作为一种有效的工具，充分打开了潘老的视野，让他能够通过外版图书在一个闭锁的时代看到并了解外面世界的真实。

三、外语——一种有用的工具

世界文明的交流互鉴是人类发展历史上一种重要的趋势，近代以来更是一种不可逆转的必然。掌握不同民族的语言，充分运用好语言这一重要工具,是扩大交流和学习的关键。更是理解不同文明和文化,真正提升文化自信的关键。

在这方面,潘序伦用自己一生的经验为我们提供了极好的实证证明。

潘序伦先生学贯中西,一生翻译、编译著作无算,并终生保持外语阅读的习惯,其外语阅读更是深入到宗教、政治、诗歌、戏剧、哲学、技术等诸多方面,其外语水平之高,绝非一般常人可比。

潘序伦先生 13 岁被选入东坡高等小学正科班时,开始学习英文、日文、数学、中外史地等课程。从造币厂回到乡村小学任教时,曾发愤自修英语,全本背诵商务版《英华袖珍字典》至烂熟。但当他于蹉跎中醒悟,想要出国留学时,才发现自己的英语程度很低。无奈只好到上海找到前任浦东中学校长的黄炎培老师,请他给予一个入学指导。黄炎培建议他到大同学院去补习英文和数学。以后在圣约翰大学,因为章程、规则、通告、书信等都是用英文书写,同学间交流及教师讲课全部是用英文,所以他开始抓紧学习英语。从开始时在班里的英语程度很低,遭到同学耻笑[①],到毕业考试成绩为全班之冠,并在全校英文作文比赛中获颁唯一的金质奖章,其间付出了巨大的努力。1921 年潘序伦以选拔考试第一的成绩赴美进入哈佛大学学习,后考入哥伦比亚大学攻读博士,三年苦读,博览群书、废寝忘食。三年之内获得两大名校硕、博学位,实非常人能及。多年苦修练就扎实的外语功底,不但助他完成了学业,而且完成了全英文博士论文,1924 年在美国纽约出版发行。先生学成回国后致力于发展会计事业,外语成为他至关重要的工具,也是他开展研究、翻译、编译及会计辞书编写等工作的助力。先生在回国初期任教期间,编撰完成了两部全英文著作《簿记及会计学》(*Bookkeeping and Accounting*)和《公司财政》(*Corporation Finance*)。20 世纪 50 年代初,先生又在近六十高龄时自学俄文,翻译引进俄文会计文献,编写了《苏联会计述要》《国营企业会计概要》等著作。潘老学习俄文时密密麻麻写满了俄文、中文、英文词汇的

---

① 详见《潘序伦回忆录》,《立信往事》,第 431 页,立信会计出版社,2013 年版。

10个笔记本,迄今收藏在上海立信会计金融学院档案馆,静静地诉说着那段难忘的历史。

潘老在《潘序伦回忆录》中曾详细讲述了他在圣约翰大学的求学经历,并特别提道:"每逢星期日,全体在校学生照例都要到学校专门设置的教堂里去'做礼拜'。但是,这种诱惑兼强迫的手段,并未能使我信仰上帝,因我之所以进入圣约翰大学,完全是为了学好英语。"① 显然,他之所以进入圣约翰大学并苦学英语,在内心是以其作为敲门砖,作为将来出国留学的基础性工具。

他的努力自然没有白费,不仅顺利通过了南洋兄弟烟草公司组织的极为严苛的考试,而且良好的外语成为他在哈佛大学和哥伦比亚大学短短三年时间内顺利完成学业,获得两大名校工商管理硕士、经济学博士学位的有效工具。与其他一些同期赴美同学的经历相比,极好的外语显然让潘序伦受益良多。在本书第二章中,我们曾引用了《申报》1922年3月5日第15版刊登题为《南洋公司资送留美学生近讯》的新闻报道,其中讲到,同期赴美的十多名同学中,有陈文灿、周日华二人在海德园高等学校大学读预科。《申报》1923年7月7日第14版刊载的《南洋烟公司留美剑桥同学讯》中,所提到的11人,只有潘序伦1人是"今年夏季得硕士学位,秋季拟入哥伦比亚大学"(攻读博士学位),其余诸人,有7人是获得硕士学位后去实习,另有1人"倪尚达,现在麻省理工大学电机工程科,今夏得学士学位。平时专门研究发电总厂之组织及管理等,毕业后拟往纽约各大发电厂考察。闻秋间可入奇异电机公司实习",1人"钱祥标,现在在麻省理工大学机械科肄业",1人"张克忠,现在麻省理工大学研究化学工程"。同样可见,11人中,以潘序伦为佼佼者。

关于英文图书的阅读,潘老在回忆录中讲到在哥伦比亚大学政治经济学院攻读博士时学校图书馆苦读的情况:

---

① 潘序伦:《潘序伦回忆录》,见《立信往事》,第432页,立信会计出版社,2013年版。

博士课程要博览广学,以自习为主,上课时间较少,而我在纽约和另一个同学合租的宿舍很小,不免彼此干扰。因此,我干脆把学校的图书馆作为自己的自修室,每天从开馆起直到晚上闭馆止,我总是带上几块硬面包充饥,整天在图书馆学习。英、美、德、奥各学派的经济书籍我都借阅,马克思的《资本论》我也读过。但当时不是为了接受马克思主义,而是为了挑《资本论》的眼子,批驳马克思主义。现在看来这是何等的可笑。①

先生一生爱书、藏书,而他藏书的目的,从他的阅读记录可见,并不是装潢门面,而是实实在在地因为喜欢读书而收藏。此处我们讨论的主题是外语作为一种实用工具。下面将通过一些具体的证据材料来进一步阐释其工具性价值和意义。但在此之前,还是需要再次强调一下。对潘老而言,虽然是作为一种"工具",但外语对于潘老而言,最大的价值却还是在其"无用之用",即以之作为了解世界,理解世界,以及与世界文明沟通交流的手段。比起从事会计专业书籍的编译介绍,这是更大的效用。也是因为这种"无用之用",在1958至1978年20年的艰难岁月中,潘老依然能够保持内心的自在和丰富。这些外文原版书,以及在那个时代为人所不屑甚至避之唯恐不及的外语,发挥了无与伦比的作用。

(一) 作为改革派领袖引进传播西方会计知识

自资本主义萌芽,尤其是工业革命以后,因为大机器生产导致产业组织结构的会计变革,公司制企业的出现,会计行业发生了一系列重要变化,尤其是进入20世纪初期以后,随着大学教育的快速发展,学科划分细化,会计学从理论、观念到方法快速发展并体系化,为商业和社会经济发展服务的西方会计学理论和实务快速发展,领先世界。与科学、技术、管理等其他领域的情况相类似,这一时期的美国会计,也成为先进会计学的代表,引领全球会计学发展,也极大地影响世界各国会计的现代化进

---

① 潘序伦:《潘序伦回忆录》,见《立信往事》,第433页,立信会计出版社,2013年版。

展。潘序伦此时留学美国,在引领美国管理及会计学发展的哈佛大学工商管理研究生院攻读MBA,以会计学为专业,通过广泛的学习、阅读及现实的调查研究,习得了西方最新的会计知识,回国后先在大学任职(1924年秋至1926年底),后于1927年1月离开高校,建立会计师事务所,开展会计师业务,继而举办会计培训和教育事业,因为需要教材而开启了会计教材的翻译、编译及编写工作,出版"立信会计丛书",成为引进西方先进的会计理论和方法的急先锋。经过多年酝酿、发酵,在20世纪30年代初,以上海为中心,一场规模宏大、影响深远的中式簿记改良运动爆发。徐永祚先生主导的改良派与潘序伦先生主导的改革派,以徐永祚先生创办的《会计杂志》和潘序伦先生创办的《立信会计季刊》为阵地展开激烈论战,为推进中国会计的现代化发展及新式会计的传播发挥了极其重要的作用。

(1) 归国之初担任上海商科大学教务主任兼会计系主任、上海国立暨南大学商学院院长之职,引领大学商科和会计专业建设,同时担任会计学教授,传授西方会计知识。其间应商务印书馆之约,编写英文版《簿记及会计学》(Bookkeeping and Accounting)和《公司财政》(Corporation Finance),纳入由该馆主编的"商业科讲义"(School of Business Series),分别于1926年6月和1928年5月出版发行。

(2) 利用英语作为工具,充分发挥专业优势,翻译和编译大量会计专业书籍,编辑出版"立信会计丛书""立信财经丛书"等,满足不同时代的需求。

为了解决开办簿记训练班,继而开设夜校、会计补习学校,以及后来开办立信会计专业学校的教材需要,同时也是满足国内大专院校及职业教育中对会计专业及相关教材的巨大需求,潘序伦在会计师事务所内设置了一个编辑科,由其本人亲自领导,"配备了一批专职人员,开始编译簿记、会计、审计书籍,出版了一套'立信会计丛书'"[①]。这一时期的"立信

[①] 潘序伦:《潘序伦回忆录》,见《立信往事》,第443页,立信会计出版社,2013年版。

会计丛书"由商务印书馆出版发行，至1936年底，编译的各类簿记、会计和审计图书达到50余种。

1940年，由于抗日战争影响，商务印书馆已经迁移至香港地区，为了满足抗战时期大后方社会经济发展对会计教材的需求，经过生活书店总经理徐伯昕同意，潘老从商务印书馆收回了"立信会计丛书"的版权和纸型，与生活书店合作筹资，于1941年6月成立"立信会计图书用品社"，除了出版发行"立信会计丛书"外，还印刷账簿表单，满足工商业之急需。"抗战期间，各地大专院校和自修会计的学生，十有八九是采用我们编的教科书；中专学校几乎无一不是采用立信会计丛书做教材。为了满足社会的需要，接下来我们又编印了一套财政、金融、保险、贸易、统计、计算技术、企业管理等'立信财经丛书'"。①

上海解放前夕，为了集中精力研究一些会计新理论，潘老专门派人远赴香港、美国搜购最新会计图书资料，又成立"立信会计编译社"（后更名为"立信会计研究编译社"），编译出版了一些会计新著作，包括由潘老亲自翻译的《公司会计准则绪论》。

至1956年初立信会计图书用品社结束时为止，先后共出版发行各种会计书籍不下一百五六十种，其中潘序伦先生亲自著作、翻译、主编的就有三四十种。一贯谦逊的潘老，对此也不由自豪地说："如果说我对我国会计学术有所贡献的话，当以编辑出版'立信会计丛书'为最。"② 潘老的这个评价，应该说是十分允当的。在20世纪中国会计发展的历史上，论编辑出版时间之长、数量之巨、水平之高，没有哪部丛书能够出"立信会计丛书"之右。其中，潘老自身极高的英语水平，他手下人员的能力，以及借助外语对世界会计理论和实务最新发展的及时了解与关注，起到了举足轻重的作用。

---

① 潘序伦：《潘序伦回忆录》，见《立信往事》，第443页，立信会计出版社，2013年版。
② 同上，第441页。

(二) 编辑出版《会计名辞汇译》，统一、规范会计专业词汇，促进会计学术发展和法律制度建设

从鸦片战争后西方资本进入中国，西方会计相关知识就开始通过各种途径进入中国，对中国会计实务产生了影响。然而，直至20世纪20年代末，会计专业词汇的规范和统一化问题依然未引起人们足够的重视。在此期间，以潘序伦为首的立信会计编译团队，在翻译和编写簿记、会计及审计教材的过程中深刻地感受到了会计词汇翻译不统一所带来的严重弊端，于是开始尝试用编制专业辞典的方式实施会计专业词汇翻译的统一规范。

1934年12月，《会计名辞汇译》出版发行，作为中国第一部英汉对照会计辞书，打破了中国会计一直没有统一辞书的局面，使中国会计在专业词汇统一规范的道路上迈进了一大步。其后，该书经过1938年、1941年两次再版修订，为全国会计名辞的统一作出了不可磨灭的贡献。后来，民国政府在制定相关法律制度时，也采用了该书所定的名称，极大地推进了专业词汇的规范化。

(三) 关注和追赶西方会计理论最新发展的努力

潘序伦先生20世纪20年代在美留学时所学的会计专业知识，属于20世纪初期美国大学初步设立会计专业院系时最早开始体系化会计理论和学科建设的成果。20世纪三四十年代，随着社会经济的发展及管理学理论及实务的进步，尤其是大萧条之后开始的会计准则体系建设的努力，推动了美国乃至世界会计理论及专业知识的快速发展。在此期间的中国虽然正在经受战火的考验，潘序伦和他的团队却依然在尽最大的努力关注西方会计的最新进展。

1940年，美国会计学家佩顿（W. A. Paton）和利特尔顿（A. C. Littleton）的经典著作，也是现代会计理论体系构建的开山之作——《公司会计准则导论》（*An Introduction to Corporate Accounting Standards*）在美国出版发行，很快引起全球会计学界的普遍关注。潘序伦先生20世纪40年代初在重庆期间就已经注意到了这些发展变革，并拟订了重新整理和编写《基本会计学》的计划,决定了书名,编定了目录,且已着手拟稿。① 战事一结束,潘老便立即派人赴海外搜集最新的英文原版会计著作,组建会计编译所,并拟订"述而不作"的三年计划,准备把西方最新的会计专业著作移译二三十种,以弥补因为战争导致的我国会计与西方最新发展之间的差距。

1949年8月,由潘序伦先生亲自翻译的《公司会计准则导论》在上海出版。潘老在为该书撰写的"译者序言"中,详细阐述了翻译该书的缘起及目的。

译者序言

现代会计学说,二十年来,大有更变。二十年前之会计,以财产估价为其中心问题,一切理论与实务,无不以"资产价值"为主轴而发展。其后,一般学者逐渐了解于资产价值之来源,实为其可能产生之收益;资产不能产生收益,即无价值之存在。因之"收益之决定"或"损益之计算",遂逐渐代替"财产之估价"而成为会计之中心问题。但无论在理论上或实际技术上,均难以时时变动之"价值"为计算收益之基础,只有以一成不变之"成本"为计算基础,所得结果方较可靠。因之近来,一切会计理论与实务,又无不改以"成本"为核心而发展,循致所谓全部会计工作,可以一言概括之,即"配合成本与营业收入 Revenue 以决定收益"是也。

此一观念之改变,对于世界经济之趋势,亦显能适应。以前工商业多属私营,唯一目标,端在获利,而资产时值之涨落,亦为不劳而获或无偿而失之利益或亏损的主因。现在环境转移,私营企业及其营利目的可能减少,但不论在社会主义或共产主义国家,不论事业之为公营或私营,亦不论其所采观点为个人观点或大众观点,有同一基本问题,必须由会计为之解答,即一事业所费力量及所得结果究属几何,两者相抵,净得几何,则其事业之究否值得举办,可以决定。在会计方面所谓力量,称曰"成本",

---

① 详见本书第八章有关《基本会计学》的介绍。

所谓结果称曰"产物"(Product)或"营业收入",而其相抵后之净得,则称"收益"。以此种种观念替代已往私营企业之"损益"观念,则会计之为用,可以社会化矣。

吾人无不承认,目前公私事业为适应新的经济环境,必须采用某种精密或粗疏之成本会计,以测量其所费力量与所获结果之是否合度。此所谓"成本会计"者,当为会计学中所称"狭义的成本会计"。不过吾人须知,一切会计,如就其测量所费力量,以求所得结果之一广泛目标而言,实无不具有成本会计之作用,而目前改用成本为中心之一般会计理论与实务,已为名副其实之"广义的成本会计",其能适合乎现代之需要可无疑也。

以成本为中心之会计理论,创之者虽非少数学者,但能集其大成,使成为"整套凝固而又协调一贯的理论"(A coherent coordinated, consistent body of doctrines)者,则本书之著者是也。本书著者及本书在近代会计学上所作之伟大贡献,本书原序已为详述。其中所主张各点,虽尚不能获得当代会计学者一致之同意,然已卓然成为一家之说,则毋待译者赘言。

我国会计学术之研究及会计书籍之编著,十五年前,颇多进步,而译者亦为其中共同努力之一人。十数年来,世事动荡,国内经济,亦形纷乱,学术研究之风,荡然无存,益以币值迅速变动,出人意表,以"币值不变"为基本假设之会计理论及实务,自不免随之而崩溃也。会计学者,于兹虽欲有所述作,实苦无从下笔。因之新的会计理论,尚少为我国会计学子所研习,其有待于吾人之继续努力,自不待言。译者兹以闲散之身,拟作三年之计,已集合同志三数人,将现代会计学中最主要之新文献,陆续迻译,以飨读者,但暂秉述而不作之志,以事从于此。盖非待吾国经济及货币情形已臻稳定,有关工商事业各项法令,重行订颁,则虽欲为我国会计有所著作,恐亦无从着手也。兹所译者,为会计基本原理之第一册,希望为我国消沉已久的会计学术界,稍添研究资料。至于译文,虽力求不失原著真意,但译者能力浅薄,仍有待于读者之指正云。

潘序伦于上海立信会计研究编译所　一九四九年六月

这篇"译者序言"深刻体现了潘老对西方会计理论发展最新状况的准确把握,以及奋起直追的决心。这种决心进一步体现在潘老随后于1949年8月所撰的"立信会计译丛总序"中。这篇见载于潘葆墀译《会计原则述要》(1950年5月初版)中的"总序",堪称潘老三年移译计划的总宣言。潘老在这篇文字中十分真切地表达了对中国会计界奋起直追,学习西方会计理论最新发展的急迫心情:

> 其后抗战军兴,同人等分赴内地,在困难环境下,国内学术研究工作,不免遭受顿挫,固不仅会计一科为然也。在二十六年至三十四年间,同人等在大后方,对于会计教育及出版事业,仍继续致其全力;原著会计丛书,亦多勉予修改,以适应当时法令及环境。惟因币值变动甚速,一切会计记录及报表,多丧失其意义,因而会计原理及实务,均成为纸上空谈,不着实际。不过十余年来,西方各国会计理论及实务,已多进化,新著迭出,迥异曩时,我国学者允宜急起直追,予以研究,以资攻错。因复集合同人,再度致力于会计编辑工作。……爰将他国会计新著之有重大贡献者,先为迻译付印,以飨国内读者,不论篇幅之大小,惟择内容之精新,私拟在二三年内,秉述而不作之志,选译二三十种,使我国会计学子,多得新颖读物,总名之曰立信会计译丛,作为"立信会计丛书"之新篇。俟至相当阶段,再将前著"立信会计丛书"继续改编,以适应我国新的环境及需要。谨略叙缘起,藉作嘤鸣之求,所望国内会计学者,多予指正及协助云。①

20世纪50年代初期"立信会计丛书"中多种图书的修订再版,证明潘老"再将前著立信会计丛书继续改编,以适应我国新的环境及需要"的计划,确实在一定程度上得到了实施。② 遗憾的是,关于在二三年内,

---

① 见 Thomas H. Sanders, Henry R. Hatfield, Underhill Moore 著,潘葆墀译:《会计原则述要》,立信会计图书用品社发行,1949年版。

② 参见本书第八章及20世纪50年代初修订后再版发行各种图书后所附"立信会计图书用品社发行图书目录"。

"秉述而不作之志,选译二三十种,使我国会计学子,多得新颖读物,总名之曰'立信会计译丛'"的计划,却因为时局的变化而未能实现。考各种史料,在20世纪50年代,标志为"立信会计译丛"的立信会计图书,仅见潘葆墀译《会计原则述要》一种。更为特别的是,与之前"立信会计丛书"大多数翻译或编译会计教材不同,这本《会计原则述要》和潘老所译《公司会计准则导论》,属于真正最新的会计理论名著。这一事实表明,潘老引进西方会计的努力,于此时开始由早期的专业教育和知识普及开始转向理论研究方面。这是一种具有十分重要意义的转向和提升。遗憾的是,这一计划刚启动,便在不久之后夭折,会计学界错失了一次极为难得的与国际学界共舞的机会。更让人无语的是,潘老这份"三年计划",数年之后被一些别有用心的宵小之辈做了各种歪曲的解释,甚至与国民党反动派叫嚣的三年反攻大陆相联系。一位为国为民的伟大学者崇高的学术志向无端遭到践踏,令人扼腕叹息!

(四) 花甲之年学俄语介绍苏联会计

当岁月的年轮推进到1952年,在潘序伦著作年谱上,我们看到两本有别于之前所有著述的新著:《苏联会计述要》和《国营企业会计概要》。这两本著作表明,一贯以英语见长、着力引进西方英语世界会计著作的潘序伦,随着新时代的到来,开始了自己的学术转向,从学习引进西方资本主义会计,转向了学习介绍苏联社会主义会计。

我们十分好奇,一直以来以英语占优的潘序伦先生,如何会研究起了苏联会计,而且在短时间内就有两本著作出版,这背后究竟有着怎样的故事?

带着这些问题,我们进行了相关的资料搜索和研究。在《潘序伦回忆录》中,我们找到了这样一项记录:"解放后,我又自学了俄文,并努力学习苏联会计理论和实务经验,翻译了一些苏联的会计书籍,还编写了《苏联会计述要》等普及读物。"[①]

[①] 潘序伦:《潘序伦回忆录》,见《立信往事》,第440页,立信会计出版社,2013年版。

在杨纪琬先生为中国财政经济出版社 1986 年版《潘序伦回忆录》所作的"序"中,也提道了潘老学习俄语的事:"解放初期,我们学习引进了苏联的一些会计制度,潘老先生为了推动我国会计事业的发展,年逾半百自学俄文,而且学得非常好。还编写了《苏联会计述要》一书,向中国会计界介绍苏联会计理论和实务。"①

在上海立信会计金融学院档案馆,我们查到了潘老五十年代学习俄语的笔记本。整整 10 本笔记本,每一页都密密麻麻写满了俄文单词。每个单词后面,是其意思的汉字解释,有些地方还会加入一些英文解释。

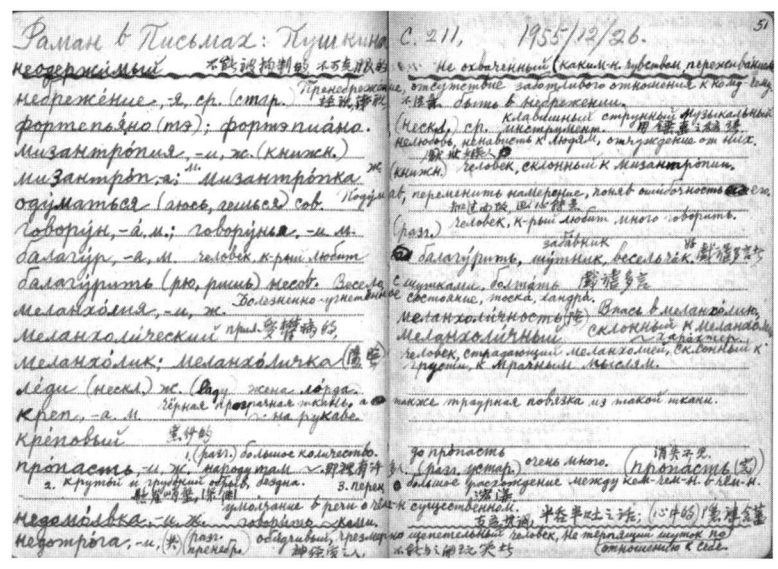

潘序伦先生学习俄语的笔记本(内页),原件现藏于上海立信会计金融学院档案馆

在这些笔记的页面顶端,标注着学习日期。上图所示的一页上标注的日期是 1955 年 12 月 26 日,表明直到 1955 年底,潘老依然在坚持学习俄语。

---

① 潘序伦:《潘序伦回忆录》,杨纪琬《序》,第 7 页,中国财政经济出版社,1986 年版。

(五) 与时俱进，时刻关注国际会计的最新发展

在之前的研究中，我们分析考察了青年潘序伦是如何在职业选择的挫折和迷茫中，最终选择以会计作为终生的事业。在随后的工作和生活中，怀揣"实业救国""教育救国"梦想的潘序伦，时时以学习引进西方最新会计知识和理论，推动中国会计的现代化发展为己任。为此，他一生保持对外部世界会计发展的敏感，时时关注着国外会计理论、实务及制度的最新发展。

在一直关注会计历史文化收藏的张辉先生的收藏品中，有一件抗战时期重庆立信会计师事务所的国际实寄封。证明即便在抗战烽火正炽、与世界的联系极为不便的情况下，潘老和立信人依然在克服困难，保持与国际的联系。

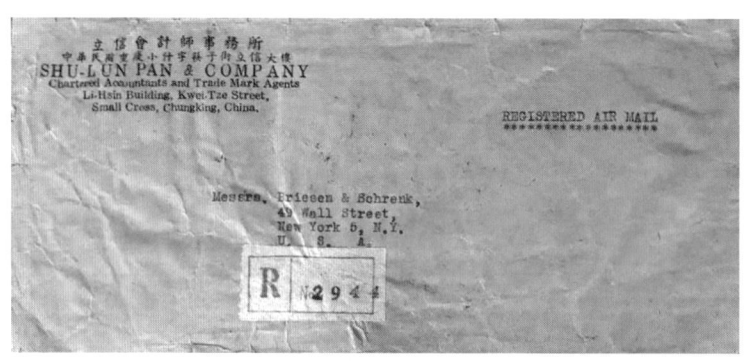

张辉先生收藏的抗战时期重庆立信会计师事务所实寄封

张辉先生曾对这枚实寄封做过详细研究，认为"这是一枚抗战胜利前夕重庆寄往美国华尔街的航空挂号实寄封。信封为西式公函封，右上角印有制作单位的中英文名称和地址：'立信会计师事务所，中华民国重庆小什字筷子街立信大楼'。收件人地址下面贴有一枚挂号签条，信封上也用英文标注了'航空挂号'。信的收件人是美国纽约华尔街49号一家名为 Briesen & Schrenk 的公司。"根据张辉先生的研究，这份邮件通过抗战后期中美之间最重要的邮路——中印奈美线，1945年6月

27日通过重庆邮局寄出，直到1945年7月20日到达华尔街，花费二十多天时间。①

作为一件罕见的实物证据，这件实寄封证明抗战的烽火并未隔断潘老和立信人与世界的联系。正是这种联系，让潘老能时时把握西方会计的最新发展。

这种关注和联系，在潘老这里是持续性的。在《批判右派分子潘序伦在会计方面的反动言行》中，我们找到了潘老保持对外联系、时时关注国外会计发展的又一证据资料："在上海解放前夕，潘序伦就托人去中国香港、美国搜罗大批所谓'最新'，也就是最反动的资本主义会计书籍。"② 这种联系在中断二十年后，又于20世纪70年代末得到了恢复。

诸尚一③先生在一篇名为《潘序伦风采依旧》的文章中回忆潘老1979年1月18日在上海陕西北路市社联会堂举行的上海市会计学会成立大会上发表讲话的风采，其中提及：

轮到潘先生讲话了。带着家乡口音的普通话，谈起了他正在阅读的新从国外寄来的会计、系统工程等方面的书籍，随即用英语介绍了这几本书的原名，发音咬字还是那么清晰确切，完全不像是高龄而又荒废了多年的样子。

……在出席成立会的二百七八十位会员面前，他侃侃而谈，提出了那么几个问题：会计学术应该如何为实现我国的四个现代化服务？如何为经济改组和企业管理服务？如何运用电子计算机到生产管理和会计工作上来？等等。老前辈虽然白了须髯，可是宝刀不老，壮志未已，精神反而有

---

① 详见张辉先生公众号，"会计学史"。
② 上海财政经济出版社编辑：《批判右派分子潘序伦在会计方面的反动言行》，第11页。上海财政经济出版社，1958年版。
③ 诸尚一，1913年1月出生于上海，1997年去世。1949年前曾任《上海商报》经理。1949年后，历任上海市税务局特约查账员、市私营工商业所得税民主评议委员会委员兼办公室副主任等公职。改革开放后，历任上海市会计学会副会长兼《上海会计》月刊主编、市注册会计师协会常务理事、市特约监察员、市住房委员会委员等社会职务。并先后担任第一、二、三、五、六、七届市政协委员，第六、七、八届民革上海市委副主委。

胜于当年了!①

如果我们注意到在改革开放的初始时期,绝大多数人的思维还停留在过去的时代,还对改革开放心存疑惧,根本不知道系统工程、电子计算机为何物时,潘老已经在研究系统工程,思考如何将电子计算机运用到生产管理和会计工作上来,考虑会计学术如何为经济改组和企业管理服务,这是如何的高瞻远瞩。而更重要的问题则是,他这种见识究竟由何而来?其实,诸尚一先生在文章中已经给出了答案:"完全不像是高龄而又荒废了多年的样子"!因为在过去的几十年中,居家的潘序伦通过各种渠道努力学习和了解外部世界,未曾有过一天的荒废。

四、无用之用

以上分析、列举了许多潘老一生中对外语及所学西方知识的实际的应用。接下来我们将进一步说明,潘老的"西学为用",并不只是将所学的西方会计专业知识用于教育办学和会计实践,用在翻译引进西方会计教材和学术著作方面,而是在发展会计事业的过程中全方位地借鉴所学的方法和经验,用融合了中西哲学观念和思维方法的全新理念,规划和指导中国现代会计的发展,从"有用之用"上升到了"无用之用"。

(1) 潘老在很早以前就开始国际化办学,除函授、夜校之外,更有别人可能想都想不到的日班、晨班、星期日班、速成班等,并先后在北京、天津、重庆、桂林、兰州、衡阳、广州、香港等地广设分校。事务所、学校、出版社三部分互为依托,事务所的会计师全部在自办的学校里分任教职员,还到东吴大学、暨南大学、复旦大学、大夏大学等高校兼课,构成一个门类齐全、结构完整、设计合理科学的庞大的会计事业集团,一个完整的生态体系,一个产业链。李文杰先生在《潘序伦与立信会计事业:悼

---

① 诸尚一:《潘序伦风采依旧》,见诸尚一《尚公杂议》,第81-83页,百家出版社,1999年版。

念老会计师潘序伦博士》[1]一文中,曾详细列示立信会计事业的各种基本数据,每一项数据拿出来都是十分惊人甚至不可思议的。通常我们只是惊叹这些数字之巨,实际上,我们更该感到惊讶的,是这种事业结构背后所隐含的观念和逻辑。这种事业结构和理念,即便放在当下,也是完全不过时的。甚至可以说,这是现在绝大多数高校和企业依然难以企及的境界。

(2) 在当下的中国,许多高校都在大力建设和发展校友会、同学会。而在立信,校友会、同学会之类的组织,早在办学初期就已经存在。《潘序伦回忆录》中专门有一章讨论"立信同学会"。其中提道:"1931年,由顾准发起,创立了以'敦睦友谊,切磋学术'为宗旨的立信同学会,他组织了30多位同学,推举李建模同学为主要负责人,主持会务。……立信同学会从成立到上海解放的近20年中,吸引团结了大批的校友、同学和教师,做了大量有益的工作。"[2] 20世纪80年代立信复校后,各地就普遍成立"立信校友会"。这些做法都是十分超前的。

(3) 在学术方面,潘序伦也能时时把握时代的脉搏,走在时代的前沿,与时俱进,甚至引领时代。概而言之,他并不是一个简单的西方会计的"搬运工",而是一个伟大的创造者。他总是能够在及时关注和发现外部世界的变化和最新发展的同时,密切注意国内现实发展及其需要,把西方先进会计学术的引进与中国社会实际相结合,找到切实合理的解决问题的方案和方法。20世纪30年代所得税法颁布之后,他及时调整和修改教材,积极推进税法的实施,从会计业务的角度解决相关问题;20世纪40年代末,他意识到西方会计的发展和国内的差距,派人搜集最新著作,开始翻译引进,同时也密切关注和考虑通货膨胀对会计的影响;改革开放后,他因时应势,大力推动成立会计学会,促进会计研究,并提出了许多具有重大时代性意义的问题,包括:发展中国自己的管理会计;人才会计

---

[1] 李文杰:《潘序伦与立信会计事业:悼念老会计师潘序伦博士》,见《立信往事》,第20-23页,立信会计出版社,2013年版。

[2] 潘序伦:《潘序伦回忆录》,见《立信往事》,第441页,立信会计出版社,2013年版。

和计算人才成本;重视农业会计和乡镇企业会计;电子计算机在会计和管理中的应用,以及应对新技术对会计的冲击问题。

后来发展的许多事实证明,潘老所提出和关注的这些问题,每一个都具有重要的时代性意义,是切中时弊、引领时代的。他作为一个一般人眼中的会计老人,之所以能够始终站在时代的前列,为别人所不能为,想别人所不能想,是因为他长期不懈地坚持读书学习,深刻认识和领会了人类社会发展的许多实质性方面,通达透彻,高瞻远瞩。

五、"中国现代会计之父":实至而名归

从 1924 年 9 月 4 日学成归国,到 1985 年 11 月 8 日离世,整整一个甲子,潘序伦先生致力于学习引进现代西方会计学知识和理论,为中国会计的现代化发展不懈努力,创立了"三位一体"的立信会计事业,数十年引领中国会计及其学术发展,举世瞩目。

1982 年 7 月 6 日下午,上海市会计学会、上海立信会计专科学校和上海公证会计师事务所联合在上海市政协餐厅举行茶话会,热烈祝贺潘序伦先生 90 寿辰。会计、财政、教育界人士 130 余人雅集一堂。上海市会计、财政、教育各界许多领导到场致辞致贺。

当时到会的还有美国八大会计师事务所之一的何伯斯·赖布兰公司和诸其诚先生。他们一致赞誉潘序伦作为"中国现代会计之父",当之无愧。①

---

① 苏民:《上海市会计、财政、教育界人士集会,祝贺潘序伦九十华诞》,《上海会计》,1981 年第 7 期第 48 页。

第六章 君子之质

书画怡情，笔墨冶心

一、审美之困

木心先生说过:"没有审美力是绝症,知识也解救不了。"吴冠中也认为:"今天中国的文盲不多了,但美盲很多"。"美盲"的滋生,意味着社会群体文化素养的下降,审美情趣和美感的俗化,与礼仪之邦的文化传统格格不入,也不符合社会发展和人民生活水平不断提高的现实需要。在中国传统社会,以琴棋书画为代表的美育,虽然更多的只是文人士大夫和富贵人家的消遣,但却依然是社会文化的一个重要组成部分,并对民间社会和普罗大众的生活发生重要影响。① 更重要的是,这些看似无用,甚至有时候被错误地当作文人士大夫休闲消遣的东西,实质上承载着重要的社会育化功能,更与人的道德修养,乃至整个社会的道德育化、生活秩序密切关联。

过去数十年,人们的物质和文化生活水平不断提高,民众的装扮也从单调的灰白绿走向丰富多彩的五颜六色,但变化的结果也增加了一些不尽人意之处,比如饱受诟病的"大妈丝巾"的艳俗、无顾他人的喧哗躁乱、对外来文化粗浅的模仿甚至病态的崇拜,礼仪之邦的优雅精致和东方文化的大气内敛等诸多独特的、别具韵味的中式审美几乎消失殆尽。走遍城乡,映入眼帘的多是类似于徽州乡村与自然大地和谐、宛若仙境的白墙黛瓦的残忍遗弃,是雕梁画栋、精美砖雕、古色古香,以及各具特色、美轮美奂的民族建筑被千城一面、千篇一律的钢筋混凝土所代替,是精美和富

---

① 笔者曾走过全国许多地方,因为专业的原因,近年来尤其关注晋商发源地山西和徽商发源地徽州,这些地方丰富的绘画(寺院、墓葬壁画)、砖雕、石雕、建筑、戏曲文化、匾额书法等,深刻地体现着传统书画及相关艺术的社会影响和悠久的历史源流。

有历史感的各种古建拆毁之后被粗劣的仿古建筑所替代，是统一店招瘆人甚至完全违反中国文化基本逻辑的白底黑字，是许多奇丑无比、辣人眼睛的奇葩建筑。

那迷人的青绿山水、素雅洁净的青瓷白瓷、冠绝古今的青花瓷韵，以及右军兰亭之雅、草圣自叙的铁画银钩，颜柳书体的端庄大气，多被深藏内库，或者只能在博物馆、舞台上鸿迹偶现。曾经被视为有君子之质的玉石（君子比德如玉），蜕化成疯狂逐利的工具，被炒到千价，只有物化的价值，再也与审美及德性无关。曾经为亿万人所喜爱，十分盛行的梅兰竹菊"四君子"，代表品行和志向的"岁寒三友"松竹梅，在艺术的世界里也难觅踪迹。在书法界，则是丑书横行。各种所谓"名人"字画，以丑为美，各种毫无底线的炒作，甚至流水线作业批量生产，艺术的高雅和情致消失不见，书画作品变成一些人自我标榜、逐名图利的工具。斯文扫地，道德沦丧。

呜呼哀哉！

行文至此，忍不住大声呼吁："救救审美！"救审美，既是救我们对世间一切美好事物的感知力和领悟力，救我们的涵养；也是拯救已经沦丧到毫无底线的道德。从根本上来说，是抢救我们已经被糟践得不成样子的精神世界。救审美，就是救我们自己，让我们回归社会人的本质。让我们有朝一日能够重新成为那个让世界称羡的礼仪之邦、文化之邦，而不只有泛滥的物欲。

二、书画存津

因为缺乏史料证据，我们不知道所以也无法准确说出，那个时代的潘序伦对书画持什么样的态度，有没有收藏过一些名人画作。但我们可以确定，潘老是很喜欢书画的，最大的证据就是，在潘老遗存的图书资料中，书画类图书占了很大分量。初步统计，书法类图书包括书法知识读本和碑拓两类，包括民国十四年（1925）8月中华新教育社出版发行的《书法秘诀》；唐代书法大家颜真卿的《游虎丘寺碑帖》（清远道士诗帖）和柳公权的《玄秘塔碑帖》；还有一种《谭祖安先生手写诗册》，属于书法和诗作的综合。画作方面主要是明清及民国时期名人画册，以山水册为主，兼及其他。计有翁同龢《松禅戏墨》《松禅老人遗画》，张宗苍《张篁邨山水册》，张季筼《张季筼山水册》，吴湖帆、潘静淑《梅景书屋画集》，晚清画家马涛编《诗中画》，清代吴云等《名人山水集》，张篁村、周牧山《张篁村周牧山山水合册》，石涛《石涛和尚山水集》《松柏名画集》，松江派画家沈士充等《松江派山水十二帧》，陈天啸《国画存津》，以及《梅艇画稿》。以上书画图书合计17种，在全部58种中文图书中占比29%。由此说明，书法和中国画是潘老精研、品鉴的重要图书种类。

潘老喜欢和重视书画，还有两项具体的证据：一是在他窄小的卧室中，挂着几幅不同风格内容的字画。其中至为特别的是照片右侧一幅结合

潘老卧室照片，墙上挂着几幅书画作品①

---

① 该照片收藏在上海立信会计金融学院档案馆，与潘老追悼会等系列照片收存一处。应该是潘老去世时工作人员所拍。是目前所见潘老晚年卧室（兼书房）最为清晰的一张彩色照片，是研究分析潘老生活的重要史料。

第六章 君子之质／书画怡情，笔墨冶心

了画像、国画（松竹梅）和书法题词的作品，是潘老 92 岁寿诞之时，上海书画界一些大师级人物和一些亲朋共同创作的贺寿作品。照片左首，是悬挂在隔帘上的字画："明师永寿，桃李增华"。在照片上，我们还看到在潘老照片（题有"秩师九旬寿庆"）两边，各有一幅西洋画作，一幅静物，一幅风景。除此之外，在另外一张老年潘序伦在家中会见来访者的照片上，还可以看到另外一幅书法作品，可见他对书画的喜爱。

潘老重视书画的另一项证据是潘老的题词。我们通常所能见到的潘老题字并不多，这很可能与他一贯谦逊的性格有关。但从他不多的题词（各届毕业班同学录上的题词及立信"二十四字校训"等）中，我们依然可以看出潘老的书法是很有些功底的。

右图中的"懋迁南针"四字，是我们搜集潘老资料时发现的一幅潘老题词作品。1947 年 1 月，时年 55 岁的潘序伦应邀为《商业新闻年刊》创刊号题词。《商业新闻年刊》是 1947 年 1 月创刊于上海的一种工商经济类刊物。为促进社会经济发展，该刊将上海每日发行的专门报道工商经济消息、各业市况动态、一年来有关金融工商的重要新闻，以及抗战胜利后政府颁布的各种经济法规等汇编成册，发行年刊，供工商界作为系统的参考资料，用来了解上海金融工商界的动向和经济现状。在战后百废待兴的上海工商界，这是一件具有重要意义的大事，得到了各方面的大力支持。创刊号上刊布了多位海上名流的题词，包括时任上海市市长吴国桢题的"经济准绳"、单锦吕题的"商界规范"等。潘序伦为之题写"懋迁南针"。懋迁是指贸易，"懋迁南针"，是希望该刊作为贸易发展的指南，对工商经济的发展发挥重要的指导

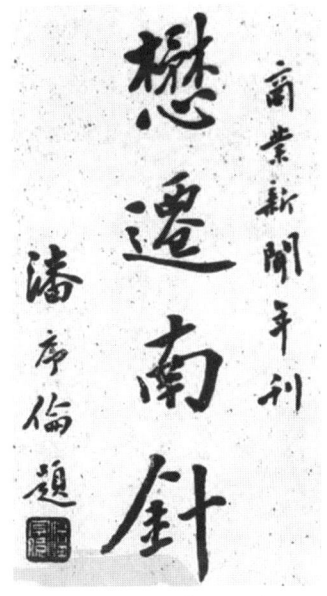

潘序伦 1947 年 1 月为
《商业新闻年刊》创刊号题词

207

性作用。潘老这幅题词，娟秀劲挺，绵里藏针，字肖赵孟頫，又有柳体风骨，显示出很深的书法功底。

三、书法探秘

汉字书法是与中国汉字的特点相关联的一种独特的艺术形式，源远流长，影响深远。从上古时期仓颉造字开始，中国字一直是象形与表意的结合，承载并传达了中华民族独特的世界观和审美意向。从最初的刻画符号，到殷商甲骨文字、先秦金文、秦汉简帛文字，再到后来纸张广泛应用，汉字书法作为一种兼容实用、艺术审美和社会教化功能的独特表达，发展为一种独特的文化艺术形式，被誉为无言的诗、无行的舞、无图的画、无声的乐。在数千年历史长河中，无数人精研书法，名师辈出，留下了难以计数的文化艺术瑰宝。

在传统教育中，以毛笔、墨和纸张的结合（间有其他形式）来呈现的汉字书法，是从开蒙时起每一位学子必修的功课。少时接受传统教育的潘序伦也不例外。虽然我们极少能见到潘序伦专门的书法作品，也不知他在书法方面究竟用了多少功夫，但从他存世的一些题词作品，乃至各种往来信函、手稿中，依然能看出他的书法功力深得颜真卿书法遒劲郁勃、外柔内刚的神髓。

潘序伦遗存图书资料中与书法相关的图书仅有四种，数量不多，但却各有特点、功用不同，恰构成一个特殊的体系。

1. 学书的基础工具书：《书法秘诀》

这是一本很有意思的书，从书名就可以看出一些端倪。

这部作为书法知识读本的小册子，封面题"金坛蒋和著，上海中华新教育社印行"，扉页有篆书题名，看起来与江湖秘传的"武功秘籍"好有一比。本书最后一页既是版权页，也是广告页，其所作广告的《读书作文法》，以及作为"名家秘传"的三种图书：《山水画诀》《人物画诀》《花鸟画诀》，也都有类似特质。

《书法秘诀》全书共分为四册，每册题名和内容各不相同。第一册名"笔法精解"，包括执笔指法、指法名目、指法运用名目、肘腕用法、指腕形势、笔管形势、笔法名目、指法运用名目第二、笔法名目第二、用墨等篇目。第二册名"点画全图"，包括起手诀、平画法、直画法、点法、撇法、捺法、挑法、钩法、接笔法、撇捺平直转折背抛用意诸法、字病等篇目。第三册名"分部配合法"，讲解字的偏旁结构，包括偏旁一百八十九部，重文三十四。第四册名"全字结构举例"，举例讲解字体结构，凡三百十六字，重文三十有五。除此之外，还包括了重定九宫格、分笔先后等内容。

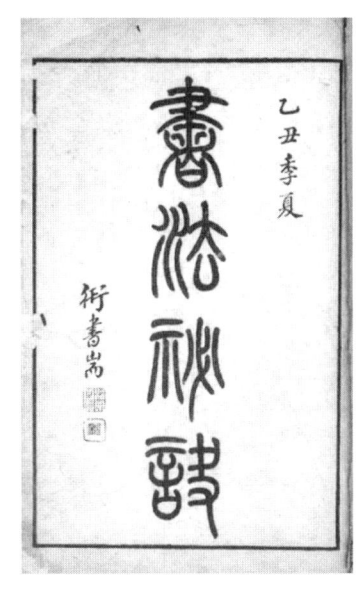

金坛蒋和著《书法秘诀》，上海中华新教育社印行，民国十四年（1925）八月初版

该书最后附有作者蒋和自著"学书杂论"二十一则，讲述作者蒋和对于学书的一些心得和认识。起首有作者自识，曰：

> 书之法可学而得也。然有非所学而学，有无可学而学，此在法之外也。古今论书者几数万言，无一相同。要于法中求精，法外取胜耳。篇中又间论隶体，盖笔法虽殊，而理则一。亦可以同归互贯云。
>
> 壬寅立秋日醉峰道人蒋和自识

书前有铅山铨定甫序和作者蒋和自序各一篇。自序曰：

> 尝读笔阵图，谓藏之石室，千金勿传。鲁公得长史笔法，亦历时久远，疑作者故郑重其辞，欲后人勿轻视也。吾先人书法两世媲美，议论俱有成书。和生也晚，未见祖颜先君子口授诸诀，稍知一二，奈质性鲁钝，学之廿年，功用屡迁，未臻其极。和初习颜柳未成，即从辙董赵，颇邀时

誉。自先君子见背后，始惧前业之将坠，奋志临醴泉铭①庙堂碑②，而法外之意如有所得。惜乎不得趋庭以相证矣。嗣临苏米各家，奇宕纵逸，若不可思议，而绎其旨趣，并参以先祖之书法论及先君子之续论，恍然于河源山脉，皆本二王，更于兰亭乐毅霜寒告誓各帖，沉潜索玩，尤喜十三行章法。日课之余，橅仿共百数十本。瞻前顾后，惝恍迷离，堂奥难窥，望洋增叹。古人云，学然后知不足，岂不然哉！虽然，行远自迩，登高自卑。书虽小道，宁独异是。尺寸绳墨，立之于始，乃无歧趋。唐人法度，入道之周行也。晋魏精诣，大成之妙境也。爰采摭群言，稍参末议，为书法秘诀一编，先之以笔法而点画次之，分部及全字又次之，共成四则，皆作书之规矩。童而习之，至老而不可废者也。和以衣食奔走，学识荒芜，就所见闻，漫为厘定，如欲行至远之途，精神先其步武，即记其已经之程。又如工人范镜之成，不敢自貌其妍媸矣。倘有善书者不吝所秘而教我，则幸甚。乌敢溺于爱鹜之说而自止其所进耶！

乾隆己亥孟夏江南醉墨后生蒋和识于都门之十椽书屋

该书作为书法知识和技法的普及读本，伴随潘老一生，甚是奇异。潘老的书法功力甚深，早已达到了由术入道的境界。之所以依然保留本书，时时揣摩，可能是以此"于法中求精，法外取胜"，求"法外之意"。此中意趣，难以为外人道也。

2. 颜、柳两法帖

潘老的收藏中有两件重要的碑帖：颜真卿的《游虎丘寺碑帖》（清远道士诗帖）和柳公权的《玄秘塔碑》。两种碑帖陪伴他一生，是他重视书

---

① 《醴泉铭》，全名《九成宫醴泉铭》，是唐贞观六年（632）由魏徵撰文、书法家欧阳询书丹而成的楷书法作品，现存于陕西麟游县博物馆。《九成宫醴泉铭》是欧阳询晚年经意之作，历来为学书者推崇，视为楷书正宗，被后世誉为"天下第一楷书"或"天下第一正书"。

② 即《孔子庙堂碑》。立于唐贞观初，虞世南撰并书，记述唐武德九年（626）封孔子二十三世孙孔德伦为"褒圣侯"及修葺孔庙等事，书法俊朗圆腴，内刚外柔，为唐楷典范作品之一。不久碑随庙毁。武后长安三年（703）重刻，相王李旦篆额，冠以"大周"二字，唐宣宗大中四年（850）琢去，后佚。宋初王彦超重刻，今存西安碑林，俗称"西庙堂碑"。今山东成武县亦存一石，元刻，称"东庙堂碑"。东瘦西肥，字亦互有出入。

法的重要证据。

碑帖是石刻、木刻文字的拓本或印本，供学习书法或鉴赏之用。清代钱泳《履园丛话·艺能·书》中有云："第一等有绝顶天资可以比拟松雪、华亭之用笔者，则令其读经史，学碑帖，游名山大川，看古人墨迹，为传世之学。"对古代读书人而言，临碑摹帖，写一手好字，是读书识礼、科考入仕的基本功夫。进而，在诗书画上下功夫，也是养性怡情、修炼身心、往来唱和所所需。因此，藏帖、读帖、临帖、背帖，精研名帖，是许多人一生的爱好。

（1）颜真卿《游虎丘寺碑帖》（清远道士诗帖）。

颜真卿（709—784），字清臣，小名羡门子，别号应方，京兆万年（今陕西西安）人，祖籍琅玡临沂（今山东临沂）。唐代名臣、书法家。开元二十二年（734）登进士第，历任监察御史、殿中侍御史。后因得罪权臣杨国忠，被贬为平原太守，世称"颜平原"。安史之乱时，颜真卿率义军对抗叛军。后至凤翔，被授为宪部尚书。唐代宗时官至吏部尚书、太子太师，封鲁郡公，世称"颜鲁公"。兴元元年（784），颜真卿被派遣晓谕叛将李希烈，凛然拒贼，终被缢杀。颜真卿遇害后，嗣曹王李皋和三军将士为之痛哭。追赠司徒，谥号"文忠"。

颜真卿是书法史上具有重大影响的书法家，与赵孟𫖯、柳公权、欧阳询并称"楷书四大家"。又与柳公权并称"颜柳"，被誉为"颜筋柳骨"。颜真卿书法精妙，擅长行、楷。其书法初学褚遂良，后师从张旭，得其笔法。其正楷端庄雄伟，行书气势遒劲，创"颜体"楷书，对后世影响很大。颜真卿书法有多幅名帖传世，包括楷书《多宝塔感应碑》《麻姑仙坛记》《东方朔画像碑》《颜勤礼碑》《颜氏家庙碑》等，行书《祭侄文稿》《争座位帖》《祭伯父文稿》等。

潘老所藏为颜真卿楷书《游虎丘寺碑帖》（清远道士诗帖）。碑帖所录为唐朝著名文学家清远道士的代表作品《同沈恭子游虎丘寺有作》。碑文如下：

清远道士同沈恭子游虎丘寺有作

我本长殷周,遭罹历秦汉。四渎与五岳,名山尽幽窜。及此寰区中,始有近峰玩。近峰何郁郁,平湖渺淼漫。吟挽川之阴,步上山之岸。山川共澄澈,光彩交凌乱。白云蓊欲归,青松忽消半。客去川岛静,人来山鸟散。谷深中见日,崖幽晓非旦。闻子盛游遨,风流足词翰。嘉兹好松石,一言常累叹。勿谓余鬼神,忻君共幽赞。

刻清远道士诗,因而继作

不到东西寺,于今五十春。揭来从旧赏,林壑宛相亲。吴子多藏日,秦王厌胜辰。剑池穿万仞,盘石坐千人。金气腾为虎,琴台化若神。登坛仰生一,舍宅叹珣珉。中岭分双树,回峦绝四邻。窥临江海接,崇饰四时新。客有神仙者,于兹雅丽陈。名高清远峡,文聚斗牛津。迹异心宁间,声同质岂均。悠然千载后,知我揖光尘。

大历五年十二月十日刑部尚书颜真卿书

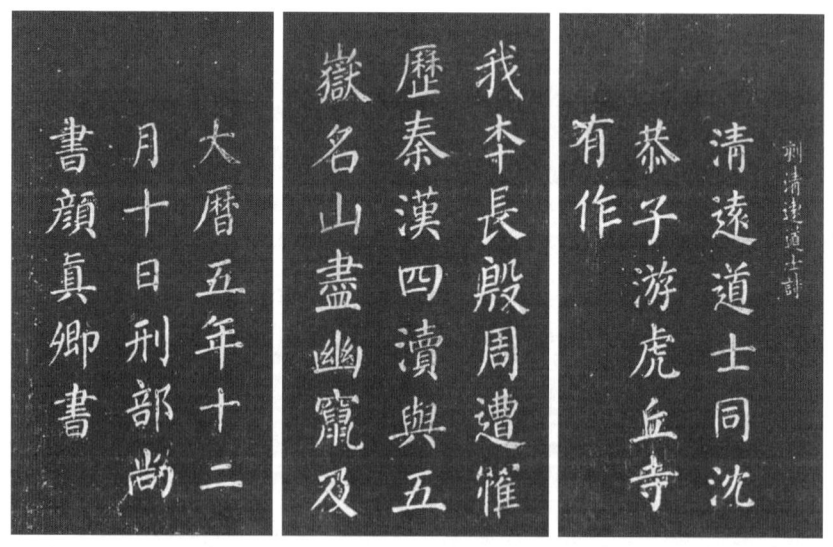

颜真卿《游虎丘寺碑帖》（清远道士诗帖）（局部）

（2）柳公权《玄秘塔碑》。

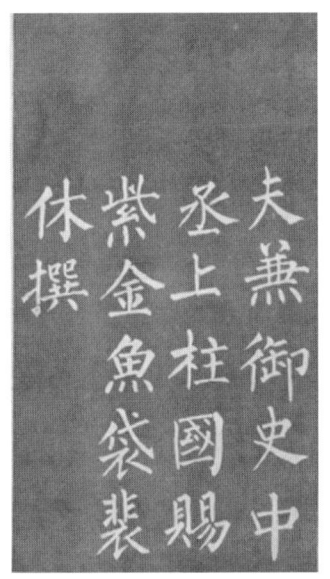 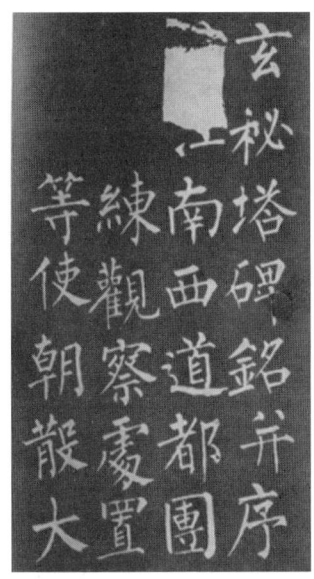

潘序伦藏柳公权《玄秘塔碑》(内页)

柳公权（778—865），字诚悬，京兆华原（今陕西省铜川市耀州区）人，唐朝中期著名书法家、诗人，官至太子少师，故世称"柳少师"。他的书法作品辉映古今，在当时就轰动朝野，备受文人墨客赞誉，名扬海内外，外国使臣以重金购得其书为荣。

柳公权的书法以楷书著称，以骨力劲健见长，后世有"颜筋柳骨"的美誉。据《旧唐书》载："穆宗政僻，尝问公权笔何尽善，对曰：'用笔在心，心正则笔正。'"从此，"心正则笔正"之说光耀千秋，流芳百世。

《玄秘塔碑》是一本重要的碑拓集。玄秘塔碑是为纪念端甫而立，立于唐武宗会昌元年（841），由宰相裴休撰文，柳公权书丹。柳公权时年63岁。如今知道端甫的人并不多，而《玄秘塔碑》作为柳体楷书的代表作之一，千百年来家喻户晓。

潘老所藏这本碑帖是一本名帖合集，集合了《玄秘塔碑》与其他数种碑帖。碑帖后附罗惲记、黄乔录编辑说明，曰："右玄秘塔碑于七年夏间与何梦华藏明拓李玄靖碑①（率四百余字）龚定盦藏明拓东方朔画赞碑②（额阴并全），叶云谷藏初拓玉版十三行③（杜罗轩前拓本）同得于黄李度家，李度止后，图籍久荒，此册与十三行蠹屑弥积，不可遍读。见其锋棱转折，神采奕奕，上字未损，纸墨并精。与向见之点画圆钝者相去奚止倍蓰。末有李宗瀚印，以为静娱室遗物。当有题识而遍索不可得。乃付良工装成，居然可观"。

3.《谭祖安先生手写诗册》

古代文人中兼通诗书画艺之人，常喜欢以手写方式将自己的墨迹流传后世，其拥趸也多喜欢购买收藏，作为模仿、赏读之用。潘老收藏的这部《谭祖安先生手写诗册》，便是其中佼佼者。这本手写诗册，是近代书法名家、著名政治人物谭延闿所作，为其1931年初印本（宣纸线装套印）。

潘序伦藏《谭祖安先生手写诗册》封面及第一卷扉页

---

① 颜真卿《李玄靖碑》，全称为《有唐茅山玄靖先生广陵李君碑铭并序》。
② 颜真卿《东方朔画赞碑》，俗称"颜子碑"，为唐代平原郡太守颜真卿书，字体端庄雄健，气势开张，为书法艺术珍品。
③ 《玉版十三行》是王献之小楷代表作，被誉为"小楷极则"，笔画隽秀挺拔，结字萧散逸宕，顾盼有致，盛名千年不衰。墨迹在宋元时有两本：一为晋麻笺本，一为唐硬黄本，上有柳公权跋，疑为柳公权临本。

第六章 君子之质／书画怡情，笔墨冶心

谭延闿（1880—1930），字组庵①，号无畏、切斋，湖南茶陵人。民国时期著名政治家、书法家。谭延闿是科举史上最后一位会元，与陈三立、谭嗣同并称"湖湘三公子"，与陈三立、徐仁铸、陶菊存并称"维新四公子"，曾任两广督军，三次出任湖南督军、省长兼湘军总司令，授上将军衔，陆军大元帅。后任南京国民政府主席、行政院院长。1930年9月22日，谭延闿病逝于南京，民国政府为其举行国葬。谭延闿书法造诣深厚，被誉为"近代颜书大家"。著有《组庵诗集》等。

民国时期著名政治家、书法家谭延闿

谭延闿是一位接受传统教育的近现代名人，其传统文化根基深厚。有文章谈道："谭延闿家世优渥、出身显贵。用今天的话说，可谓正儿八经的'官二代'。谭父钟麟为咸丰六年（1856）丙辰科二甲第十名进士，曾任杭州知府、河南按察使、陕西布政使、浙江巡抚、兵部尚书、工部尚书，以及陕甘、闽浙、两广总督等要职，系当时权倾一时的实权派。谭延闿自幼随父四处奔走，东至江浙，西迄陕甘，南及闽粤，北达幽燕，读万卷书，行万里路，见闻广博，阅历丰富。且他天资聪颖，过目不忘，6岁就入塾，当时其父要他日书楷字数页；三日作文一篇；五日吟诗一首……在严苛的训练下，他很早便显露出与众不同的才华。10岁已通制艺，且能写一手刚劲有力的大楷，连翁同龢观后也大为感叹，给谭钟麟的信中赞曰：'三令郎，伟器也，其笔力殆可扛鼎。比闻入泮，行即胜骧。'后真如其所言，谭13岁中秀才，22岁中举人，24岁参加最后一次科举并高中头名，成为会元。同年4月参加殿试，其文优字好，本能成为状元。但慈禧太后在最终圈定名单时，发现其既是湘人，且又姓谭，疑与'戊戌六君

---

① 网上搜到的资料写"组庵"，诗册封面写"谭祖安"，内页文字中有写"祖庵"，特此说明。

子'谭嗣同有染,遂将其降为二甲第三十五名,赐进士出身。而在接下来的入院朝考中,谭又考取了头名(即朝元),授翰林院庶吉士,一补湘人二百年之缺憾,自此声名日隆、享誉桑梓。"①

谭延闿的书法声名卓著。民国时期书法家中曾有真草隶篆四大家之谓,分别指谭延闿的"真",于右任的"草",胡汉民的"隶",吴稚晖的"篆"。这四人均为国民党的元老级人物,也是活跃于政坛的顶尖文人。

谭延闿末岁致力章草,访求石刻旧拓,想丰富书法的变化,力求寻找自己书法的表现语言,可惜天不假年,51岁英年早逝。谭延闿虽然未到人书俱老之境,然其法度俱存,为后世学书者所步趋。

谭延闿旧学功底深厚,尤擅吟诗作赋,且才思敏捷,常即兴赋诗,出口成章,所作诗篇众多。然因其为人率性洒脱,不注重作品收集,故诗作多数散佚。在其去世后,胞弟谭泽闿将其往来通信和日记中的诗作整理为《慈卫室诗草》《粤行集》《非翁诗稿》《讱庵诗稿》等四卷,结集成《谭祖安先生手写诗册》,于1931年以手稿影印形式出版,即为是册。

2019年,华中师范大学出版社影印出版该书。报道称:"谭先生手写诗册成书九十年以来,刊行极为稀少,除1931年初印本外,只数十年前在台湾有少量印行。这次影印出版,在内地尚属首次。之所以选择影印,是因为一可品诗味,二可赏书法,三可存真史。"②

潘老收藏此书,于诗书之外,或许有着更深的意义。

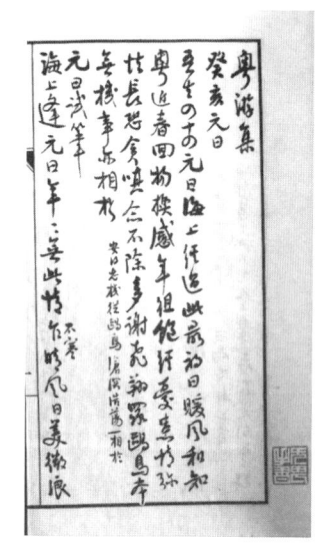

《谭祖安先生手写诗册》内页

---

① 俞栋:《谭延闿:爱写银行招牌的"民国楷书第一人"》,《杭州金融研修学院学报》,2020年第4期。
② 陈菁霞:《〈谭祖安先生手写诗册〉内地首次影印出版》,《中华读书报》2019年4月24日,01版。

四、山水陶冶

明代洪应明《菜根谭》有曰："琴书诗画，达士以之养性灵，而庸夫徒赏其迹象；山川云物，高人以之助学识，而俗子徒玩其光华。可见事物无定品，随人识见以为高下。故读书穷理，要以识趣为先。"

古人乐山爱水，并以山水作为绘画的主要题材之一，留下了许多重要的山水画作。文人山水画，在反映古代文人乐山爱水特性的同时，也寄托了特定人物不同际遇下各种不同的情志。正如《石涛和尚山水集》作者小传中所言："借笔墨以写天地万物而陶咏乎我也"。①

潘老藏书中颇多山水册，正反映出他乐山爱水，真心热爱祖国山河的特点。他所收藏的画册，基本都是民国时期印刷出版的名人画作，其中以山水画数量最大，也有其他题材如松柏，花草等。他所收藏画册的作者也有特色：一是名人名家，二是江南乃至上海松江本地画家。

1. 翁同龢《松禅戏墨》、《松禅老人遗画》

潘老藏书中包括翁同龢画册两部，分别是《松禅戏墨》和《松禅老人遗画》，属于松禅老人翁同龢晚年时期书画方面极具代表性的作品集。

翁同龢（1830—1904），字声甫，号叔平，晚号松禅、瓶庐居士，江苏常熟人，是我国近代历史上颇具影响的政治家、书法艺术家。咸丰六年（1856）中状元，授翰林院修撰，先后为同治、光绪两代帝师，历官刑部、工部、户部尚书，协办大学士、军机大臣，总理各国事务大臣等。中法战争中主张抗战，并支持刘永福黑旗军保卫疆土。甲午中日战争时，力主抵御外侮，反对李鸿章求和。后举荐康有为，支持变法维新，于光绪二十四年（1898）遭慈禧太后削职回籍，十月又被下令革职，永不叙用，交地方严加管束。翁同龢归里后隐居虞山②西麓，困顿七载后病故。

---

① 《石涛和尚山水集》，作者小传，中华书局，民国十九年十一月初版。
② 虞山：江苏省常熟市境内的一座山，横卧于常熟城西北，北濒长江，南临尚湖，因商周之际江南先祖虞仲（即仲雍）死后葬于此而得名。虞山东南麓伸入古城，故有"十里青山半入城"之誉。

翁同龢工诗，间作画，尤以书法名世。幼学欧阳询、褚遂良，再学董其昌、米芾，中年后由钱沣上追颜真卿，又不受颜体束缚，结体宽博开张，笔画刚劲有力，风格苍浑遒劲，朴茂雍容。马宗霍《霋岳楼笔谈》称："松禅早岁由思白①以窥襄阳②；终年由南园③以窥鲁公④；归田以后，纵意所适，不受羁缚，然气息淳厚，堂宇宽博，要以得鲁公者为多。偶作八分，虽未入古，亦能远俗。"著有《翁文恭日记》《瓶庐诗稿》。

（1）《松禅戏墨》。

此册为松禅老人翁同龢画稿影印画集，民国二十四年（1935）3月初

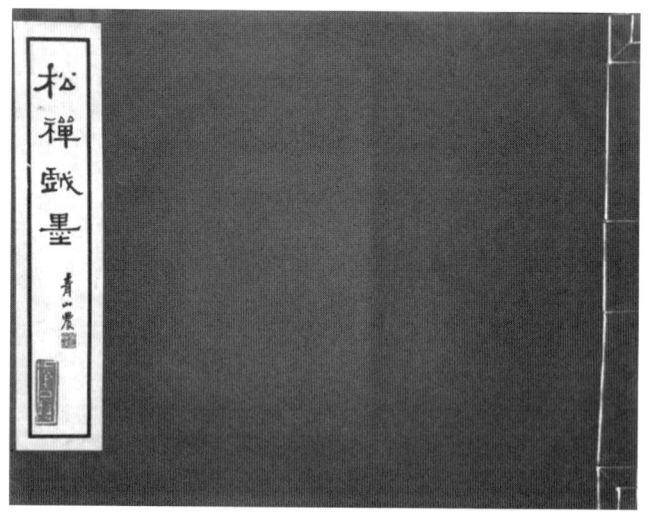

翁同龢《松禅戏墨》（封面）

---

① 思白：指明代书画家董其昌。董其昌(1555—1636)，明代著名书画家，字玄宰，号思白、思翁。别号香光。松江华亭(今上海松江)人。

② 襄阳：指宋代书画家米芾。芾为襄阳人，因称。米芾(1051—1107)，初名黻，后改芾，字元章，自署姓名米或为芈，祖居太原，后迁湖北襄阳，谪居润州(现江苏镇江)，时人号海岳外史，又号鬻熊后人、火正后人。北宋书法家、画家、书画理论家，与蔡襄、苏轼、黄庭坚合称"宋四家"。曾任校书郎、书画博士、礼部员外郎。

③ 南园：清代书画家。钱沣(1740—1795)，字东注，一字约甫，号南园。云南昆明人，清代大臣、书法家。乾隆三十六年(1771)进士，授检讨，官至御史。曾上疏言和珅为军机，办事不遵制度，因授稽察军机处之任。和珅知其家贫裘薄，凡劳苦事多委之，积劳成疾死。书法逼近平原，尝兴酣画马，识者珍之。有《南园集》。

④ 鲁公：即颜真卿，唐代著名书法家。

版，珂罗版双层宣纸精印，收藏者钱冲父，商务印书馆印刷、发行。收松禅老人山水8帧。

题：

亭敞闲云过，松疏夕照明。

长瓶居士

松禅老人山水之一

题：

松禅子潜隐山中，听时鸟之声，意得忘倦。童子以不堪书画之纸，亦欣然应之。松禅本非老画家，所谓相与于无相与者耳。

癸卯四月廿三日

此画作于癸卯年，即公元1903年，是翁同龢去世前一年。此册所收8幅山水，散淡静逸，显示了一位潜隐老人回归自然，与山水一体，看淡一切的释然。

松禅老人山水之二

(2)《松禅老人遗画》。

《松禅老人遗画》封面

《松禅老人遗画》，民国二十四年（1935）2月初版，10月再版，翁松禅遗画一册，每册定价大洋二元五角。收藏者：翁克斋，发行人：王云五，商务印书馆印刷并发行。书中收录翁同龢老年时代书画作品29幅，其中书法5幅，扇面8幅，其余为山水花草。花草以兰花为多，另有梅花扇面1幅。所有作品皆为罢归山林后所作，其中意趣多变，心迹历路昭然。

扉页有《作者小传》，其文曰：

翁同龢字叔平，江苏常熟人，晚号瓶庵居士，又号松禅。咸丰丙辰殿撰先后为同光两朝师傅，兼任枢要数十年。中国家多故，公以一身楂①柱其间，终不免于罢黜，晚年待罪里第，书法亦变化不测。真能脱赵董而参以平原者，世谓石庵，后惟公可以继武洵，确论也。

松禅老人翁同龢幼承庭训，志于经国。咸丰六年（1856）考中进士后，历任要职，两度入军机兼总理各国事务大臣，为同治、光绪两朝帝师。后获罪去职，待罪故里，仍忧心国事。本书虽为小书，却透露了翁同龢忧国忧民的无限心事。

开篇一幅《移居图》，空旷的画面上，远处杂木丛生，掩映着房屋若

移居图

---

① 楂(zhī)：柱下的石础或木础，意为支撑。

隐若现。居中一驾驴车孤零零地驶过,一人赶驴,一人挑担随后,无言中,把作者罢官归乡的凄凉与无助表现得淋漓尽致。

题:

悬空山有骨,拔地草无根。

题:

志士独行,将军老去,此图以了。
丁酉夏五　瓶生

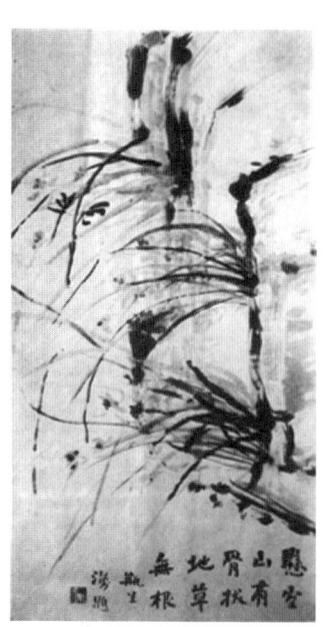

兰草图

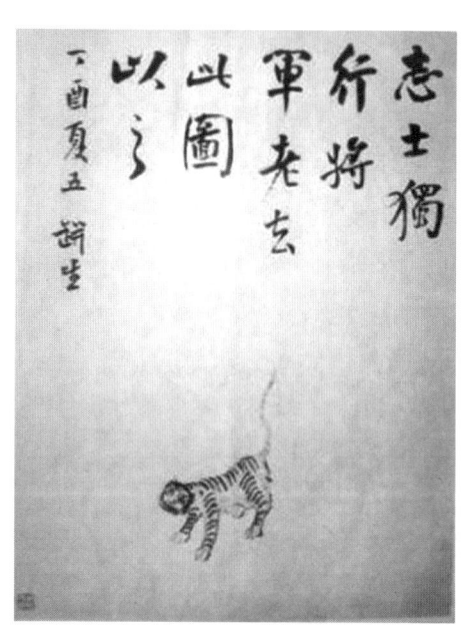

老虎图

文曰:

纱帽随鸥鸟,扁舟系此亭。江湖深更白,松竹远微青。一柱全应近,高唐莫再经。今宵南极外,甘作老人星。① 　更深不假烛,月朗自明釭,

---

① 杜甫:《泊松滋江亭》。

金刹青枫外，朱楼白水边。城乌啼眇眇，野鹭宿娟娟。皓首江湖客，钩帘独未眠。① 风飡江柳下，雨卧驿楼边。结缆排鱼网，连樯并米船。今朝云细薄，昨夜月清圆。漂泊南庭老，只应学水仙。②

老杜舟中诗三首，破笔作书画稚弱可叹。

癸卯四月山中　松禅老人

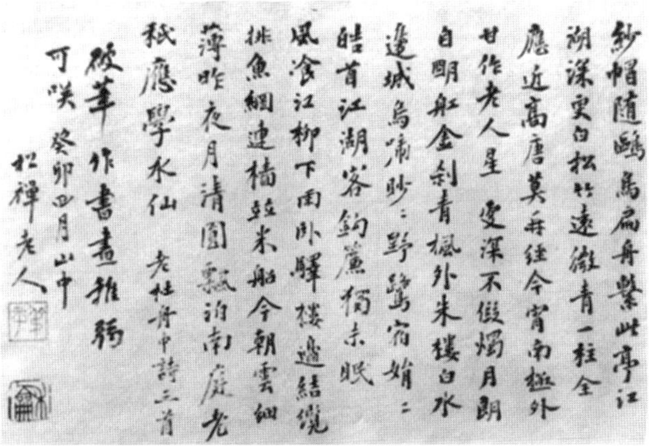

老杜舟中诗三首

十三年尚逐鹓行，孤负城西旧草堂，元日退朝惟默坐，敢夸身染御炉香。掣电飞驰墨数行，（电信多余笔）居然批敕立朝堂，桑榆难补东隅失，尚有人争海舶香。

小字：

顷因胶事呕尽心血，卆被人无语割弃，愤惋欲绝。戊戌元日

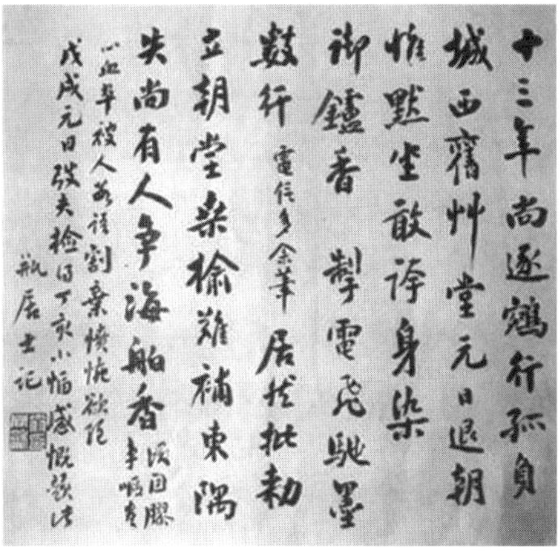

戊戌元日捡得丁亥小幅题诗

---

① 杜甫：《舟月对驿近寺》。
② 杜甫：《舟中·风餐江柳下》。

弢夫捡得丁亥小幅,感慨题此。

瓶居士记

题:

乱头麤①服不事拘束,不比春红漫②山皆俗。

同龢书于如草之堂并记

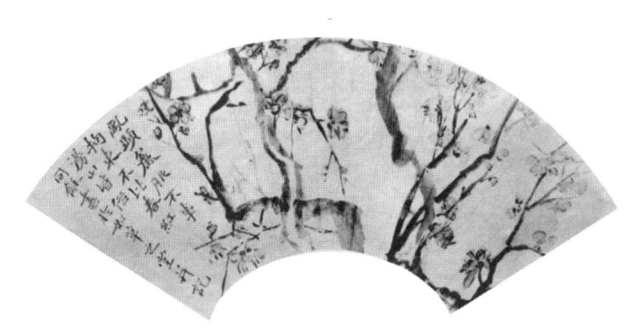

梅花扇面

2. 张宗苍《张篁邨山水册》

张宗苍《张篁邨山水册》,民国三十年(1941)1月初版,收藏者:吴彦臣,西泠印社潜泉印泥发行所发行,定价贰元四角。收张篁邨山水画8帧。

张宗苍(1686—1756),字默存,一字墨岑,号篁邨、蕉翁、太湖渔人,晚称瘦竹,吴县(今江苏苏州)人。师承清代娄东画派传人黄鼎,擅画山水。初以主簿理河工事。乾隆十六年(1751)高宗南巡,绘《吴中十六景》画册敬献,深得乾隆皇帝的欣赏,后来进入宫廷画院供奉,是乾隆时期一位重要的宫廷画家。清代宫廷绘画在清代绘画史上有着重要的地位,特别是乾隆时期,设立了如意馆广收人才,创作了很多纪实、历史故事、宗教及装饰题材的作品,具有特殊的历史与艺术价值,在乾隆一朝的

---

① 麤(cū):古同"粗"。
② 漫(màn):古同"漫",水宽广。

宫廷画家中,张宗苍是很重要的一位。张宗苍的山水画,画风苍劲,用笔沉着。山石皴法多以干笔积累,林木之间使用淡墨,干笔和皴擦的手法相结合,表现出了深远的意境和深厚的气韵,一洗宫廷画院惯有的甜熟柔媚的习气,特别被乾隆皇帝所喜爱。《石渠宝笈》著录张宗苍画作116件。

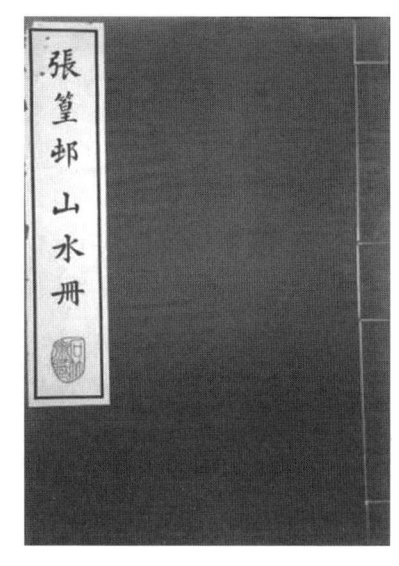

《张篁邨山水册》封面

要理解张宗苍及其画作,首先需要了解娄东画派。在太湖进入东海的三条主要河流之一的娄江东面,是著名的历史名城太仓,也称娄东。这里不仅是郑和七下西洋的始发地,也是昆曲和江南丝竹的发源地。约300多年前,在这里诞生了一个在中国美术史上具有举足轻重地位的绘画流派,史称"娄东画派"。这个画派以王时敏、王原祁、王鉴、王翚为核心,不仅统领了整个清代画坛,其影响力甚至一直延续到了今天。在绘画风格与艺术思想上,娄东画派深受董其昌影响,他们大量临摹古人作品,在借鉴古人立意、布局、运笔、色彩、线条等方面达到了登峰造极的地步。他们在以临古为主的艺术实践中积累了深厚的笔墨功夫,重视笔墨的趣味和美感,在作品中表现出平淡天真、超逸萧散的文人画审美特征。不过,这个曾盛极一时、统领画坛数百年的绘画流派,在近现代的地位却一落千丈。20世纪初的新文化运动中,康有为、陈独秀、徐悲鸿等一批名宿大家把矛头直指"王画",在此后的半个多世纪中,娄东画派几乎成了反面教材。

张宗苍的山水继承了娄东画派临古仿古的特点,笔墨精到,具有浓烈的文人逸趣。

张篁邨山水图（1）　　　　张篁邨山水图（2）

题：

石出江门蹲玉龙，白云积束括苍峰。幽亭坐啸无人见，只听鸾音振万松。仿北苑①意。

题：

乾隆六年辛酉长至日写古八帧于清江之萍华书屋。
篁村张宗苍

3. 张篁邨、周牧山《张篁邨周牧山山水合册》

《张篁邨周牧山山水合册》，民国二十一年（1932）元月初版，珂罗版印刷，张篁邨、周牧山山水合册一册，定价每册四元。收藏者：顾逸农，制版者：慎修书社，发行所：科学仪器馆。集张篁邨、周牧山山水画作12帧。

---

① 指南唐画家董源。董源曾官北苑使，世称董北苑。

《张篁邨周牧山山水合册》封面及扉页

有作者简介,曰:

张宗苍,字默存,一字默岑,号篁村,吴人。初以主簿理河工事,乾隆辛未以画进呈,蒙召入都祗候,授户部主事。山水出黄鼎之门,用笔沉着,多以干笔,积累林木间,亦用淡墨,所绘叠邀睿鉴褒题,年将七十,以老告归。

周笠,字牧山,嘉定人,颢从子。山水体韵精妍,气格融练,与颢并得盛名,世称为槎南二周。

周笠(1675—1763),字牧山,是与张宗苍同时代的人,也曾师从黄鼎,二人有同门之谊。周笠与同为画家的叔父周颢齐名,并称"槎南二周"。其山水师元四家,而得力在用干笔皴。少师黄鼎,兼作水墨花卉,生趣盎然。

《张篁邨周牧山山水合册》中收有一幅隶书书法作品,曰"横江墨雨"。

227

题记云：

乾隆癸亥冬十有二月之望，与篁村念亭青嵝牧山诸君泊父莲开士自淮归吴，时雪晴风利，悬帆飞渡，若不知天堑之险者。青嵝乞画于篁村牧山两君，欣然挥洒，合成一册。嘱余放皇为法，以颜其嵩，十九日次，梁鸿溪上书，邓尉山樵夫徐坚。

以上题记文字中，说明了本画册的来由。盖因诸友自淮归吴，"青嵝乞画于篁村牧山两君，欣然挥洒，合成一册"。

张篁邨山水图

周牧山山水图

4. 石涛《石涛和尚山水集》

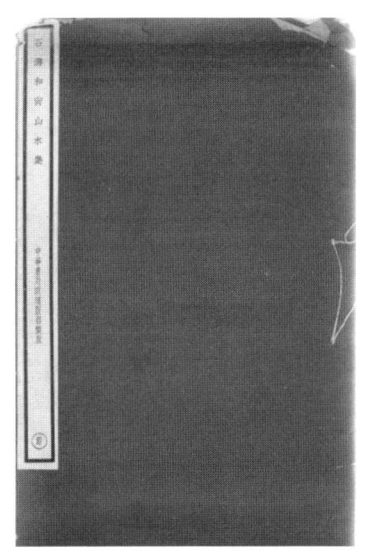
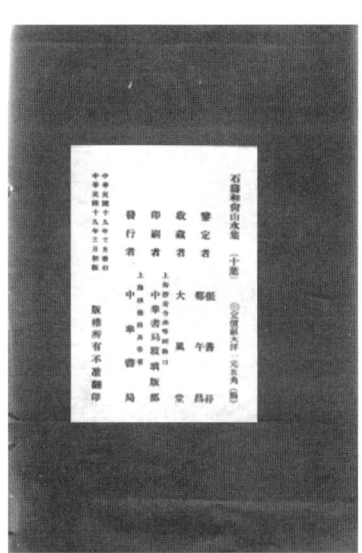

《石涛和尚山水集》封面及版权页

石涛（1630—1724），清初四僧之一。法名原济，一作元济、道济。本姓朱，名若极。字石涛，又号苦瓜和尚、大涤子、清湘陈人等。广西全州人,晚年定居扬州。明靖江王之后,出家为僧。半世云游,饱览名山大川,是以所画山水,笔法恣肆,离奇苍古而又能细秀妥帖,为清初山水画大家,画花卉也别有生趣。著有《画语录》。

《石涛和尚山水集》(十叶),鉴定者:张善孖、郑午昌。收藏者:大风堂;印刷者:中华书局玻璃版部制版。发行者:中华书局(上海棋盘街及各省)。定价银大洋一元五角。民国十九年(1930)11月初版发行,集石涛山水画10帧。

大风堂是张大千的堂号。《张大千艺术年表》载:1930年夏,上海文明书局出版张大千大风堂收藏的《大涤子山水册》3册;中华书局出版《大风堂原藏石涛和尚山水集》,即指此画册。

册中有"作者小传"曰:

释道济石涛,明楚藩后、清湘老人、清湘陈人、大涤子、苦瓜和尚、瞎尊者皆其号也。山水人物竹石无不精妙。盖其下笔古隽,设想超脱,无法而法,所谓借笔墨以写天地万物而陶咏乎我也。能诗,精分隶书,当时王太常丞称之谓"大江之南无出石诗右者"。生平多论画之什,石涛画语录尤警辟可诵。是集石涛山水画凡四十余页,纵横粗细俱择其尤者而蔚为大观云。

石涛山水一

石涛山水二

石涛山水三

石涛山水三为10帧画中的最后一幅,上有石涛题识,云:

旹①乙亥夏五月,余受合肥李相公稻香园之请,道过銮江,奉访巢民世先生,小册十纸,留赠请正。清湘瞎尊者原济石涛。

---

① 旹(shí):同"时"。

5. 张季筏《张季筏山水册》

《张季筏山水册》封面

《张季筏山水册》，昌艺社民国二十三年（1934）珂罗版，机器纸单面印刷。收张季筏山水 20 幅，后有陈丹衷等人跋文一并影印。

张季筏山水一

第六章　君子之质／书画怡情，笔墨冶心

张季筏山水二

张季筏山水三

6. 吴湖帆、潘静淑《梅景书屋画集》

《梅景书屋画集》，吴湖帆、潘静淑画册第一辑封面

《梅景书屋画集》，吴湖帆、潘静淑画册第一辑。民国二十九年（1940）1月出版，藏版者：吴县吴氏家族梅影书屋，出版者：梅影书屋出版社，印刷者：华东照相印刷公司，各大书局笺扇庄经售。全一册定价银币捌元正。书中收录吴湖帆、潘静淑夫妇画作16幅。陈邃（字蝶野）为画集作序，潘景郑写传略。

吴湖帆、潘静淑夫妇

吴湖帆（1894—1968），清代著名书画家吴大澂之孙，现代绘画大师、书画鉴定家、收藏家。早年与溥儒被称为"南吴北溥"，后与吴子深、吴待秋、冯超然一起被称为"三吴一冯"。作为画家，吴湖帆善画没骨荷花，以雅

腴灵秀、绮丽清逸的复合画风独树一帜。作为鉴定家,他与收藏大家钱镜塘被誉为"鉴定双璧"。潘静淑(1892—1939),名树春,吴湖帆之妻。潘静淑出身于苏州潘家,一个世代簪缨的家庭。祖上名气最大的是伯父潘祖荫,咸丰二年(1852)探花,官至工部尚书、军机大臣;曾祖潘世恩是乾隆五十八年(1793)状元;祖父潘曾莹,官至工部侍郎,是当时有名的诗人和画家。吴湖帆五十岁生日时,梅景书屋众弟子为庆贺其生日而集资印

潘静淑:华鬘倩影图

行《梅景画笈》，叶恭绰应邀题签，称"《梅影画笈》印制甚好，舍此等事更无可赏心者。"《梅景画笈》被誉为现代画坛的"中兴之谱"。民国二十八年（1939）吴湖帆的妻子潘静淑去世，其子吴述欧辑父母画作十六幅影印出版，叶公绰题签名为《梅景书屋画集》。

吴湖帆：茂林石壁图

潘静淑：紫蝶花图

7. 马镜江《诗中画》

马镜江《诗中画》，清光绪十一年（1885）石印刊本。潘老所藏为民国时期重印本。扉页有：全书二册，连史纸定价洋壹元，洋纸定价洋六角。《诗中画》由晚清光绪年间画家马涛绘。全书分为上下两卷，全书112页，书中内容以人物、山水画为主。书中有吴淦序、胡翰城序、徐家礼序、胡凤跋、马涛自识、马涛自序。

马镜江《诗中画》封面、扉页

作者马涛,字镜江,浙江海宁人,流寓沪上以卖画为生。工人物,宗陈洪绶①,参合费丹旭②,风神俊逸。并擅花鸟,画意活泼,笔如游龙。与沙馥、钱慧安、秦炳文先后同时,名亦相伯仲。有《镜江画谱》《诗中画》行世。

该书名为《诗中画》,内有题字"理臻摩诘",盖取苏轼《书摩诘蓝田烟雨图》"味摩诘之诗,诗中有画;观摩诘之画,画中有诗"之意。作者取一些名人诗句,以画来表达诗作的意境,充分体现了中国文化传统中诗画合一的特点。

---

① 陈洪绶(1599—1652),字章侯,幼名莲子,一名胥岸,号老莲,别号小净名,晚号老迟、悔迟。浙江绍兴府诸暨县枫桥陈家村人。明代著名书画家、诗人。年少师事刘宗周,补生员,后乡试不中,崇祯年间召入内廷供奉。明亡入云门寺为僧,后还俗,以卖画为生,死因说法不一。一生以画见长,尤工人物画。所画人物躯干伟岸,衣纹线条细劲清圆,晚年则形象夸张,或变态怪异,性格突出。花鸟等描绘精细,设色清丽,富有装饰味。亦能画水墨写意花卉,酣畅淋漓。还长于为文学作品创作插图,能表现出原作人物的精神气质。其画手法简练,色彩沉着含蓄,格调高古,享誉明末画坛,与当时的顺天崔子忠齐名,号称"南陈北崔"。其人物画成就,人谓"力量气局,超拔磊落,在仇(英)、唐(寅)之上,盖明三百年无此笔墨"。

② 费丹旭(1802—1850),字子苕,号晓楼,别号环溪生、环诸生、三碑乡人、长房后裔,晚号偶翁,乌程(今浙江省湖州市吴兴区)人,清代画家。以画仕女闻名,与改琦并称"改费"。

"理臻摩诘",光绪乙酉(1885)长夏,六十有五逸叟橋①题

题:

竹解虚心是我师,莲中通而外直,竹心虚而以节坚,与莲并称君子者,非此君其谁与归?

此画以白居易诗《池上竹下作》中"竹解虚心是我师"句为题。白居易原诗:

穿篱绕舍碧逶迤,十亩闲居半是池。
食饱窗间新睡后,脚轻林下独行时。
水能性淡为吾友,竹解心虚即我师。
何必悠悠人世上,劳心费目觅亲知。

画家以白居易"竹解心虚即我师"

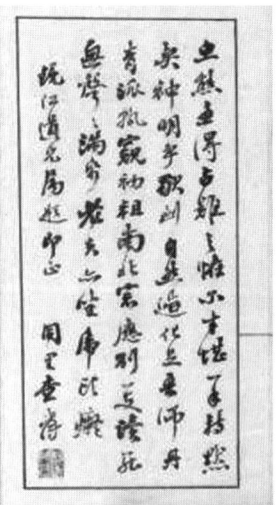

竹解虚心是我师

---

① 此字无法识读,用截图。

句入画,将其与莲并解,认为竹与莲可并称君子,除此无他。"心虚而以节坚",既是竹之特点,也是君子的品质。

题:

山间石上烂生光,曾受青城道士方。自采自餐还自寿,不来朝市说珍祥。

仿李伯时大意,镜道人

此画所取为梁秋潭《题采芝图》诗,画意则是仿宋代画家李伯时。李伯时名公麟,号龙眠居士,宋代舒州(今安徽桐城)人。元祐进士,元符年间拜御史大夫。博学好古,尤善画山水、佛像。晚年归佛受戒,能通禅法,而雅好净土。隐居龙眠山庄,时与高僧谈论,并结社念佛。绍兴四年(1134)预知时至,施财、书偈,念佛而化。享年八十有六。遗墨传世颇多,后世画家奉为典则。

采芝图

8. 吴云等《名人山水集》

《名人山水集》,1934年西泠印社珂罗版初版,收清代书画名家吴云等山水35幅。是潘老收藏画册中最重要的山水画册。

光绪六年岁在庚戌归安吴云记于焦山枕江阁。

吴云(1811—1883),字榆庭、少甫,号平斋,晚年号退楼。浙江归安(今湖州)人,是晚清著名书画家、金石学家。光绪年间任苏州知府。精通书法,以颜真卿为宗,工山水及枯木竹石,同时精于金石考据之学,著有《古官私印考》《华山碑考》等。

吴履,字旋吉,一字竹虚,号公之坦或公之它,别号瓦山野老、苦茶

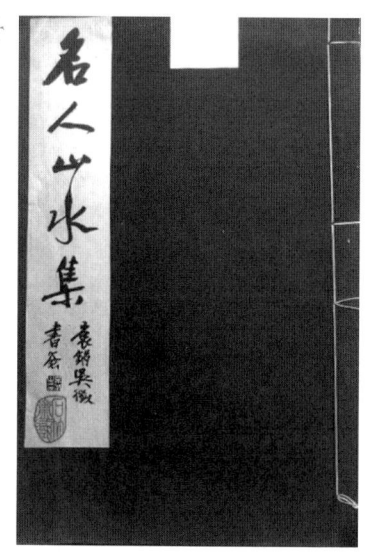

《名人山水集》封面

吴云山水立轴

吴履山水

和尚、苦茶僧（一作苦榛和尚、苦榛僧），浙江嘉兴人，生卒年不详。吴履善书法篆刻，行书脱逸，隶书浑朴，卓然成家。善绘事，学古不泥，人物、花草气韵生动。尤长山水，造景幽异，笔墨疏淡简远，艺林称其有元人冷隽之趣。曾长期客居曲阜孔谷园①家，嘉庆四年（1799）作《蟹虾藕菊图》册页，现藏沈阳故宫博物院。工诗，著有《苦茶庵诗》。

题：

南林属笔作萍宿图赠平老词宗钱塘俞时笃。

俞时笃，字企延，钱塘（今杭州）人，生卒年不详。工书法，字学

俞时笃《萍宿图》

---

① 孔谷园，即孔继涑（1729—1791，一作 1726—1790），字信夫，又字体实，号谷园，又号东山、葭谷，山东曲阜人。孔子第六十九代孙，衍圣公孔传铎第五子，举孝廉。乾隆三十三年（1768）举人，候补中书。孔继涑不但是乾隆时的制帖大家，且是一代书法名人。书法师承岳父张照。张照是康熙进士，乾隆朝官至内阁学士、南书房行走、刑部尚书。他的书法名播海内，当时深为乾隆皇帝欣赏，称之为"羲之后一人"。孔继涑作为张照亲自选定的东床，从其学书，近水楼台，因此深得其笔法而名噪一时。

苏、米两家，画有石田①余意，尤精篆刻。

高树程，字蕲至（一作蕲玉），号迈庵，别号青宁生，又称烟萝子，仁和（今杭州）人。山水笔墨苍润，花卉赋色妍雅。书法董、赵。

高树程《闭门觅句图》　　　张度《夏庐藏书图》

题：

夏庐藏书图，于清世一兄大雅鉴，抱蜀老人张度作于袁庙。

---

① 石田，即明代画家沈周。沈周(1427—1509)，明代画家，吴门四家之首。字启南，号石田，更号白石翁，长洲(今江苏苏州)人。沈周学识渊博，诗文书画均负盛名。他是明代吴门派创始人，以山水画著称，花鸟画亦有较深造诣，并能画人物。沈周讲究诗书画三者的有机结合，苍润雄逸的画面，配上清新质朴的诗句和挺拔苍劲的书法，互为映衬，相得益彰，突出了文人画的特色。沈周擅水墨山水，尤以水墨浅绛画法著称。其作品有粗、细两种面貌，以粗笔见胜。其花鸟画，宗法南宋牧溪水墨粗简一路，并吸取文人墨戏画法。所作水墨写意花鸟，形象写实，用笔简括，墨色厚润，格调质朴，在写意之中不失形似，泼辣之中兼有恬和，上承宋元传统，下启大写意花鸟画端倪。

张度（1830—1895），字吉人，一字叔宪，号辟非，晚号辟非老人、抱蜀老人、松隐先生、无意识界老衲，浙江长兴人。官兵部主事、湖南候补知府、刑部郎中等职。富收藏，精鉴赏。张度自幼勤学不倦，少年即精于鉴别古今书画，又喜治小学，工书画，善篆、隶，尤工八分书，笔势恣横，所书《公方碑》，淳朴而华茂，拙朴而变化，自成一家。张度年逾五旬始从事绘画。山水笔意沉着，设色古厚。所作人物有汉画像意，名满京城。

9. 胡靖等《松柏名画集》

《松柏名画集》，1931年3月初版，每册定价大洋二元。收藏者：陈伏庐，发行人：王云五，商务印书馆印刷发行。收录胡靖等13位明清江南文人画家松柏图14帧。书中有《略传》，介绍13位画家。

《松柏名画集》封面及《略传》

松柏名画一　　　　　松柏名画二

10. 松江派画家沈士充等《松江派山水十二帧》

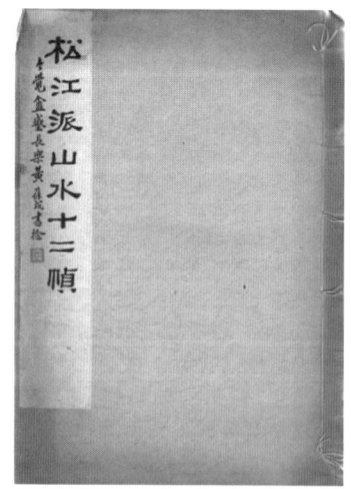
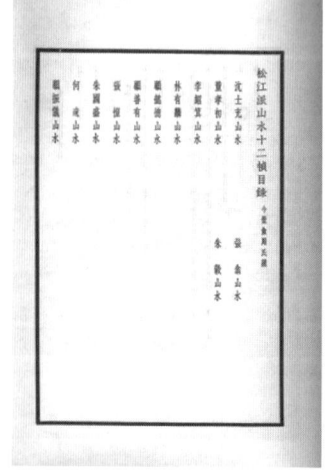

《松江派山水十二帧》封面及扉页

林有麟山水

《松江派山水十二帧》，民国十六年（1927）9月初版，发行者：商务印书馆，印刷者：商务印书馆印刷制造厂，总发行所：商务印书馆，分售处：各埠商务印书分馆。每册定价大洋一元四角。收录松江派山水画作12帧。今觉盦（ān）周氏藏。画家包括沈士充、董孝初、李绍箕、林有麟、顾懿德、顾善有、张恺、朱国盛、何远、顾振仪、张翕、朱縠。

题：

重叠九嶷高，苍茫洞庭小。

朱国盛山水

11. 陈天啸《国画存津》

《国画存津》封面

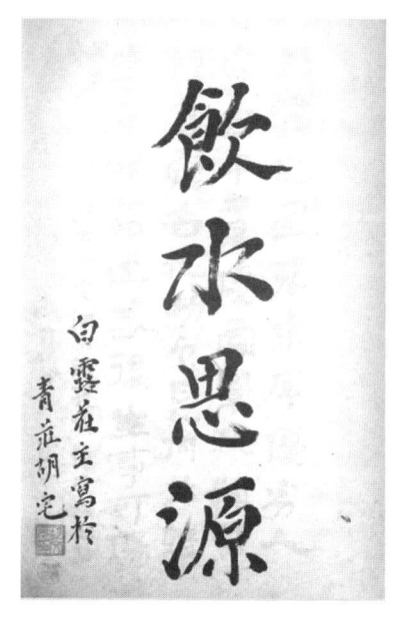
《国画存津》扉页题词："饮水思源"

陈天啸《国画存津》，1939年8月初版，玻璃版精印，一云印刷社制版，西泠印社发行。定价每册洋一元五角。

陈天啸（1903—?），号啸庐，别署天啸外史，广东潮安人。画家，工山水、花卉。精画理，笔墨古秀。陈天啸寄寓上海，曾在上海开国难绘画展览，所得之资移助东北难胞。蔡元培题词曰："国难方殷，全民负责。各尽所能，得寸得尺。孰云艺术，无补时艰。觥觥义举，矜式时贤。"著有《天啸之画》《国画存津》。

本书具有国画教材性质，图文并茂，详述绘画的技法要点，包括临摹的四要素（临摹四则）：构图、运笔、调墨、设色；人物、花卉等画法技巧，以及历代名家画论等内容。

  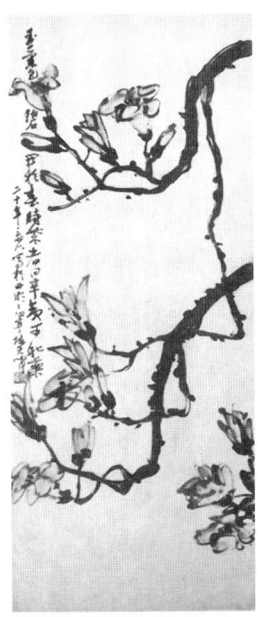

荷花图：亭亭净植　　　　　兰花图　　　　　　玉兰图

12. 梅艇先生《梅艇画稿》

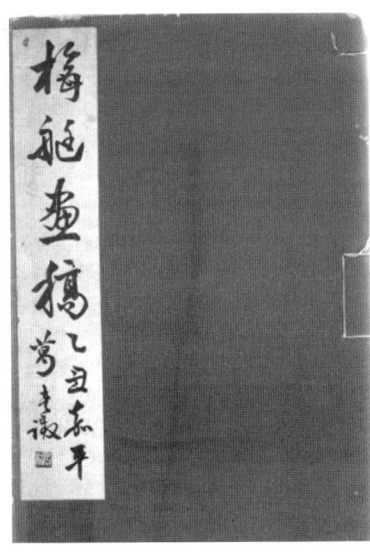

《梅艇画稿》封面

《梅艇画稿》，葛昌楹题名，童大年撰序，潘飞声书辞，民国十四年（1925）葛氏影印，珂罗版。书中集梅艇先生山水画10帧。

书中有篆刻家童大年所作"作者小传"：

梅艇画稿　梅艇先生工书善画山水，得宋元人遗意，迥异时流。令阮书徵社长兄集其近作，裒然成册，付诸影印，广结墨缘。嘱为署耑，用志歆佩。

乙丑小寒童大年

篆刻家童大年所作作者小传

梅艇先生生平事迹不详，但为本画册题名、撰序、书辞的葛昌楹、童大年、潘飞声皆为一时之选，可知画的作者梅艇先生亦非等闲之辈。其中尤其需注意的是为本书题名，也应该是推进本书印行的收藏家葛昌楹先生。

葛昌楹（1892—1963），字书徵，号竺年，别署竺道人，一作昌盈，字书徵，号晏庐，一号望荞，浙江平湖人，现代著名收藏家。葛昌楹早年就学于其父稚威先生创办的稚川学堂，卒业于苏州东吴大学。富于藏书，其"传朴堂"、"爱日庐"藏书及书画名闻遐迩。经葛金烺、葛嗣浵和他兄弟葛昌枌三代之力，先后积书逾10万余册，40万卷。其中善本、宋版书及孤本达4 000余种，方志2 400余种，宋元以来名家书画近400轴，历年科举试卷几千种。其藏书之名与范氏"天一阁"、刘氏"嘉业堂"相匹。藏书大部分毁于抗战之初，部分善本流入陈群的"泽存书库"。

第六章 君子之质／书画怡情，笔墨冶心

梅艇先生山水图一

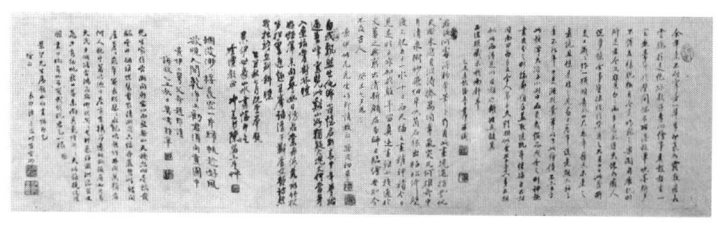

梅艇先生山水图二

五、岁寒三友

古人认为万物有情，也常用各种自然物种来比喻人的性格品行。最常见的比如梅兰竹菊"四君子"，分别代表人的四种品质：傲、幽、坚、淡。

梅：探波傲雪，剪雪裁冰，一身傲骨，是为高洁志士。

兰：空谷幽放，孤芳自赏，香雅怡情，是为世上贤达。

竹：筛风弄月，潇洒一生，清雅淡泊，是为谦谦君子。

菊：凌霜飘逸，特立独行，不趋炎势，是为世外隐士。

梅、兰、竹、菊成为中国人感物喻志的象征，正是根源于对这种审美人格境界的神往，使其成为咏物诗文和文人字画中常见的题材。花中四君子，名不虚传。

明代文学家、书画家陈继儒在为黄凤池所辑《唐诗画谱》所作的《集雅蔡梅竹兰菊四谱小引》中有曰："文房清供，独取梅、竹、兰、菊四君者无他，则以其幽芳逸致，偏能涤人之秽肠而澄莹其神骨。"梅兰竹菊占尽春夏秋冬，以之比喻君子，正表现了文人对时间秩序和生命意义的感悟。梅高洁傲岸,兰幽雅空灵,竹虚心直节,菊冷艳清贞。古人在一花一草、一石一木中负载了自己的一片真情,从而使花木草石脱离或拓展了原有的意义,成为人格的象征和隐喻。

除梅兰竹菊"四君子"外,"岁寒三友"松竹梅也常成为咏物喻人的重要题材。

松:四季常青,姿态挺拔,叶密生而有层云簇拥之势,欹斜层叠。在万物萧疏的隆冬,依然郁郁葱葱,傲霜斗雪,坚贞、高洁、傲岸、挺劲。其孤直耐寒的品格和顽强的生命力,堪比君子。《论语·子罕》:"岁寒,然后知松柏之后凋也",启迪了后世文人无尽的诗情画意。李白《赠书侍御黄裳》:"愿君学长松,慎勿作桃李。"刘禹锡《将赴汝州途出浚下留辞李相公》:"后来富贵已凋落,岁寒松柏犹依然。"李山甫《松》:"地耸苍龙势抱云,天教青共众材分。孤标百尺雪中见,长啸一声风里闻。桃李傍他真是佞,藤萝攀尔亦非群。平生相爱应相识,谁道修篁胜此君。"皆为咏松名句。

竹:高雅、纯洁、虚心、有节的象征。古往今来,"不可一日无此君"已成了众多文人雅士的偏好。古今庭园几乎无园不竹。居而有竹,则幽篁拂窗,清气满院;竹影婆娑,姿态入画,碧叶经冬不凋,清秀而潇洒。白居易《养竹记》以竹喻人,晓以树德修身处世之道:"竹似贤,何哉?竹本固,固以树德,君子见其本,则思善建不拔者。竹性直,直以立身;君子见其性,则思中立不倚者。竹心空,空似体道;君子见其心,则思应用虚者。竹节贞,贞以立志;君子见其节,则思砥砺名行,夷险一致者。夫如是,故君子人多树为庭实焉。"张九龄《和黄门卢侍御咏竹》:"高节人相重,虚心世所知。"苏轼《于潜僧绿筠轩》:"宁可食无肉,不可居无竹。无肉令人瘦,无竹使人俗。人瘦尚可肥,士俗不可医。"郑板桥一生咏竹画竹,留下了很多咏竹佳句,如"咬定青山不放松,立根原在破岩中。千磨万击还坚劲,任尔东西南北风。"在一众文人眼中,竹俨然成为名士风度的最高标识。"心虚而节坚",正是君子应有的品格。

梅：中国传统十大名花之一，姿、色、香、韵俱佳。梅花在严寒中最先开放，傲霜斗雪，然后才有烂漫百花散出的芳香，梅花因此与菊花一样，广受文人的敬仰与赞颂。宋人陈亮《梅花》诗："一朵忽先变，百花皆后香。"紧紧抓住梅花最先开放的特点，写出了不怕打击挫折、敢为天下先的品质，既是咏梅，也是咏自己。王安石《梅花》："遥知不是雪，为有暗香来。"既写出了梅花的因风布远，又含蓄地表现了梅花的纯净洁白。陆游《咏梅》："零落成泥碾作尘，只有香如故。"借梅花来比喻自己备受摧残而矢志不渝，不愿同流合污的高尚情操。元人王冕《墨梅》："不要人夸颜色好，只留清气满乾坤"，以冰清玉洁的梅花谕示自己不愿同流合污的品质。毛泽东《卜算子·咏梅》："风雨送春归，飞雪迎春到。已是悬崖百丈冰，犹有花枝俏。俏也不争春，只把春来报。待到山花烂漫时，她在丛中笑"，更是意境奇崛，无人能及，堪称千古绝唱的伟大诗篇。

潘序伦一生光明磊落、品性高洁，志向高远且坚韧不拔，是德比"岁寒三友"的真君子。

1983年秋，为了祝贺潘序伦先生92寿诞，沪上书画名家数人共同命笔，创作了一幅特殊的画作。松竹梅一并入画，诗书画同集一体，盛赞潘序伦先生的无上德行和对中国会计事业的巨大贡献。潘老生前，该画作一直悬挂在其卧室中，潘老去世后入藏立信会计专科学校（今上海立信会计金融学院）档案馆。现为该馆重要藏品。

人物（潘序伦小像）：王退斋画并题

题：

序伦仁丈九旬晋二寿相。

盖代声华拱北辰，文章经济重群伦，士林冠冕尊前辈，学海津梁启后昆。

天地钟灵仁者寿，山川毓秀国之珍，知交命我为图象，共祝嵩龄永驻春。

第六章　君子之质／书画怡情，笔墨冶心

贺寿图

癸亥中秋后二日后学王退斋敬绘并题。

以上是沪上文艺名家王退斋先生题写在《贺寿图》潘老画像旁的文字。农历癸亥年，即公元1983年，潘序伦时年92岁，故题词中有"序伦仁丈九旬晋二寿相"之说。

王退斋（1906—2003），名均，字治平、省庐，江苏泰州人，擅书画，工诗文，与苏步青、郑逸梅、施南池、苏局仙等名流时有唱和。生前为上海市文史研究馆馆员，春潮诗社副社长。王退斋绘画作品以花卉、人物为主。王退斋的绘画追求一种自然而风雅的古典情愫，其人物气韵生动、准确传神。

松：施南池翀鹏画、诗并题

题：

桃李盈门论万千，尽从计政着先鞭，善人天必予长寿，合与苍松共比肩。

序伦先生九秩进二造像，癸亥国庆节后二日，施南池翀鹏诗画。

施南池（1908—2003），本名翀鹏，字扶九，号南池，江苏崇明（今上海市崇明区）人。现代著名诗、书、画家。早年毕业于上海美术专科学校艺术教育系，并从著名山水画大家萧屋泉为入室弟子。施南池在20世纪50年代任中学、师范教师，70年代后任上海师范大学艺术系教授，又任上海交通大学文艺系教授兼东方艺术交流中心名誉主任。1981年被聘为上海市文史馆馆员。著有《施南池诗集》《中国名画观摩记》《中国画学习法》《施南池名胜纪游画集》等。

竹：申石伽画并题

题：西泠石伽补竹。

申石伽（1906—2001），近代上海书画名家，别署西泠石伽，室名"六步诗楼"，浙江杭州人。早年师从俞云阶、胡也衲。1925年与康云、胡亚光等组织西泠书画社。1929年加入中国美术会，与叶浅予组织中国美术会第一届杭州画展。1949年后长期任教于上海工艺美术学校，曾为上海美协会员、上海市文史馆馆员、浙江文史研究馆名誉馆员。擅画山水梅竹。最擅写墨竹、朱竹，由文同、夏昶入手，结合写生，风晴雨雪，各有神情，特以风竹写摇曳之态，乱中有序，动中见静，法度、韵味、气势三者俱佳，时人难及。或写竹融入山水一角，用淡墨和极轻之赭石、朱石票、朱砂渲染气氛，缥缈云烟，彤云曙色，自成家数，有"石伽竹派"之说。好吟咏、多题画，诗意敏捷。有《西泠石伽书画集》《山水画基础技法》《墨竹析览》行世。

梅：吴野洲画并题
题：松陵吴野洲写梅。

吴野洲（1904—1997），字荻声，出生于江苏松陵（今江苏省苏州市吴江区）。少年时代读完私塾，负笈远走浙江桐乡，拜清代国画家费丹旭（名晓楼）的传人仲光勋为师，入室学画三年，画艺大进，唯古典诗文根底尚浅。于是遍访名师，经柳亚子先生介绍，投在他的挚友、清末秀才张然生门下。张是诗词名家，吴随他读书，专习古典诗词。师生俩同住盛泽镇。吴野洲每日上午做功课，下午登门求教，风雨无阻，每次直至深夜方休。研习古典诗词两年，造诣日深。吴野洲增长了学识，在江浙一带开设"小瓶花馆"画室，后于20世纪30年代定居上海，传艺课徒。1956年，吴野洲与上海老画家姚于琴、张石园等集体创作巨幅国画"和平友好万岁"，作为上海市赠送苏联十月社会主义革命40周年的礼品。在70多年的艺术生涯中，吴野洲创作了难以计数的古典诗词，从中选出近600首，编印线装本《吴野洲诗词集》，分送给画友与弟子。

《贺寿图》上，除名家书画外，还有一些题词，照录如下：

题词一：

经济文章　群伦师表

序论先生九二玉照，百一岁苏局仙敬题。

苏局仙（1882—1991），上海市南汇县周浦镇人，字裕国，室名东湖山庄、水石居、寥莪居。清代末科（1906）秀才，长期从事教育工作，工诗及书法。早年写柳、颜楷书，后专攻王羲之《兰亭序》。

题词二：

立信声名远，英才培育多，蔼然仁寿相，四海起讴歌。

序伦老先生玉照，苏翁浦泳。

苏翁浦泳（1909—1985），字菊舲，一字菊灵，号潜盦，别署艳霜仙馆，抗战时曾署名长发头陀，后号苏人，苏翁。1949 年前长期从事教育工作，1948 年参加中国民主同盟。1949 年后任嘉定县人大代表，县政协委员、副主席，民盟嘉定县委主任委员，并被聘为上海市文史馆名誉馆员，上海市书法篆刻研究会会员。苏翁浦泳擅长诗词、绘画、金石、雕刻、文物鉴赏等，其书法更是名震一方。

题词三：

计学济时用，育才械朴贤，愿公如汉相，服乳得长年。
丹青有健笔，能貌振奇人，龙马精神似，光风霁月亲。
序伦老先生玉照，小诗二首奉题，癸亥九月包谦六呈稿。

包谦六（1906—2007），字吉庵，江苏南通人，著名学者，诗人，书法家。师从张謇、孟森（明清史研究大家）。早业于北京大学，后入周作民开办之金城银行工作，著有《吉庵词话》《包吉庵诗词》等。包谦六精诗词，工书法，长期寓居上海，与施蛰存、陈兼与、周退密、徐润周等诸老友善。2007 年 8 月 8 日逝于南京，享年 101 岁。

题词四：

序伦会计大师长寿

道貌蔼然归众望，计坛泰斗早驰名，匡时财会引西式，著作等身启

后生

兴学上庠名立信　接班传钵播春云　今朝晋祝期颐寿　拾穗行歌颂德馨

后学吕同文敬祝　癸亥国庆节后十日

吕同文（1906—1991），浙江桐乡人。经济学家，诗人。长期寓居上海，曾任上海交通大学教授。执教之余编译中西经济文章精华。善吟咏、与海上诗坛陈兼与、周退密、陈九思、施蛰存、朱龙湛等交往甚深。室名曰"养性斋"。著有《养性斋吟草》。

题词五：

君子三乐

序伦太夫子长寿　再门生张厚翼敬祝

张厚翼（1918—2005），江苏金陵（今南京）人，近代著名书法家，上海文史馆馆员。早年客居海上，与近代海派名家多有交往，常与吴湖帆合作成扇，书法功底深厚，擅长楷隶，笔法劲健隽秀，沉稳厚重。上海"大观园""闸北公园"等匾额、字牌，沁芳桥、听雨楼、怡红院、潇湘馆等馆名，均为其所书。

题词六：

序伦顾问老博士九旬晋二嵩寿

上海市珠算协会　程国华　林鑫培　姚文海　敬献并祝

程国华（1921—?），字瑶孙，晚清海上名家程瑶笙之侄孙，上海老城厢书画社社长。程国华家学渊源，所绘松鼠、猿猴，广受扶桑人士欢迎。旁精珠算，为珠算协会会员。

姚文海（1914—2000），中国珠算界颇具影响的珠算家、珠算算具改革发明家和珠算事业活动家。上海市嘉定区粮食系统财务干部、高级会计师。上海市珠算协会名誉理事，嘉定县珠算协会秘书长。

* * *

关于本章议题，总想再多说些什么，却感觉无论如何也难以找到适宜的文字来表达。对于既未受过传统文化熏陶，也不识琴棋书画、诗书画为何物的我等俗人，始终难以逃出蝇营狗苟、眼前的苟且与困顿，自难深刻理解如潘老之类人物在书画等各类艺术方面的追求和境界。因此也难以深刻体会书画的意蕴与对人生的价值。因此，本章勉为其难地探讨书画对潘老的影响，充其量只可能是隔靴搔痒，难获真意，更难有什么高明的见解和结论。对于究竟该如何为本章做个适当的总结，实在是困惑且惶恐。

因为网上冲浪，偶然读到某个公众号上的一段文字，似有所得，勉强借来作为本章的结束吧：

北岛写道："玻璃晴朗，橘子辉煌。一颗星星刹住车，照亮了你我。"

晴朗的如同艳阳天一样的玻璃，折射着明艳的阳光和清新的空气；一颗橘子，浓重的橘色，油亮的表皮，散发着柑橘的芳香，灿烂辉煌。

随处可见的玻璃在北岛这里，晴朗一如秋日的蓝天，毫不起眼的橘子，则像是灿烂的烟火和辉煌的交响乐。

我现在终于明白，为什么诗人、作家、画家、美学家眼中的世界和我们不同。那是因为他们比我们更有审美力。[①]

20 世纪初，蔡元培先生曾提出"以美育代宗教"，确是一个不错的主意。只是，在一个普遍不懂得美为何物，不懂得美之于人类的意义的时代里，他的这种提议，也只能是一种奢望吧。

希望审美缺失的这个癌症，终有可以治愈的一天。

---

① 作者：野生派职场人，链接：https://www.jianshu.com/p/9419b9c6d48d。

第七章

胸怀天下

位卑未敢忘忧国

一、何以天下为

要说古代中国文人士大夫中最流行的话,肯定少不了这一句:"以天下为己任"。

有了这句话,一个人即便是如何其貌不扬,也一下子会显得高大无比,具备了无上的荣光。然而,这句话却不好随便讲的,搞不好要付出生命的代价。可是,历史上总是有那样一些人,用自己的一生乃至宝贵的生命践行这一誓言。

"以天下为己任",较早出自《南史·孔休源传》。孔休源字庆绪,会稽山阴①人。《南史》有曰:"休源风范强正,明练政体,常以天下为己任。武帝深委仗之。"②《北齐书·崔暹传》中对崔暹也有类似评价。崔暹字季伦,博陵安平人。北齐(550—577年)高祖(高欢)在位时为官,在御史位上先后弹劾多名高官,刚正不阿,颇得高祖器重。"高祖崩,未发丧,世宗以暹为度支尚书,兼仆射,委以心腹之寄。暹忧国如家,以天下为己任。世宗车服过度,诛戮变常,言谈进止,或有亏失,暹每厉色极言,世宗亦为之止。有囚数百,世宗尽欲诛之,每催文帐。暹故缓之,不以时进,世宗意释,竟以豁免。"③ 此两例中的"以天下为己任",大抵被视为与国家同,所以这句话常被解释为"把国家的兴衰治乱作为自己的责任"。而后一例中赞许的崔暹,为了挽救生民之命,竟然敢在皇帝面前拖延推托,最终挽救了数百人性命,则是在他眼里,"天下"具有更为丰富

---

① 今绍兴市越城区。
② 《南史·孔休源传》,中华书局1997年版《二十四史》第8册,第387页。
③ 《北齐书·崔暹传》,中华书局1997年版《二十四史》第7册,第107页。

的意义，并不只是国家或帝王的代名词。《北齐书》言"暹忧国如家，以天下为己任"，显然也是对国和天下做了不同理解的。

宋代范仲淹（989—1052 年）在其大名鼎鼎的千古奇文《岳阳楼记》中倡导"先天下之忧而忧，后天下之乐而乐"，一下子把文人的道德境界（也是一种要求）提道了至高无上的制高点。比范仲淹晚生 31 年的另一位宋代大儒张载（1020—1077 年），则用更为奇绝的横渠四句："为天地立心，为生民立命，为往圣继绝学，为万世开太平"，做了更加广泛且具象的概括，为天下读书人拟订了无上的使命兼准则。

自宋代以降，忧国忧民、以天下为己任的家国情怀，便成了读书人的标配，一项必须的标准和要求。一定意义上，也将这个阶层型塑为社会的栋梁，道德的模范。

宋代爱国诗人陆游被免官之后，于淳熙三年（1176）作《病起书怀》，充分表达了诗人的爱国情怀和忧国忧民之心。

病起书怀

陆　游

病骨支离纱帽宽，孤臣万里客江干。
位卑未敢忘忧国，事定犹须待阖棺。
天地神灵扶庙社，京华父老望和銮。
出师一表通今古，夜半挑灯更细看。

寥寥数十字，把一个爱国知识分子忧国忧民的形象和情感刻画得淋漓尽致。这样的情怀，也一直影响着后世读书人的志向和行为。

本著前面各章[①]的讨论中，曾反复提及黄炎培、简照南、张謇等近现代人物所倡导的"教育救国""实业救国"对潘序伦的影响，而在潘序伦一生的学习和行事中，作为一个接受过传统教育，又精研《诗经》及传统

---

① 第二、第三章为主。

文化的文化人，潘序伦心中也是胸怀天下的。他心中念念的"棠荫长留"，他一生的事业追求，以及90高龄时发挥"余热"，"在振兴中华的年代里，为'四化'建设大业作出更大贡献"①的理想，无不深刻地体现着他"以天下为己任"的远大志向和追求。

二、地图与家国

天下是什么？自然不是一个很容易回答的问题。在少年潘序伦的思想中，"天下"首先是一个地理概念，是一个地理范围内承载和生活的民众的综合，是生养他、他生活于其上的这片土地。

在研究潘序伦生平的过程中，我们发现了他16岁在浦东中学读三年级时的一份作业。这份特殊的作业，读来让人惊讶。

这篇题为《北部六省简表》的小作文，是潘序伦和同学钟尔泰、黄振秀编辑整理的一些图表，发表在《浦东中学校杂志》己酉年（1909）十月号上。与一般作业和作文以文字方式讨论或阐释具体问题、表达观点不同，这份作业以绘图方式详细列示了直隶、山东、甘肃、陕西、河南、山西等北部六省的地理等情况，涉及疆域、地势、山脉、河流、道路、气候、风俗、物产、商埠，直隶、山东两省还包括有关海岸的情况。表中有说明："以上六表均就课时所受臧氏新体地理编制之"。由此可知，这是一份地理课作业，采用地理学的方法对各省的地理、风俗、物产、商埠等各方面情况进行描述。我们不知做这份作业的初衷，但却可以认为，这样的作业一定在青年潘序伦的心中留下了深刻印象，因为它把"国家"这个词以具象的方式进行了呈现。

潘序伦的另一篇题为《说国与朝之分》的小作文，则是讨论一个很大、很关键的问题。

这篇文章对于研究潘序伦具有重要意义，全文照录如下：

---

① 潘序伦：《潘序伦回忆录》，见《立信往事》，第449页，立信会计出版社，2013年版。

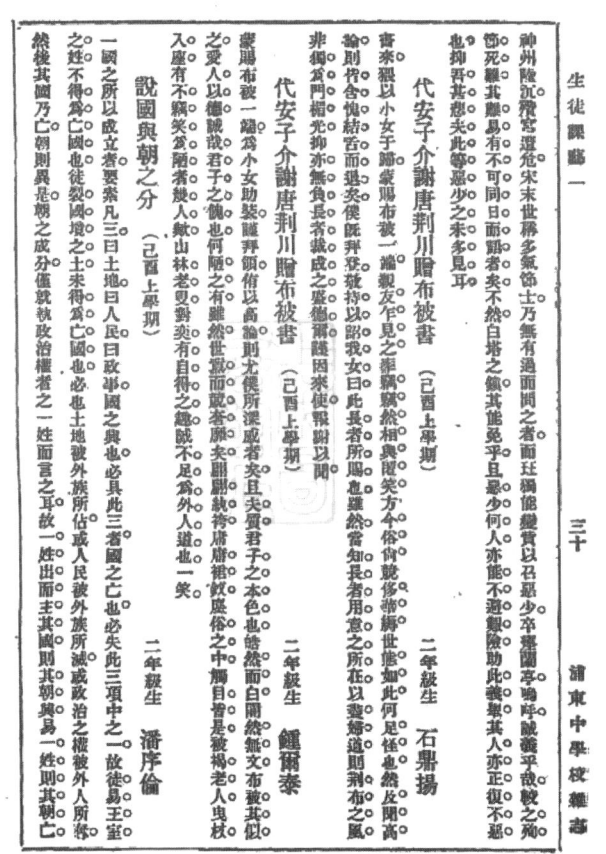

潘序伦,《说国与朝之分》,《浦东中学校杂志》上,己酉上学期
(1910年第2期,第30-31页)

说国与朝之分(己酉上学期)

一国之所以成立者,要素凡三,曰土地,曰人民,曰政事。国之兴也,必具此三者;国之亡也,必失此三项中之一。故徒易王室之姓,不得为亡国也。徒裂国境之土,未得为亡国也。必也土地被外族所占,或人民被外族所灭,或政治之权被外人所夺,然后其国乃亡。朝则异是。朝之成分,仅就执政治权者之一姓而言之耳。故一姓出而主其国,则其朝兴。易一姓则其朝亡。是以尧让天下于舜,可曰唐朝亡而不可曰中国亡也。汉后

天下三分,可曰汉亡而中国分裂,不得曰汉亡而即中国亡也。然则国与朝之性质,截然不相同也。乌可以朝名为即国名也哉。

　　这篇连同标题在内仅仅250字的短文,讨论国、朝区分的重大问题,观点明晰,论证清楚,文笔老练畅达,很难想象出自一位年仅18岁的中学生之手。更值得注意的是他这个选题的意义。让我们不得不考虑,是什么样一个年轻学子,竟然会思考这样宏大的问题?更值得注意的是,文章中的讨论,显然构成了青年潘序伦天下观的基础,这个观念使他在后来面对外敌入侵等重大问题时,能够做出自己独立的判断和选择。

　　基于这一逻辑,再看潘老藏书中有民国二十三年(1934)北平民社印行的《内府地图》,就显得顺理成章了。联系1931年"九一八事变"后中国的局势和背景,这本书被潘老收藏并保留终生,就很容易理解了。

　　这是潘老藏书中唯一一部地图类书籍。封面标题《内府地图》,1934年4月1日出版,屯留李炳卫鉴定,北平民社、普及图社、德友女学校校勘,北平民社发行。全书分上、下两册,浅绿色硬纸封皮,因为岁月的洗礼已发黄变色。两册书保存完好,能够历经几十年动荡岁月而留存,实属不易。为何潘老藏书中会有这样一种地图册,从该书序言即所附北平民社的誓语中,可以获得一些启示。

《内府地图》,中华民国廿三年三月,北平民社印行

首先，篇尾署曰"共和二十三年甲戌二月一日芮城景耀月序于大招阁"的"内府地图序一"，在详述地图之来由及中国各部分疆域演变，尤其是满洲历史之后，对地图的意义做了深刻的解说。要理解这篇序文乃至这部《内府地图》的意义，首先需要了解一下序一作者景耀月。

景耀月（1881—1944），字太招，别署大招、帝召、瑞星、秋绿、秋陆，山西芮城人。近代革命家、教育家，早期同盟会成员，一贯反日，最终因反日而亡，终年63岁。

景耀月少年有才，18岁中秀才，20岁中举人，被誉为大器天成。光绪二十九年（1903）景耀月考中举人，后留学日本，获法学士学位，参加同盟会。1908年2月，景耀月与赵世钰在东京创办《夏声》杂志，宣传革命，并与于右任等发起晋豫陇学会。宣统元年（1909）毕业返国，在上海与于右任合办《民呼日报》。该报在他担任总编辑期间，逐渐减少了揭露清吏方面的文字，而把主要锋芒转向抵制日货，认为日本帝国主义是当前主要危险。他本人也在《民吁日报》上发表文章，激发革命排满思想，揭露日本侵华阴谋。名声大噪，与耆老景梅九先生被誉为"山西二景"。不久，报为清廷抄封，他本人被通缉，于是前往日本，后又赴南洋各地。1911年武昌起义后返国，以山西省代表资格，被举为临时政府各省代表会议主席、参议院议员，各参加筹组南京临时政府，草拟临时大总统就职宣言，并参与制定《中华民国临时约法》。1912年被孙中山任命为南京临时政府教育次长（代总长）兼南京法政大学校长。南北议和后，景耀月脱离国民党，组织政友会，拥护袁世凯，历任大总统府高等政治顾问、众议院议员、经济调查局参议，为革命党人所鄙视。1917年在山西、河南组织靖国讨逆军，反对张勋复辟，被推任为总司令。1922年，第二次恢复国会时，仍任众议院议员。北伐之后，景耀月离开政界，致力于学术研究，曾担任北平天主教机关报《益世报》编辑。后执教于上海中国公学、北平大学法学院、东北大学各大院校，专心著述，为国育才，弟子遍于南北。时与黄季刚先生合称"北景南黄"。

1937年秋，抗日战争全面爆发后，山西日伪企图强其出掌伪华北政权，遭景耀月拒绝，并暗中与学人创立夏学会，进行抗日活动。日酋见此情景，欲置耀月于死地。乘其病情严重时，多次派爪牙以私人名义软硬兼施，以帮助治疗为名，用车强行将其接到日伪同仁医院，谎称系患膀胱瘤用手术刀在膀胱内割下约3寸长之刀口，不予治疗及缝合，造成大量尿血，并在风寒中敞开门窗，使伤口恶化、感染、致使病人腰背又发生多处脓肿，又在腰背切开刀口六七处，使其呻吟病榻，每日出血盈盆。数日之间，受尽痛苦。1944年4月28日，景耀月在北京逝世，终年63岁。

　　景耀月逝世后，重庆国民党政府为他召开了隆重的追悼会，由于右任主祭宣读褒扬抚恤令，表彰他在创建中华民国中的不朽功勋和抗战期间以身殉国的大忠大义。延安的《新华日报》也发布了"景耀月先生逝世"的消息。①

　　以上不厌其详地介绍景耀月的生平事迹，是因为：

　　第一，了解了他的生平，尤其是一贯反日的态度，才能够真正理解为什么一部地图册，会请这样一个社会名流来作序，而他也欣然命笔，并且一篇序言，竟有6页的篇幅，数千文字。由此也可推知，这部《内府地图》，根本不是一部一般的地图，而是一种反日的武器。它代表的是中国人民反对日本侵略，维护国家主权的意志和决心。

　　第二，从序言作者生平事迹和对本书性质的以上判断，也就可以解释潘老为什么会收藏这样一部地图。因为在潘老心目中，土地是代表祖国的核心要素之一种。爱地图，即是爱它所代表的这片土地。

　　第三，这部地图册出版的时间，是1934年。当其时，东三省已经沦入日寇之手，抗联依然在那里苦战，而日寇又在虎视眈眈，觊觎华北和整个中国。全国人民呼吁抗日的声浪在各地激荡。

　　潘老收藏这部地图册，就如同收藏了自己保卫国家领土完整的决心，

---

① 以上信息引自360百科"景耀月"条。有删减。https://baike.so.com/doc/7575143-7849237.html

收存了一种坚决抗日的态度。此外,我们还注意到,序言作者景耀月曾在1912年兼南京法政大学校长,而《潘序伦回忆录》中记载,辛亥革命时,潘序伦获得了常州府中学堂的毕业证书,"当时共和民主国体初创,全国各地都需要法政人才,我为做官的虚荣心所驱使,就考进了南京法政大学。"① 由此来看,潘序伦心目中,很可能视景耀月为自己的师长,这也可能成为他一直保留这部地图册的原因。

回头再看这部地图册和序言的内容。根据序言中所述,这部地图册之所以称为"内府地图",是因为其"获诸清某王府",也就是某王府的旧藏。其"无刊梓年月",但"制绘之精密,位置之准确,殊在内府铜版诸图以上"。序言作者以洋洋数千言,详细考证分析了各地的地理沿革及史实。序言最后曰:"凡兹古今事征,史乘左验,有垂五千年完足不残之记载。窃以此图之要,实足供吾人征古之资,读史之佐。世方多难,弥足珍际。余故奋笔为志其实。若夫闾左烽急,旧疆残破,万里金汤,溃然坐坏。边头易其版色,界墙撤其天限,于时风物无殊,蒿目有山河之变。此吾起视四境,足用意乱心摇。只益增忧者耳。"②

序言最后几句,对"闾左烽急,旧疆残破,万里金汤,溃然坐坏"的局势表示了极大的担忧,这种深刻的担忧,足为时人共情公愤。这就是这部地图的意义所在吧。

三、为抗战而歌

诗言志,歌咏言。"诗者,志之所之也。在心为志,发言为诗"。自古以来,诗歌一直是一种十分有效的情感表达方式,从庙堂到乡野,为许多人所乐用,诗歌的形式和特点也经历了不断演化,但其表情达志的基本功能却未曾有根本性的改变。在本书第三章中,我们分析过潘序伦学习、精研诗歌的情况,并发现对诗歌有深入研究并十分喜欢诗歌的潘序伦,却极

---

① 潘序伦:《潘序伦回忆录》,见《立信往事》,第429页,立信会计出版社,2013年版。
② 见《内府地图》序一。见《内府地图》,北平民社民国23年印行。

少诗作发表。我们在研究过程中亦曾多方寻找,未有所获,最后从《潘序伦传》作者罗银胜先生那里要到了这首发表在 1932 年 12 月 19 日《上海商报》上的《义勇军赋怀》,这是目前所见唯一一首潘老的诗作,成为研究和理解潘老至为重要的材料之一。

1932 年 1 月 28 日,淞沪抗战爆发,潘序伦义愤填膺,作《义勇军赋怀》,激励民众同仇敌忾,共御外侮。

义勇军赋怀

潘序伦

更不见当年暴秦势力莫与京,蚕食鲸吞肆兼并;
又不见齐楚燕赵、日日纷争,坐令虎狼羽翼成。
古今情事初不殊,大好河山强占据;
异军苍头看突起,誓死抵抗无犹豫。
白山黑水风凛凛,人乏饱糈马断饮;
大呼杀贼向前进,转战不分昼与寝;
冰天雪池寒澈骨,械弹两竭犹突奔;
前仆后继胫膝没血,将军誓愿阵前殁。
如此义勇气盖世,宁可秦越相坐视。
匹夫兴亡与有责,投袂缨冠尚何俟。
弦高犒师救郑国,输财助边汉卜式。
今古人岂不相及?毋令后人笑我拙。
吾闻海上花国选总统,敛钱将以饷义勇。
须眉如何逊巾帼,对之能无增愧色。
又闻救济难民特组游艺会,得资悉数酬赈灾。
但冀解囊多慷慨,一举两得数善备。
勿再观望与徘徊,同胞救国与乎来。

在第三章中,我们讨论过潘老读诗和精研诗歌的情况。我们发现,他虽然不作诗,但却以点读唐诗的特殊方式,寄托自己的情怀和喜怒哀乐情绪。至于潘老为什么喜诗而不作诗,我们分析的结论,认为潘序伦以"教育救国""实业救国"为使命,他所敬仰和追求的,是召公那样能够为天下百姓谋福利的大德,而不是成就小我,因而,对于常人喜爱的琴棋书画、吟诗作赋,他并未作为自己的个人选择和爱好,也可能是因为事业太忙,使他无暇寄情于这些许多时候带有怡情养性性质的活动①。所以我们所见他的文字,除了专业方面的著述和译作外,更多的是往来信函、演讲报告,而少见文艺类作品。

之所以会有这样一首诗歌见报,根据我们分析猜想,是他面对日寇入侵,生灵涂炭,愤怒之火无法抑制,发而为诗,名之曰"赋怀"。这样的情绪表达,也更切合"赋怀"之意。在外敌入侵,江山染血的情况下,遥思白山黑水之间拼死抗敌的义勇军,身处冰天雪池、粮弹两竭的困难境地,依然前仆后继、誓死杀敌,甚为感动,因而号召全体民众动员起来,捐钱献物,资助义勇军,救国求存。

作为"赋怀",本诗开头两句就带有强烈的情绪,从两个迭代的"不见"开始,回望战国时期群雄争霸、暴秦恣肆的战争局面,紧接着把视线拉回当下,回到大好河山被日寇强占的现实。随之笔锋一转,描绘义勇军毫不犹豫、奋起抵抗的画面。作为全诗最生动和激情的部分,十分细致入微地写出了在凛冽寒风和冰天雪地中人马困乏、弹尽粮绝,犹殊死战斗的画面性场景,由此引出"如此义勇气盖世,宁可秦越相坐视。匹夫兴亡与有责,投袂撄冠尚何俟"的呼号。随后又引古时弦高劳师、卜式助边的典故,号召人们向古人学习,告诫人们不要对国仇家恨坐视不理而让后人耻笑。接着又进一步举"海上花国选总统"筹资资助义勇军,以及组织艺会筹资赈灾的具体事例,激励人们慷慨解囊,积善救国。

---

① 在潘序伦为《公司会计》初版所作的序文中,我们看到另外一种可能的。该序文中写道"像我这样抛开了书本整日在市侩中间讨生活的人,哪里能够写出好的书来",推而广之,在他看来,像他这样抛开了书本在市侩中间讨生活的人,自然也不好吟诗作赋,舞文弄墨。实际上他何尝有一日离开书本。该序文见潘序伦:《股份有限公司会计》《第一版原序》,民国二十七年(1938)修订本,商务印书馆,1941年版。

在第三章中我们谈到，在潘老点读的诗歌中，描写战争的边塞诗是他点读的重点。作为一个接受传统教育而又身怀报国志向的读书人，潘序伦心胸中蕴藏着古代志士慷慨赴国、杀敌靖难的豪气，更是热血满怀，不忍看国土沦丧、人民流离失所，因此才有此诗之作。这是他胸中怒火的爆发。本诗写得酣畅淋漓，感情十分饱满，正是潘序伦自身的真情流露。

实际上，抗战期间的潘序伦，曾亲身经历战争带来的苦难，而他也确实在用自己的实际行动支持全民抗战。以下略举数例予以说明：

（1）1932年1月，"一·二八"淞沪抗战爆发，潘序伦亲身感受到了战争的残酷。随后，潘序伦和黄炎培、邹韬奋、杜重远、陈光甫等进步人士一起，投身于抗日救亡的洪流之中。他们一起动员群众，参与支持东北义勇军、十九路军的活动，为抗日军队征募军需用品和慰劳品。潘序伦本人捐钱出力，各处奔忙。正是在这样的背景之下，写下了上述《义勇军赋怀》。

（2）"一·二八"淞沪抗战后，江苏省战区救济委员会设立上海办事处处理后续事宜，一些上海名流担任办事处负责人。潘序伦因在上海执业会计师中有很高声望，被聘为上海办事处审计组主任，负责对经募善款单位账目的核查。

（3）正当社会各界都在为抗日救亡出钱出力时，谣传上海抗日救国捐款共达国币二千余万元，而马占山将军只收到一百数十万元。有人因此指责经办捐款的《生活》周刊社、东北义勇军后援会和上海市临时救济会等单位徇私舞弊，一时间，社会上流言四起。身为会计师的潘序伦挺身而出，率立信会计师事务所受托稽核了《生活》周刊社的账目，经过细致的审查核实，于1932年5月10日由立信会计师事务所出具证明，证实账目收支相符，使谣言不攻自破，平息了一场风波。

（4）1937年"七七事变"后，全面抗战爆发，才经教育部批准的立信会计专科学校不得不停止原定招生计划。11月10日，潘序伦致函学校董事长陈其采及王云五、宋汉章、钱新之等校董，信中写道："本校甫经创设遽遇国难……不得不暂停开学,已将暂停开学原因呈文报数部核察"。

(5) 1937年7月28日,潘序伦作为社会名流,应邀参加庐山座谈会第二期谈话会。潘序伦在会上提议以庐山谈话会第二期同仁名义,发电勖勉宋哲元将军及二十九军全体将士。得到众人一致赞同。《大公报》的著名报人王芸生立即拟就电文:

> 第二期谈话会开始之际,奉读感电,敬悉我忠勇将士守土御寇决心,至深钦佩。读阅战报,尤切激昂。顷闻移节保定,切盼与中央所派各军同心戮力抗战到底。同仁等不敏,竭心力以从诸公之后。中国每一块土地,皆满布每一个国民之血迹,宁使人地都成灰烬,决不任敌人从容践踏而过。谨布精诚,遥祝胜利。②

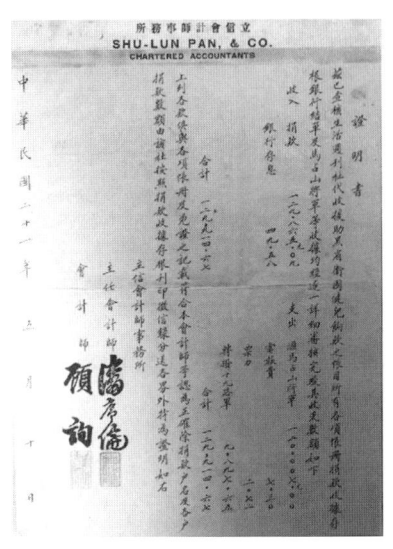

潘序伦、顾询签章的《查核生活周刊代收援助黑省卫国健儿饷款之账目证明书》①

(6) 1937年10月26日,"八百壮士"打响了著名的"四行仓库保卫战"。地处四行仓库附近的北苏州路1040号立信会计专科学校第一院也被日军侵占。学校虽转移部分教具和图书到吉祥里18号,但损失惨重,招生与开学等无法进行,只能设法将第一次录取的新生介绍转学于上海法学院、沪江商学院、光华大学商学院等处。

(7) 进入全面抗战之后,国民党政府看到民众爱国热情高涨,决定借机发行公债。救国公债于1937年9月1日正式发行,发行总额为5亿元,年息4厘,从1941年起分20年还清。为了支持抗战,潘序伦个人认购1万元。

---

① 转引罗银胜先生图片,特致谢意。
② 上海立信会计金融学院办公室编:《上海立信会计金融学院简史:1928—2018》,第42页。

(8) 1938年6月,国民政府教育部要求各高校"自编校歌,以代表各校之特点",并要各校将所编校歌呈送教育部备核。潘序伦请圣约翰大学《中国法学》助理教授、前清秀才出身的大哥潘伯彦为立信作校歌歌词。歌词中有"海水滔兮天昏昏,镵①枪起兮吾校生;星火兮燎原,阢陧②兮孤城。唯吾同学努力迈前程,到那时,涓涘③得助山河整,昭其信,正其名。"铿锵有力,饱含时代特色的歌词,将立信的历史和文化与国家民族的命运紧紧联系在了一起。

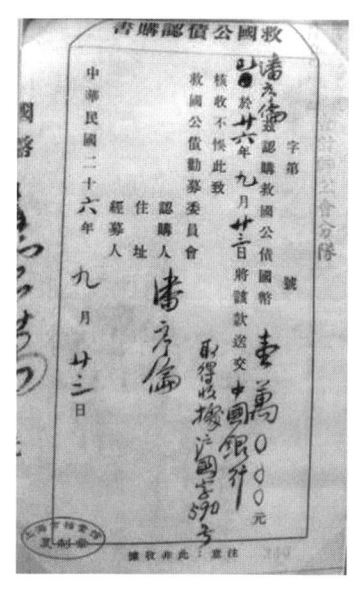

潘序伦认购救国公债认购书,
民国二十六年(1937)
9月23日

(9) 1940年夏天,一位工商界人士告诉潘序伦,在极司非而路(今万航渡路)敌伪机关的"黑名单"上有他的名字。潘序伦不日即乘太古洋行海轮到中国香港。在港不久,遇见重庆民生实业公司经理卢作孚,卢作孚诚邀潘序伦去重庆担任民生实业公司高等顾问。潘序伦考虑到一时不能回上海,久留香港也不是办法,当即表示同意,于1940年7月乘飞机到了重庆。由此开始了在重庆几年艰苦的职业生涯。

1945年9月2日,日本在投降书上签字,抗日战争胜利结束,举国欢庆。重庆立信会计师事务所、会计专科学校市区班、会计图书用品社全体同仁于1945年9月7日一起合影留念,留下了这张具有重要历史意义的珍贵照片。这张照片也是迄今发现最早的"产学研三位一体"立信会计事业的历史见证。

---

① 镵(chán):尖锐,锋利,意为古代的一种掘土器。装上弯曲的长柄,用以掘土,称长镵。
② 阢陧(niè wěi):动摇不安之貌。
③ 涓涘(juān sì):涓,细小的流水;涘,本义水边,无边,无限。用以表达他人对自己的恩情。

"产学研三位一体"立信会计事业三家单位同仁为纪念抗战胜利在重庆合影留念

照片顶端郑重地题写着:

重庆立信 会计师事务所 会计专科学校市区班 会计图书用品社 全体同人摄影 民国卅四年九月七日 抗战胜利纪念

参加合影的34人着装整齐,看似严肃的脸上,眼角眉梢又带着些笑意。在几十个身影背后,是鳞次栉比的房舍建筑,右边的房屋,显见一些断壁残垣,还有战火焚烧过的痕迹,告诉人们无情的战火和硝烟才刚刚过去,又似在诉说着胜利的来之不易。

中间第一排正襟危坐的潘序伦,身形瘦削,面容清癯,与数年前在上海参加毕业合影时的华贵形象判若两人。尽管如此,这张照片上散发出来,却是满满的胜利者的骄傲!它似乎在告诉世界:经过十四年艰苦抗战,我们终于胜利了!立信事业的旗帜,以这数十人为代表,在硝烟过后的废墟上傲然屹立。这是潘老和立信人、立信事业与国家命运的合唱。当年迎着"一·二八"淞沪抗战的战火唱响《义勇军赋怀》的潘序伦,此刻的心情是多么复杂!

四、不为稻粱谋

潘序伦一生胸怀天下,为国为民,不遗余力,以会计事业为核心,为国家和民族的现代化发展努力奉献。

然而,我们在研究潘老一生事迹时,却有个一直绕不开的问题:他到底想不想当官?为什么他几次出仕,却都是历时短暂,很快便挂冠而去?

对这个问题,我们作如下分析:

(1) 中国古代知识分子"以天下为己任",而实现这个抱负的一条重要途径(很多时候甚至是唯一途径),就是当官入仕,因为只有在这个平台上,才有可能、有机会施展抱负。潘序伦出身书香门第,从小接受的教育和熏陶,就是用功中举,光宗耀祖。为此,潘父一有机会就私下对他说:"你好好用功,将来中了举人才风光哩!"潘老在回忆录中也自认"我中封建科举的毒是很深的",意味着中举当官、光宗耀祖这套说辞,根深蒂固地植入了他的内心。对这一点,潘老本人一直是直言不讳的。否则,他也不会在回忆录中有"我为做官的虚荣心所驱使,就考进了南京法政大学"的文字[①]。他留在《诗经》上的"棠荫长留"四字,更是很直接地表达了当官从政,为民谋福利的志向。

(2) 潘老在民国时期三次短暂出仕,是将其视为施展抱负,为国为民奉献才干的机会。遗憾的是,黑暗的官场,却不是他用武之地。几次出仕,不是被排挤无权因而无由施展,就是赋予闲职,不疼不痒地混日子。志存高远、心性高洁的潘序伦,既不能与他人同流合污,更不可能把当官本身只是作为进身之阶睁一只眼闭一只眼地混下去,唯一的选择就只能是离去。即便在后来王云五出任财政部长时以政务次长之职相邀,并以部长之高位诱惑——那可是古今无数读书人梦寐以求却遥不可及的位置!潘序伦也不为所动,而是"当晚即留书向王云五告别,乘夜班火车返回上

---

① 潘序伦:《潘序伦回忆录》,《立信往事》,第 429 页,立信会计出版社,2013 年版。

海"。① 可见潘序伦出仕,不是为了高官厚禄,更不是为了贪慕虚名,而是为了报效国家,为国出力。他想要的、所谋的,不是个人的升官发财,而是为国为民努力奉献的机会。

(3)上海解放后,潘老的学生、也是当年潘老立信会计事业的得力助手顾准担任华东军政委员会财政部副部长,兼任上海市财政局局长和直接税务局局长,是陈毅市长和潘汉年副市长在财经方面的得力助手。潘老回忆说:"他来我家劝我弃暗投明,在上海市人民政府下担任一个职务,为国家为人民效力。但我因前半生受封建主义和资本主义思想的影响较深,一时尚难解脱,就对顾准说:'我以一个再醮妇的身份(指我已失足担任过国民党蒋政权下的高级官吏),来担任人民政府的公职,必将十分为难。因为在必须表态的场合,用进步的口吻来发言,有许多和我同样处境的人们会骂我为投机分子,无耻之徒;用落后的口吻来表态,又担心要为自己带来不良后果。因此,还是先让我闭门思过,等一段时间再说罢!'我就这样自视清高,不问政治,回绝了他的好意。"② 虽然潘老把他这次的拒绝归结为受封建主义和资本主义思想影响,自视清高,但如果我们从另一个角度来看,能够抵挡住高位的诱惑,从品行上来说未尝不值得赞许。这个拒绝,恰好证明潘序伦的品行高尚,不是一个为了追求功名利禄而不择手段的宵小之辈。1957年参加政协工作、1979年推动会计学会建设,无不证明他为党为国工作奉献的热忱。

这就是潘序伦,一个效法先贤,渴望报效国家,但却不愿苟合或同流合污,品性高洁的知识分子。事实上,潘老并不是像他所解释的这样"不问政治"。在他心里,有着比政治更高的东西,那就是国家的强大,人民的富足,那是超出政治之上更大的抱负。

在为国为民的大事上,潘序伦从来是"不惜羽毛"、不顾个人安危和

---

① 潘序伦:《潘序伦回忆录》,《立信往事》,第444页,立信会计出版社,2013年版。
② 同上,第446页。

利益的。

1927年，南京国民政府颁布会计师注册章程，其中要求注册会计师必须具备国民党党员资格。对此，潘序伦毫不犹豫地站出来据理力争，上呈财政部要求删除这一不合理要求。1928年，暨南大学主办的《会计学报》创刊号全文刊发了潘序伦的上呈，并特别加了《编者附识》，其辞曰：

自国府成立，财部颁布会计师注册章程，其中资格一项，本规定限于国民党党员。上海会计师公会认为会计师为专门职业，不能以国民党党员为范围，呈请修改章程；呈上后，延未批准，故潘会计师再行单独上二次呈文，嗣经财部于三月间，将该项资格限制，明令取消矣。按潘会计师原呈，对会计师不能限于国民党员一项，申论颇为周详。兹转载入本刊，俾读者之未读潘会计师原呈者，有所问津焉。①

在呈文中，针对财政部新颁会计师注册章程中规定会计师资格限定于国民党党员一事，潘序伦义正词严地指出："会计师为一种专门学术之职业，其性质与律师、医师、教师、工程师、建筑师等相类似。追念先总理以党治国之政策，乃以党员引导群众趋向一方之谓，并非以党员占尽群众职业之谓。故与党政无直接关系之事业，不必尽以党员充之；其理甚明。且依照现行党令政令，止有各级党部及政治训练部人员，必须党员充任；至其他各级行政官吏，且不限于党员；推之律师、医师、教师、工程师、建筑师等，更无党籍之规定。会计师之职业，与党政之关系，远不如行政官吏、学校教师、律师之密切，乃法规独加以党籍之限制，其离先总理以党治国之遗意，未免过远；是则此项解释未能适用之理由也。"明确说明："倘对此项职业之人，必欲强其加入政党，难免使学术上及社会上发生不良之影响。"②

---

① 潘序伦，《会计师资格应否限于党员问题》，《会计学报》，1928年创刊号，第205—208页。其中"财部"一词原文如此，是财政部的简称。
② 潘序伦，《会计师资格应否限于党员问题》，《会计学报》，1928年创刊号。

呈文最后更是直言：

> 故操学术上职业之人，虽不便禁止其自由加入政党，做政治上之活动，然而国家或党政府，似不可奖励其入党，使不能保存其职业上研究学理之精神，及独立不倚之态度也。序伦对于此点，屡经思考，深觉一般学术上职业之人，固不必以党员为限，亦不必奖励其入党。拟请大部将前颁会计师注册章程第三条第二项之限制删除，以利施行。区区之忧，或有千虑一得之愚；是否有当，伏希批示祗遵。感荷公谊，固不仅会计师一项而已也。①

其正气凛然，不卑不亢，充分显示了一位正直的知识分子为国为民，只求真理，不畏权势的风范。

潘老一生为天下谋而不谋自身。在他的生涯中，这方面的事例不胜枚举。最有趣的，是他在为中华人民共和国成立 30 周年而写的文章中称"鄙视百万富翁而不为"的事例。② 之所以如此，是因为他"愿意把我的巨额财富投入到会计教育中去"，因为他要"把资本家谋求发财致富的手段、方法，经过社会主义改造，来为国家和全体人民谋求发财致富、改进生活。"③

1979 年，刚刚从生活的困窘中走出来的潘老，从之前抄家赔偿的 8 万元中决然地拿出 4 万用于支持上海市会计学会的发展。要知道，在 20 世纪 80 年代，每月五六十元都属于高工资④，大多数人的月工资只有三四十元，4 万元人民币可是一笔真正的巨款！⑤ 对这样一笔巨大的捐赠及其背后的逻辑，潘老在回忆录中却只是简单地做如下解释：

> 我在"文化大革命"中被抄家的财物，全部作价人民币八万余元发还

---

① 潘序伦：《会计师资格应否限于党员问题》，《会计学报》，1928 年创刊号。第 208 页。
② 参见本书第三章相关讨论。详参潘序伦：《热烈庆祝国庆三十周年》，见《潘序伦文集》，立信会计出版社，2008 年版，第 528 页。
③ 潘序伦：《热烈庆祝国庆三十周年》，见《潘序伦文集》，第 528 页，立信会计出版社，2008 年版。
④ 笔者 1984 年大学毕业，月薪 62 元，已经算是中等偏上水平了（超过了工作几十年的父亲也就是 56 元的水平）。
⑤ 按照月工资 50 元，一年收入 600 元计算，4 万元相当于一个普通人 67 年的工资收入！

给我。我得到这笔发还的钱以后,当时想到自己已是年逾八旬,风烛残年,我的两个女儿也都已自立,我老夫妻俩人毋需拥有这样一笔巨款。那时,正当上海市会计学会成立,我就把发还的半数四万元,捐赠该会作为基金。①

对于刚刚从困顿中走出的潘老而言,自己和家人是多么需要钱来改善一下生活,而他的结论却是女儿已经自立,"老夫妻两人毋需拥有这样一笔巨款"。

对于筹建上海市会计学会等往事,当年做过潘序伦助手的丁苏民曾回忆说:"经受'反右'斗争和'文化大革命'两次很大冲击的潘老师,在党的十一届三中全会后,虽已年逾八旬,思想豁然开朗,精神焕发,决心做个'老来红',誓为祖国会计事业的复兴贡献终身。自1978年起,潘老师亲自召集立信老校友陆修渊、陆梓樵、王成杰、顾福佑、凌廷熙、蒋春牧、王庭桂、施明璋、黄子仁、周以篆、周四新等商讨,倡议成立上海市会计学会。此举得到了上海社会科学院黄逸峰院长和市财政局王眉征局长的大力赞助和支持,全国第一个会计学会终于1979年1月18日在上海诞生了。选举黄逸峰为会长,聘请潘老师为名誉会长。为了支持会计学会开展工作,潘老师以'平反'发还的抄家财物——人民币4万元,捐作学会基金,而自己依然过着粗茶淡饭、勤俭节约的日子。"②

获得新生的潘老,心心念念的是立信事业的重建。他多次向上海市的领导部门写信,述说自己办学的心愿。由于双腿肿得不听使唤,只好把"老立信"的一些同仁请到家里商谈有关事宜。潘老提出学校开办费由他承担,说着把一张5千元的银行存折交给了他们。后来,他又数次捐款给学校充作经费,最后一次是他将"文革"抄家物资发还巨款的剩余部分,加上一些其他人凑的钱共计10万元捐献给学校设立"潘序伦奖学金",而

---

① 潘序伦:《潘序伦回忆录》,第57—58页,中国财政经济出版社,1986年版。
② 丁苏民:《我和"立信"紧相连》,《立信往事》,第309—311页,立信会计出版社,2013年版。

他自己的生活起居却极为俭朴。

有好几人的回忆录中提到,有一年冬天,潘老应约前往锦江饭店会见外宾,饭店有暖气设备,非常暖和。潘序伦是穿着厚实的棉袄去的,里面的内衣却是破旧不堪的衬衫,因此如果脱下棉袄,不很雅观,他只得硬着头皮,以致汗流浃背,颇为狼狈。①

不知道在"经济人假说"中成长起来,把"人不为己天诛地灭"视为当然的一些人,会如何看待潘老这样的行为?

在那个特殊的年代,那些让无数人痛苦甚至失去生命的艰难岁月里,潘老历经磨难,审查、批斗、检讨、抄家,经历了背叛、困窘和屈辱,也曾被下放到上海纸品一厂从事"惩罚性"劳动,而他内心却在辩白:"我一生培育会计人才,我到底在什么地方得罪了他们?"

1958年,被打为"右派"的潘序伦成为批判的对象,那时的他痛苦而孤独。"我在家里独居幽处,只是偶尔到肇嘉浜路散散步,除了家人以外,几乎没有和任何人见过面,谈过话""完全处于孤立的情况"。② 对于一个曾经门人弟子过万、叱咤风云的人物,这样的孤独是如何啃啮人心,噬心的痛苦!潘老"穷且益坚",艰难忍耐,熬过了漫长的冬天,并在耄耋之年再次迎来事业的辉煌,看到了立信的复兴。究竟是一种什么样的力量在支持着他?

按照潘老回忆录中的说法,"当全国人民经受十年动乱痛苦的时候,我也受到难以忍受的冲击,但对会计事业奋斗的志愿,却始终不渝,念念不忘。粉碎了'四人帮',全国欢腾,当时我已年逾八旬,亦在绝望叹惋声中觉醒,精神振奋,立即将多年所蓄的长须,一剃而光,以示投身'四化'建设的决心。"③

---

① 盛明华:《斯人已逝,遗泽长存:深切缅怀潘老先生》,见《立信往事》,第62页,立信会计出版社,2013年版。

② 上海财政经济出版社编辑:《批判右派分子潘序伦在会计方面的反动言行》,第9页,上海财政经济出版社,1958年版。

③ 潘序伦:《潘序伦回忆录》,见《立信往事》,第451页,立信会计出版社,2013年版。

行文至此，我脑海中闪现出来的是一个"富贵不能淫，威武不能屈""毫不利己，专门利人"的伟岸形象，这就是潘序伦，一个谜一样的人。

五、劫难中萦怀

在潘老的一生中，1957年是一个重要的时间节点。依照《潘序伦回忆录》中的记录，他于1957年复出后，担任上海市政协一个学习小组的副组长，因为讲了一些不合时宜的话，受到批判和处分，因此蓄须明志。直到粉碎"四人帮"，年逾八旬的潘老才再次"在绝望叹惋中觉醒过来，精神振奋"，并将多年所蓄的长须一剃而光，以示投身"四化"建设的决心。

在潘老收藏的图书资料中，我们看到数量较多（总数达335册）的外文画报。其中除了多个不同版别的《时代》周刊、《生活》《捷克生活》等反映外部世界情况的画报外，还有数种有关国内情况的外文画报，包括英文版《中国画报》1951—1966年刊27册，德文版《中国画报》1958—1966年刊31册，蒙文版《中国画报》1册（1957年第12期），英文版《中国建设》1958、1959、1961、1966刊4册。

这些画报作为重要的实物证据，明白无误地告诉我们，尽管个人蒙受不白之冤，受到不公正待遇，甚至一段时间连基本生活都成了问题乃至食不果腹，衣不蔽体[①]，但他依然心怀天下，关心国家的建设和发展。

以下分项述之：

（1）英文版《中国画报》1951—1966年刊27册，包括：

1951年第5、第9期；

1953年第12期；

1954年第10期；

1956年第11期；

1957年第2、第10、第11、第12期；

---

① 蔡经济：《潘序伦博士百年诞辰有感》，见《立信往事》，第6页，立信会计出版社，2013年版。

1963 年第 8 期；

1964 年第 6、10 期；

1965 年第 1、第 2、第 3、第 4、第 5、第 6、第 8、第 9、第 10、第 11、第 12 期；

1966 年第 1、4、5、7 期。

右上图为 1966 年第 7 期英文版《中国画报》封面。该期封面图片是 1966 年 4 月 26 日至 5 月 21 日阿尔巴尼亚劳动党中央委员会政治局委员、阿尔巴尼亚人民共和国部长会议主席穆罕默德·谢胡为首的阿尔巴尼亚党政代表团访华时的盛况。封面所列几条新闻，无不是当时影响世界的大事件：

潘序伦藏英文版《中国画报》，1966 年第 7 期

China's Third Nuclear Explosion（中国第三次核爆）

A Historic Visit（一次历史性访问）

Special Issue on Taching Oilfield（大庆油田特刊）

（2）China IM BILD《中国画报》（德文版）1958—1966 年刊 31 册，包括：

1958 年第 2、第 3、第 5、第 6、第 7、第 8 期；

1960 年第 10、第 12、第 13 期；

1961 年第 1、第 2、第 3、第 6、第 8、第 10 期；

1962 年第 3、第 4、第 7、第 10、第 11、第 12 期；

1963 年第 6、第 8、第 11、第 12 期；

China IM BILD《中国画报》（德文版），1958 年第 2 期

1964年第3、第10、第11期；

1966年第5、第6、第7期。

据我们所知，潘老是不懂德文的，为什么在他的藏书中会有德文版《中国画报》，我们不得而知。或许，在1958—1966年这个特殊的时间段，这类资料是他所能得到的唯一可供了解外部世界的渠道资料，好在看画报不懂文字也不算多大事，图片本身包含许多可视化信息。

德文版《中国画报》1958年第2期封面图片（上页右下）是正在建设中的武汉长江大桥。武汉长江大桥位于湖北省武汉市境内，是连接汉阳区与武昌区的过江通道，是中华人民共和国成立后修建的第一座公路、铁路两用的长江大桥，有"万里长江第一桥"之美誉。武汉长江大桥于1955年9月1日动工兴建，1957年7月1日完成主桥合龙工程，1957年10月15日通车运营。在当时，这是一项巨大的高难度工程，具有重要的政治、经济和文化意义。

（3）《中国建设》（*China Reconstructs*），包括1958年第11期（下左图为其封面），1959年第5期，1961年第3期，1966年第1期。

China Reconstructs（《中国建设》），
1958年第11期

蒙文版《中国画报》，
1957年12月刊

(4) 蒙文版《中国画报》，1957年12月刊，共1册。这是潘老收藏中唯一的蒙文画报，封面（上页右下图）同样是在建的武汉长江大桥。

我们注意到，这些画报，其终止时间统一为1966年。意味着在这个特殊的时间之后，潘老连这类画报也无法得到了。对一个胸怀世界，习惯了与世界同频共振的读书人，这种转变有着什么样深刻而痛苦的意义？我们同样无法理解，这些"外文"资料又是如何躲过了抄家的劫难得以保留下来、陪伴潘老熬过那些艰难的岁月的。

从这些泛黄的画报中，我们读到的是一个孤独的老者对祖国的眷恋，是一颗热爱母亲大地、热爱人民的赤子的拳拳之心。他在孤独中忍耐，在闭塞中思考和学习。当寒冬过去，春风吹来，他才能够在耄耋之年重新焕发新生。

六、难忘行路记忆

"读万卷书，行万里路。"

作为读书人的潘序伦，自然深知这句话的深刻意义。潘老一生也在努力践行这八个字。早在20世纪20年代，潘序伦留学美国获得经济学博士学位，学成归国途中顺道游历了西欧十余个国家。异国风土人情给他留下深刻印象，对三载苦读终获成就的潘序伦而言，这次旅行与其说是一种休闲放松，不如说是另一场历练，是经济学博士潘序伦在回归国内、报效祖国之前进行的最后的淬火，是将其数年苦读所了解的社会经济知识，包括对包括马克思主义在内的各种社会经济学说的理解，在作为美国和西方文化发祥地的欧陆大地，通过自己的亲身踏勘和对历史人文、市井生活的感受，上升到另外一个层次。

因资料所限，我们难以知道潘序伦在回国后的数十年都去过哪些地方旅行。目前所看到的资料，一个是本著扉页所用那张照片，上面题词"一九五五年初夏游雁荡在灵峰寺后山巅长春洞口留影志念，序伦时年六十有三"，表明他喜欢名山，切合"仁者乐山"。我们还知道他上过庐山，虽然只是参会；他去过莫干山，虽然只是养病（其实是在修改书稿）。

我们知道，为了躲避日寇的迫害，他远走香港，旋即飞赴重庆。却无法确定这算不算一种旅行。我们也不知道，当他在读古人"两岸猿声啼不住，轻舟已过万重山"之类诗句时，心是否也随着一起漂流过三峡？

1962年，年届古稀的潘序伦随政协一起参加"大西北"旅行活动。这是他有生之年有据可考最长的一次旅行。这次旅游行程二万五千里，线路经历江苏、安徽、河南、陕西、甘肃、青海、新疆、宁夏、内蒙古、山西、河北、北京、天津、山东等14个省区。名曰"大西北"之旅，实际上足迹所至，却是大半个中国。是五千年中华文明最重要的发祥、孕育及生长之地，更是数千年烽烟滚滚，金戈铁马之地。在天山天池、玉门油田、云冈石窟、青海湖畔、嘉峪关头、大漠戈壁、行宫故殿等许多风景名胜地，潘老都拍照留念，留下了许多难忘的记忆。

这次旅行，让他对在中学时代就已经借助地图反复研究过的那些地方有了直观的了解和更深刻的认识，也让他对数十年心心念念为之奋斗的祖国有了更深的眷念。

旅游结束后，潘序伦请人把旅途所摄照片订成两册影集留做纪念。

有回忆文章称，1978年，当年影集的制作者在建国西路上遇到潘序伦，潘邀请他去家里小坐，拿出当年制作的两本影集，一一指点。当年一起同行的游伴，十八人中已经有半数作古，让人唏嘘。临别时，潘序伦对他说："君少我十八岁，异日马克思相招，也当较迟于我。因此，希望在我辞世之后，这二本影集，即请足下保存，以供今后旅游爱好者作为参考资料如何？"他笑而诺之，以为戏语。哪知数月后，他便收到潘序伦来信相邀："因年事日增，体力日衰，为了早日把预约之事料理清楚起见，二本照相簿。请及早前来取之。"

对此我们十分好奇，也有些不解。以前的人拍照不易，珍惜照片，制作影集存留并不奇怪。但像潘老这样，把自己个人的影集郑重地交托他人，这种事情却甚为稀见。两本影集，而且是个人私照，有多大价值，重要到要这样交托他人?

或者,潘老所托并非自己个人的影像,而是他对祖国大地的那份眷恋和不舍,是他所珍爱的祖国大地上的山山水水、风土人情、自然风光、历史遗迹,是作为祖国的一个整体。

七、"烈士暮年,壮心不已!"

对于心系国家和人民的潘序伦,从1957至1977年,整整20年时间,空负一身才学,却只能任由岁月蹉跎而无缘报效祖国,其间的痛苦和不安可想而知。但他并没有在痛苦中沉沦,而是在无尽的苦痛中忍耐再忍耐,在忍耐中学习再学习,在学习中期盼将来仍有为国效力的机会。一直到粉碎"四人帮",20年沉冤得雪,垂垂已老的潘序伦,终于等来了再次为国效力的机会。

1978年,组织上正式为潘序伦平反,他的上海市政协委员身份同时得到恢复,时年86岁。关于这一时刻的心境,潘老在回忆录写道:"我现在起步虽已晚了点,但我要竭尽有生之年,积极响应'肝胆相照、荣辱与共'的号召,自觉自愿、全心全意地为人民多作贡献,坚决沿着党所指引的方向,在社会主义大道上前进!"①

以下摘录《潘序伦回忆录》中的一段记载,让我们在文句之间,仔细领会一位耄耋老人的拳拳心意:

> 自粉碎"四人帮"后,我就矫正了自己的学习日程,经常提起精神,戴上老花眼镜,手握放大镜,认真阅读各种报刊和"学习参考资料"。在双目疲乏、卧床休息时,则整天在收音机旁收听国内外政治、军事、法律、财贸、科技以及体育比赛等新闻,从不间断。在我体力许可的条件下,我还尽量参加各种政治、学术讨论和社会活动。近年来,我年老体弱多病,但国内外来信来访的人日益增多,这使我感到有些力不胜任,难以应付。

---

① 潘序伦:《潘序伦回忆录》,见《立信往事》,第447页,立信会计出版社,2013年版。

鉴于我国企、事业各界的会计工作人员量少质差，青黄不接，远远不能满足我国经济蓬勃发展的需要，我在1979年就创议并大力资助，在上海市组织成立了全国第一个会计学会——上海市会计学会，随即开展了各项学术讨论，出版了《上海会计》（初名《会计通讯》）和举办了业余会计专科学校，翌年，全国会计学会成立，我被两会都推选为顾问。

谁能相信，这是一个年届九旬的垂垂老者的日常和事业追求？

可就是这样一个老人，在86岁至93岁的数年间，完成了重建和振兴中国会计事业的数件大事：

- 创议并推动建立了全国第一个省市级会计学会——上海市会计学会（1979）。
- 推动建立了中国会计学会（1980）。
- 恢复重建立信会计专科学校（1980）。
- 创建改革开放以来我国第一家会计师事务所——上海市会计师事务所（1981）。
- 恢复设立立信会计编译所，编辑出版"新编立信会计丛书"和"财经丛书"（1981）。
- 复办立信会计图书用品社（1986）。

其中，复办立信会计图书用品社的工作从恢复设立立信会计编译所开始，经过数年的准备、报批，于1986年9月得到国家出版局发文批准。遗憾的是潘老已经于前一年去世，未能看到其正式恢复，至此，潘序伦先生于20世纪上半叶创建的"三位一体"立信会计事业全部恢复，成就了近现代中国会计发展史上一项史无前例的壮举。1993年4月，立信会计图书用品社更名为立信会计出版社。

在这几年间，潘老一刻也没有停下过奋斗的脚步。以上工作之外，潘老更是多次参加各种重大的学术会议，发表演讲，并亲自参与新教材的编写，撰写研究论文，提出自己的学术主张，为国家发展会计事业出谋划策，引领会计理论和学术发展。

八、不是总结的总结

潘老的一生是伟大的一生，光荣的一生，也是值得人们学习、追随的一生。

他见识超卓，敢为天下先，于会计这一被许多人视为小道的领域努力耕耘，创造出了非凡的成就。

他视钱财如粪土、富贵如浮云，一心为天下生民谋福利，倾全部家财和心力扶助会计事业发展，使千万生民因之而受益，惠及众生。

他羡慕召公"棠荫长留"，也效法先贤"实业救国""教育救国"。

他历经坎坷，初心不改。为了中国会计的现代化发展，为了祖国的繁荣富强，咬定青山不放松，一直奋斗到生命的最后一刻，声名卓著，功绩盖世。

他学贯中西，底蕴深厚，见别人所不可见，为别人所不能为。

他小心细致，甚至努力不在阅读的书籍中留下任何可以作为证据被宵小之辈利用；他又是豪气干云，在日寇入侵的枪炮前高唱《义勇军赋怀》，在一些敏感甚至危急的时刻仗义执言，乃至显得有些不识时务。

他可以在沉沦中奋力崛起，没日没夜地刻苦攻读，在短短 3 年拿下两大世界级名校的硕博学位，实现从"浪子"到博士教授的华丽转变。更可以在 90 高龄拿着放大镜夙夜研修，准确地把握住现代世界科技发展的脉搏，为了实现"四化"和中国会计迎头赶上而筹谋。

他这些特殊的气质和能量究竟由何而来？这是我们一直在思考的问题。而我们所得到的唯一解释就是读书：广泛地阅读古今中外人类文明的一切经典，与先贤对话，用人类文明中最重要的成就，最大程度地颐养自己的气质，做一个堂堂正正、有见识、有抱负的中国人，保有一个有气度、有见识、无比高贵的灵魂。而其核心，则是"以天下为己任""为天地立心，为生民立命，为往圣继绝学，为万世开太平"。

对于这一点，我们在撰写本书的过程中有着十分深切的感受。

日前看到一个视频，有人发表演讲，问台下的观众："你这一生都在追求什么？房子、车子、票子？当你老了的某一天，孩子问你：爸，你这一生做了些什么？你告诉他：我终于还完了房贷！"这个视频和发问，当然有些搞笑的性质，不足为据，但作为一个人，却确实需要扪心自问：我这一生究竟做了些什么？我为了什么而活着？

潘序伦之与众不同，在于他对这些问题早就有了属于自己的答案，在于他虽然以会计为业，从事会计师业务及会计人才培养，虽有从个人职业及发展角度的考虑，但时时处处不忘社会责任，不忘自己生而为人的抱负、志向和使命，将会计一业置于社会发展的大框架下，讨论和规划会计人才培养和事业发展，也借此来成就自己的人生，影响并成就他人。

1940年7月，潘序伦只身经香港到了重庆。在此期间，他撰写了《敬告国内有志于会计职业之青年》一文，阐述自己的主张：

> 鄙人与立信会计师事务所及立信会计学校同人，以会计服务于国家社会，业将二十载矣。积二十载之经验，深知国家社会对于会计人才之需要，方兴未艾。有志青年，欲从会计一途冀求上进，以期效力于国家社会者，其机会亦甚多。不过国家社会所需要之会计人才，其德性上学识上经验上种种修养，自必有一定之标准。有志于会计职业之青年，苟欲于会计界中，求乐进业之道，不可不先在德性、学识、经验三方面，加以充分而适当的修养。鄙人不敏，对于会计界诸青年，忝居先进，深愿以此二十载中所得关于会计职业之经验，公之同志，以备咨询。并为扩充业务范围起见，专设立信会计职务咨询所，以从事于此。当兹本所正式成立之日，谨敢将会计方面修业得业乐业进业之途径，掬诚撮要，为诸君告焉。①

时时以"效力于国家社会"为念，并深知为此先要做"德性学识经验"方面的修养。这便是潘序伦的认识。

---

① 潘序伦：《敬告国内有志于会计职业之青年》，原载《立信月报》第3卷第7期，1940年7月，后收入《潘序伦文集》，第432页，立信会计出版社，2008年版。

《论语·子罕》："子曰：岁寒，然后知松柏之后凋也。"钱穆先生在讨论中华民族历史精神时，于此有深入的论说。其曰："孔孟以下，大圣大贤，出于衰乱世者，实更盛更大于承平世。其以失败终其身者，乃亦益受后世尊崇，胜过于成功之人物。如孔子在春秋，孟子在战国，何尝非一失败之人物。其本身，固是未尝得志。在其当时，亦何尝当其救济。然而暗然于一世，乃彰显于万代。尺蠖之屈，以求伸也；龙蛇之蛰，以存身也。圣哲大贤，固不为存身谋，但其处乱世而抱道不屈，不汲汲于一时之功利，而实为民族万代求存身。松柏之在春时，方当万花竞艳，亦不见其为屈为蛰。孔子后凋之训，深矣远矣。以此治我中华民族五千年历史，庶乎可见其精神之所在。"①

观潘老一生事业，不正是钱穆先生所称许的这种"圣哲大贤吗"？"不汲汲于一时之功利，而实为民族万代求存身"，正是胸怀天下的潘序伦一生真实的写照。

潘老的一生，是否有什么遗憾？是我们研究中一直在思考的问题。在阅读潘老为纪念马寅初先生百岁诞辰而写的文章时，我们终于获得了一些答案。潘老在文章中写道，马老在十年动乱中受到批评，"含冤负屈逾二十年，以至他的心情无论如何开朗，也不免受到重大损伤，否则马老今天的健康情况，必然会如（或超过）广西省选出的全国人大代表104岁的老妈妈那样，能远途来京出席大小会议侃侃而谈。马老一肚子的福国利民的良策，对于今天的中华人民共和国，定当有更卓越的贡献。"②

潘老所说马老的这个遗憾，大概率也是潘老自己的遗憾。因为被打为"右派"，满腹才学无法为国家做出更大贡献，好不容易盼到平反，已是耄耋之年，时日无多。对别人而言，93岁已经算是很长寿了，但对潘老而言，却依然是一种遗憾。

---

① 钱穆：《中国历史精神》，第184-185页，九州出版社，2011年版。
② 潘序伦：《对马寅老生平的认识及点滴回忆》，《潘序伦文集》，第531页，立信会计出版社，2008年版。

潘老确曾表达过因为这种遗憾而生出的惋惜之情，他说："我的一生夙愿，只有在今天共产党的领导下，才能得到更加发扬光大，成为我晚年唯一的安慰！所可惜的，我现在已年逾90，能发挥的余热，也极其有限了。"[1]

---

[1] 潘序伦:《立信会计在天津》,见《潘序伦文集》,第546页,立信会计出版社,2008年版。

第八章

著作等身

呕心沥血,因时而作

一、啼血而歌

通常情况下,"著作等身"是一个很能吸引人的美誉之词,更是一个读书人尤其是喜欢研究写作、舞文弄墨之人最值得自豪和炫耀的事。只是,过去一些年,因为不太合适甚至扭曲的考评及晋升机制,导致一些人为了追求数量粗制滥造,使得这个词也像其他一些本来极好的汉语词汇一样被染上了一些异样的色彩。本著思虑再三,还是将其用作本章标题,只因除此之外,我们实在无法找到另外一个恰当的词汇,可以用来概括本章所要讲述的内容,而"著作等身"这个词,用在潘老身上真的是十分妥帖、恰如其分的。潘老一生真正当得起这个词。

仅中国财政经济出版社1986年版《潘序伦回忆录》后附"潘序伦先生的专著、译注、论文目录"中可能并不十分完全的统计所见,潘老的著述即有专著30部[①],译著17部,论文及其他91篇。这个数量,不仅在过去百年的中国会计界绝无仅有,即便放在当下,依然可以说是一份十分傲人的成绩单。

联系潘老一生的事业重点——创建并亲自执掌、参与会计师事务所、学校、出版社,以及"立信会计丛书"的组织编译工作,其中任何一项都是很大的工作量,需要占用很多时间。在这种情况下,还能专注于著述,并形成如此数量的成果,实在令人感佩。其勤奋和对学术的执着,自然不可等闲视之。

与一些人在某一时间段内专注于某一可能大量重复的狭小议题不同,

---

① 其中包括三部英文著作,但该目录将《劳氏成本会计习题解答》《劳氏成本会计习题簿册》《股份有限公司会计习题详解》等也列入专著,似乎有欠妥不当。

潘老的著述涉及广泛，高屋建瓴，且具有突出的时代性特点，属于较为典型的"因时而作"。许多作品，包括一些一般认为并不重要的讲话、贺词之类，总是高瞻远瞩、切中时弊，陈述一些别人无法企及的意见和观点。而他的一些重要著作，总能把握住时代的脉搏，振聋发聩，引领风气，这实际上是更难能可贵的。概言之，这些著述并非泛泛的应景之作，更不是为了个人的功利目的，而是确实秉持了古人"文章合为时而著，歌诗合为事而作"①之志，至今读来，依然具有震撼性意义。遗憾的是，后人多将其视为一个会计专家针对旧时实务的对景之作，忽略了其深厚的社会意义和超越时代的价值，让人扼腕！

进而，本章拟对"著作等身"一词做出一种特别的解释，即：所谓"著作等身"，并不只是强调著作的数量惊人，还可以解释为一生长期坚持、因时而作，使得著述与生命历程紧密关联，乃至著述的历史差不多相当于全部生命的长度。著述的历史，也便是作者一生的写照，著述与生命同体。这种理解用之于潘老也是最合适不过的。

在此，我们忍不住想要插入一个故事。中国古代有"杜鹃啼血"的传说。据传周朝末年蜀地有君主曰"望帝"，名杜宇，是个人人爱戴的好君王。他心系百姓，带领蜀地人民开荒垦地，种植五谷，把蜀国建成了丰衣足食、锦绣一般的天府之国。后来望帝禅位退隐，不幸国亡身故，死后魂化为鸟，名杜鹃，暮春啼鸣，至于口中流血。其声哀怨凄悲，感天动地。后世诗人多有以此入诗，表达一些特别的悲愁情绪。李白《闻王昌龄左迁龙标遥有此寄》："杨花落尽子规啼，闻道龙标过五溪。我寄愁心与明月，随君直到夜郎西。"文天祥《金陵驿二首》："从今却别江南路，化作啼鹃带血归。"白居易《琵琶行》："其间旦暮闻何物？杜鹃啼血猿哀鸣。"

杜鹃的啼叫又好像是说"不如归去，不如归去"。这种形声很容易触动人们思乡的情绪。宋代范仲淹《越上闻子规》诗云："夜入翠烟啼，昼

---

① 白居易《与元九书》："自登朝来，年齿渐长，阅事渐多，每与人言，多询时务，每读书史，多求理道，始知文章合为时而著，歌诗合为事而作。"

寻芳树飞。春山无限好,犹道不如归。"唐代成彦雄《杜鹃花》诗:"杜鹃花与鸟,怨艳两何赊。疑是口中血,滴成枝上花。一声寒食夜,数朵野僧家。谢豹出不出,日迟迟又斜。"

在诗人的境界中,杜鹃差不多演绎成了一种悲鸟,更多的是伤感、哀怨、惜春悲秋的情绪。但在其初衷,在更多仁人志士的心中,更是为了家国和情怀而鸣叫!

潘序伦先生像,1959 年摄影,时年 67 岁

我们在这里讲这个故事并引用这些诗句,是因为在本书前面所有的研究中,我们有一个突出的感受,潘老就是现代中国会计界一只啼血的杜鹃鸟。为了中国的会计事业,更进一步来说,是为了中国在 20 世纪的社会经济发展和崛起,劳干心力,啼血而歌。在这一点上,恰如罗银胜先生所言:"'为国竭智尽忠效力',这是潘序伦的生命之呼,也是他的人生写照,更是他报国强国的初心所在。"①

---

① 引自罗银胜先生新著《经世济民——中国现代会计之父潘序伦的家国情怀》。

二、生命的咏叹

本章以"著作等身"为题,核心意旨并不是为了浅表层面上的颂扬。因为,潘老被誉为"中国现代会计之父",早已是举世公认。他身后留下的"三位一体"立信会计事业,已经成为无可逾越的高峰,"立信会计丛书"更是具有举世无双的巨大影响力。用潘老最为喜爱的《诗经》词句来比喻,正是"桃之夭夭,灼灼其华",无需本著这样的萤火之光来增益其色。

因此,表 8-1 只是根据我们所掌握的资料,做一种尝试性的表述,借助这种表述对潘老一生事业和生活的轨迹做一种特别的观察。

表 8-1　潘序伦先生一生著述的时间序列分析

时间/年龄	著述名称及出版(发表)信息	意义
1908—1910年,16—18岁	说鬼神(戊申二月)《浦东中学校杂志》1908年第1期,第12-14页 北部六省略表(己酉十月)《浦东中学校杂志》1910年第2期,第6页 俱乐部记(己酉上学期)《浦东中学校杂志》1910年第2期,第24-25页 苗中汉裔记(己酉上学期)《浦东中学校杂志》1910年第2期,第20-21页 书王阳明象祠记后(己酉上学期)《浦东中学校杂志》1910年第2期,第28-29页 顺天府非中央政府说(己酉上学期)《浦东中学校杂志》1910年第2期,第23-24页 说国与朝之分(己酉上学期)《浦东中学校杂志》1910年第2期,第30-31页 知非(己酉下学期)《浦东中学校杂志》1910年第2期,第31页	中学时代发表在《浦东中学校杂志》上的八篇小论文及作业,反映了青年潘序伦对题材广泛的各种问题的思考和研究,表现出他对国家社会等问题的极大关注,极强的思辨及写作能力[1]

---

[1] 对这几篇文章,潘老自己应该是有比较深刻的记忆的。《潘序伦回忆录》中记载:"1983年,浦东中学党委书记和校长,还亲来我家访问我这个老校友,并出示我当年十八岁时写的登在校刊上的几篇论文。"见潘序伦:《潘序伦回忆录》,第11页,中国财政经济出版社,1986年版。

(续表)

时间/年龄	著述名称及出版（发表）信息	意义
1912年，20岁	《立体几何学表解》，上海科学书局，民国元年（1912）7月排印，8月发行	青年潘序伦第一部公开出版的著作，属于青年潘序伦"试水"著述的第一部作品
1924年，32岁	The Trade of the United States with China，New York，China Trade Bureau，Inc.，1924	博士论文在美国纽约出版，同年从美国运来数百册，由商务印书馆在上海发售。是潘老的第一部学术著作（英文），赢得了世界性声誉
1926—1928年，34—36岁	Bookkeeping and Accounting《簿记及会计学》，英文版，1926年6月商务印书馆出版 Corporation Finance《公司财政》，英文版，1928年①2月商务印书馆出版	大学执教期间完成的两部英文会计著作，尝试性引进推广现代西方会计学知识
1930—1934年，38—42岁	《高级商业簿记教科书》，潘序伦编著，商务印书馆，1930年8月初版 《公司会计》，潘序伦编著，王澹如助编，商务印书馆，1933年8月初版 《各业会计制度》，潘序伦编著，商务印书馆，1934年8月初版② 《成本会计教科书》，潘序伦编，商务印书馆，1934年9月初版 《高级会计学》，潘序伦、王澹如著，商务印书馆，1934年9月初版③ 《劳氏成本会计》，W. B. Rawrence著，潘序伦译，商务印书馆，1935年1月初版	在发展立信会计师事务所、会计教育事业的同时组织翻译（包括编译）、编写会计教材，亲身编著和翻译了更高层次、难度更大的著作

---

① 关于这两本英文著作的初版时间，一些资料写为1925年。我们查阅《公司财政》(Corporation Finance)一书中的版权信息，发现该书民国十七年九月初版，民国廿二年三月第一版，民国廿二年十一月第二版。

② 《各业会计制度》有一、二、三共3集。

③ 本书扉页有注明"潘著会计学节本"。《序》中称："余既编著《会计学》一书，觉其内容过丰，陈义亦深，不适于程度较浅之读者，因请王君澹如将《会计学》删节过半，由余重加编次，而成是书。……在已经修习簿记或初级会计者读之，程度适相衔接，故名之曰《高级会计学》。"

第八章　著作等身／呕心沥血，因时而作

（续表）

时间/年龄	著述名称及出版（发表）信息	意义
1935年，43岁	《会计学》（1—4册），潘序伦著，商务印书馆，1935年初版 《会计名词汇译》，潘序伦，中英文对照，商务印书馆，1935年初版 《政府会计》（上、下册），潘序伦、王澹如编著，商务印书馆，1935年5月初版 《审计学》，潘序伦、顾询著，商务印书馆，1935年7月初版 《改良中式簿记之讨论》，潘序伦编，1935年，立信会计师事务所①	深耕专业领域，出版了4册版《会计学》，为影响力最大的会计学教科书，《会计名词汇译》作为第一部英汉对照会计辞书，具有开创性意义，解决了会计名词翻译的规范化问题。体现了不惑之年的潘序伦对会计的研究更趋精深，视野更为宏阔，俨然成为行业发展的引领者
1936—1939年，44—47岁	《审计学教科书》，潘序伦、顾询编著，商务印书馆，1936年7月初版 《公司登记规则》，潘序伦著，商务印书馆，民国二十五年（1936）再版② 《所得税原理及实务》，潘序伦、李文杰编著，商务印书馆，1937年2月初版 《股份有限公司会计》，潘序伦著，商务印书馆，1936年8月初版 《中国政府会计制度》，潘序伦、顾准编著，商务印书馆，1939年6月初版	全面抗战爆发前后，研究、著述的领域进一步精细化扩展，延伸到所得税、政府会计、股份有限公司会计方面。从时间方面看，因为全面抗战爆发，自1939至1948年十年中，潘老本人的著述相对较少
1943年，51岁	《政府会计制度一致规定》，潘序伦著，立信会计图书用品社（重庆），民国三十二年（1943）十二月初版③	
1931—1949年，39—57岁	从1931年7月在《会计季刊》发表第一篇文章《营业税的征收和资本额的计算》起，到1949年9月在《立信会计季刊》第2卷第17期发表《会计基本方程式和资产负债表资本的意义》，共发表各类文章73篇	在盛年时期的18年间，从事会计学专业研究，共发表学术论文及演讲稿等各类文章73篇，年均4篇。题材广泛涉及会计专业的各个方面。具体目录详见《潘序伦回忆录》，第93-99页，中国财政经济出版社，1987年版。

---

①　本书清华大学图书馆有藏，出版单位写"上海立信会计师事务所"，《潘序伦回忆录》后附著作目录中有列入。

②　四川大学图书馆藏《公司登记规则》一册，潘序伦著，民国二十五年（1936）再版，初版时间不明。此书各种资料中未见。

③　本书武汉大学图书馆有藏。

(续表)

时间/年龄	著述名称及出版（发表）信息	意义
1949—1950年，57—58岁	《公司会计准则绪论》，W. A. Paton, A. C. Littleton著，潘序伦译，立信会计图书用品社，1949年8月版 《裴氏高等会计学——收益之决定》 《裴氏高等会计学——合并决算表》 《裴氏高等会计学——合并决算表之分析及解释》 《裴氏高等会计学——合并存货之管理及计价》 《裴氏高等会计学——决算表之编制》 《裴氏高等会计学——无形资产》 W. A. Paton著，潘序伦译（或与张蕙生合译），立信会计图书用品社，1949年8—12月出版	"以闲散之身，拟作三年之计，已集合三数人，将现代会计学中最主要之新文献，陆续迻译，以享读者，但秉述而不作之志，以事从于此。"① 属于战后引进西方会计理论最新成果的努力
1950—1952年，58—60岁	《初级成本会计》，潘序伦著，立信会计图书用品社，1950年2月出版 《成本会计学》，潘序伦著，立信会计图书用品社，1950年7月出版 《基本会计学》，潘序伦编著，立信会计图书用品社，1950年7月初版 《通用簿记教程》（上、下册），潘序伦、顾洵、张蕙生合编，立信会计图书用品社，1951年2、3月出版 《简易商业簿记教程》，潘序伦、张蕙生编，立信会计图书用品社，1951年出版 《高级商业簿记教程》，潘序伦编著，立信会计图书用品社，1951年6月出版 《会计学教程》（1—2册），潘序伦编著，立信会计图书用品社，1952年初版	适应时代变化的需要，重新整理编写会计教材。潘老在1949年8月所写《立信会计译丛总序》中写道：私拟在二三年内，秉述而不作之志，选译二三十种，使我国会计学子，多得新颖读物，总名之曰立信会计译丛，作为"立信会计丛书"之新篇。俟至相当阶段，再将前著"立信会计丛书"陆续改编，以适应我国新的环境及需要。故这一期间的这些教材出版，当属这一计划的一部分
1952年，60岁	《苏联会计述要》，潘序伦、许可南编，立信会计图书用品社，1952年1月初版 《国营企业会计概要》，潘序伦、俞文青编著，立信会计图书用品社，1952年版	适应时代发展变化的需要，于60高龄自学俄语，编著苏联会计知识读本

---

① 引自该书"译者序言"。

(续表)

时间/年龄	著述名称及出版（发表）信息	意义
1979—1984年，87—92岁	从1979年8月在香港《大公报》发表"书寄王云五"，到1984年在《重庆会计》1984年第6期发表"立信会计在重庆"，5年间发表文章15篇。其中回忆类文章6篇，"开展人才会计的研究""培养人才也要计成本""关于当前会计工作的四点建设性意见""会计人员是经营管理的'参谋长'""加强农业会计研究，做好农业会计工作""谈谈会计人员的职业道德""紧跟形势要求，提高财会人员素质""在世界第四次工业革命浪潮的推动下我们会计工作应该怎么办"等都具有重大的指导性意义和理论价值	平反后获得新生。5年内发表各类文章15篇
1985年，93岁	《搞活经济和会计立法》，原载《解放日报》，1985年4月24日 《认真贯彻〈会计法〉，开创会计工作新局面》，《立信会计选辑》第3辑，1985年4月 《祝贺与希望》，原载《安徽财会》，1985年第8期	最后的呐喊
1986年，去世后第2年	《潘序伦回忆录》，潘序伦著，中国财政经济出版社1986年8月第1版。	
1989年，去世后第5年	《基本会计学——西方会计》，潘序伦、王澹如编著，立信会计图书用品社，1989年出版	本书1983年初版，1989年修订再版

资料来源：以《潘序伦回忆录》后附《潘序伦先生的专著、译注、论文目录》为基础，结合其他资料整理编制。

说明：本表是一种尝试性分析研究的成果，在尽可能全面地梳理潘序伦先生各类著述的基础上，将其与人生过程中的各个阶段（年龄段和时代）结合起来，综合性考察潘老作为一个学者一生的成就及著述（学术）轨迹。为了使整理的条理更为清晰，我们在列示有关项目时做了一些补充和删减。在补充方面，主要是补上了先生在读浦东中学时发表的几篇文章和最早的一部著作。这些著述虽然与会计专业无关，但却更能体现出潘序伦作为学人的人生轨迹。删减的内容包括两方面：一是没有列示出各种习题册和解答之类的书籍，主要是考虑这些书籍的学术意义相对较弱；二是因篇幅所限，并未全部列出文章的题目和出版信息，有兴趣的朋友可以参看《潘序伦回忆录》后所附目录。也可以进一步阅读立信会计出版社2008年版《潘序伦文集》。在整理上表时，我们尽最大可能查证核实潘老各项著作的出版时间。由于潘老许多著作都是多次再版和修订，版别复杂。可能是因为收资料所限，1986版《潘序伦回忆录》后附《潘序伦先生的专著、译注、论文目录》中所列书名和出版时间多有疏漏。对此，上表尽可能做了补正，但依然难以保证上表毫无疏漏，期待以后做进一步补充完善。

从表8-1可以看到，在潘老一生中，有两个阶段著述相对较少或完全空白。

第一个阶段：1939年到1949年的十年，长期战乱，严重影响了潘老的著书立说。潘老在这一时期的著作，仅见三十多篇文章，较多发表在抗战期间的重庆，其中又以见刊于《立信会计月报》者居多。潘老在1950年为新著《基本会计学》所撰写的"序"中回顾了这一时期的研究："在1940年至1945年间，我在重庆也曾先为本书决定了名称，编定了目录，且已着手撰稿，但因冗俗纷乘，始终没有成书。嗣后五六年间，我因他种工作的忙迫，更没有功夫来完成这项任务。直到去年春季，我才摆脱了一切俗务，重理十年前研究编辑工作，并为本书的编著作了一年的准备。到本年二月，才开始执笔，一口气写了五个月，可说没有一天的间断，直到七月初总算完稿。"这段文字具有两方面重要意义：一是解释了从1940年至1949年十年中甚少写书的原因；二是说明潘老一直在关注会计理论和实务的最新发展变化，并在十年前就已经考虑对早期著作的重订和重大修改，以适应国际会计理论发展变化的新形势。

第二个阶段：从1953年到1978年25年，潘老未有任何著述发表。按潘老自己的说法，"1952年夏季'五反运动'以后我又停止编写'立信会计丛书'的工作，并辞去立信会计图书用品社社长职务，真的闭门谢客，作起'寓公'来了。"① 这一停就是二十几年，实在令人万分遗憾！不过，后来的事实证明，这一时期的潘老并未停止对会计研究的关注。尽管1962年9月顾准借到上海出差之机来家里要书作为研究资料时，潘老让他自己去挑选，并说现在什么书也用不着了，但从20世纪80年代潘老在文章和各种演讲中所讲的内容分析，他并没有停止对会计的研究和思考，因此才能在重获新生后不久就发表那些高屋建瓴的见解和意见。

三、著作品评

作为一个学人，其著作既代表了他学术方面的兴趣取向，也是其学术视野、志向、水平和情怀的体现，更是其人生经历的折射。潘序伦先生一生著述很多，我们分析了他一生著述与生活既生命历程的关系。以下择其要者做一些简单的品评，仅代表个人的逐步研究和理解。

1. 青年潘序伦人生第一部著作：《立体几何学表解》

《立体几何学表解》是近年新发现的潘序伦先生著作。张辉先生收藏有该书，并在个人公众号"会计史学"上发文对该书做了细致的考察研究。"这本小册子在过去的潘序伦研究中从没被提起过，潘老自己的《潘序伦回忆录》也未曾提及。书的版权页标注编辑者为'宜兴潘序伦'，籍贯和姓名与我们熟知的会计专家潘序伦一字不差，完全吻合，而且至今也未发现民国时期有与此重名的人"②。由此判定，该书属于潘老著作无疑。

潘序伦著，《立体几何学表解》封面，上海科学书局出版 民国元年（1912）出版

---

① 潘序伦：《潘序伦回忆录》，见《立信往事》，第450页，立信会计出版社，2013年版。
② 详参张辉：《鲜为人知的潘序伦第一部著作》，"会计学史"公众号，2023-04-22 08:43发表于北京。

诚然，《立体几何学表解》是一本很简单的中学数学立体几何知识点小册子，如果要说对这本书的研究能研究出潘老早年什么思想，实在过于牵强附会，但也并不是说这本书就没有什么价值。这本书的存在本身就对潘老的研究有着坐标意义的价值，比如我们以后再编写潘序伦年谱时，就应该在1912这个年份写上："8月，编著《立体几何学表解》，由上海科学书局发行。"

我们认为，这本书虽然与潘老后来所从事的会计专业并无关联，但对研究和理解潘老而言却依然具有重要意义。研究发现，上海科学书局出版的"表解"系列图书共有40余种，将代数、几何、三角、外国文艺、历史、地理等各科知识，"各将其紧要处、复杂处、艰深处，作为系统，列为图表，复系之以解，朗若列眉，务使读者易于检查，易于领悟"。简单来说，这是一套以表解方式来实现的知识普及性图书，既可供青少年读者使用，也可以供年长而不能入学堂者使用。该书的一大特色是仿照日本人知识普及的方式，用小开本小册子的形式，便于携带和随时展读。年方二十的潘序伦似乎并不符合该书局发行所所列出的作者条件，他为什么能够列名该丛书作者之名，至今成谜。但我们认为，该书可以体现青年潘序伦从事学术的志向，对于他以后的人生道路，也是有影响的。

2. 美国经济学家、商学家称许的博士论文：The Trade of the United States with China（《中美贸易论》）

该书是潘序伦先生的博士论文，1924年潘老博士毕业伊始，即在纽约由China Trade Bureau, Inc.,（中国商印局）承印发行。上海《申报》刊发"新著《中美贸易论》到沪"称"上海商科大学教授潘序伦博士，留学美国时，曾著《中美贸易论》一书，内容详备，立论精审，为美国各经济家、商学家所称许"。该书由美国著名经济学家和会计学家作序，序言中高瞻远瞩的评论，令人印象深刻。该书的学术价值一直为潘序伦先生在会计界的盛名所掩盖。直到2013年立信85周年校庆之际，立信会计出版社才首次出版了由李湖生先生翻译的该书中文版，题名《美国对华贸易史

(1784—1923)》。李湖生先生的翻译准确精到,充分体现了潘老原著的精髓和特色。值此世界经贸格局变化的重要时期,深入研读此书,定会大受启迪。该书在潘老学术生涯中具有重要的奠基性意义,更是不容忽视。

3. 为会计学术奠基的英文著作:《簿记及会计学》(*Bookkeeping and Accounting*)和《公司财政》(*Corporation Finance*)

这是潘序伦先生学成归国后在大学任教期间完成的两部英文教材,是先生最早的会计专业著作,由商务印书馆出版发行。

关于这两部著作,除了其具体内容之外,还需要注意其写作及出版背景。我们看到的是立信图书馆所藏该书1933年11月第2版。根据其版权页所显示信息,该书初版于1928年9月,1933年3月、11月两次再版。该书后附School of Business Series(商业科讲义)清单,表明这是一个由

潘序伦著《簿记及会计学》(*Bookkeeping and Accounting*)和《公司财政》(*Corporation Finance*),商务印书馆出版发行①

---

① 图片由张辉先生提供,特致谢意。

商务印书馆在 20 世纪 30 年代初期组织出版的一个商业讲义系列。清单中列出的书目，除了潘序伦博士所著 bookkeeping and Accounting《簿记及会计学》）和 Corporation Finance《公司财政》外，还包括 Banking Practice《银行实践》by Binyuan Chu, Commercial Law《商法》by Dingsai Chen, Commercial History and Organization《商业史及组织》by Yuan-chieh Chang, Business Statistics《商业统计》by Chuan Shih Li, Business English《商业英语》by Fong F., The Principles of Transportation《运输学原理》by C. Z, Chiu, Principles of Business Economica《商业经济原理》by Chuan Shih Li, Financial Organization《财政组织》by Cheng-Tao Tung, Industrial Management《工业管理法》by Lily Waikei Young, Marketing《市场交易法》by Tonzoo C. Woo, Salesmanship《售货术》by Baen E. Lee。在截至 1933 年已经出版的 13 种著作中，潘序伦博士一人就占了两本。最后还有四种正在编版中的图书，包括 Advertising《广告学》, foreign Trade《国际贸易》, Investment《投资学》, Insurance《保险学》, Commercial Geography《商业地理》。这些图书包罗广泛，涉及与商业经营及管理相关的各个方面。其中包括会计学和企业财务管理。或许这次写作和出版经历，对于潘老下决心离开高校教授职位投入会计实务和教育，具有一定的推动作用。需要注意的是，Corporation Finance 按照当时的习惯，中文写成了公司财政，其内容实际上是公司财务管理。这也是潘老在回忆录中会将书名写作公司理财的原因。

4. 潘序伦博士的会计学成名作：《高级商业簿记教科书》

《高级商业簿记教科书》是潘序伦在开办立信教育的早期，为了满足会计专业教学之需要而编著的一本教科书。按照"初版叙言"中的说法，盖因"我国近来坊间出版之簿记书籍，不下数十余种，惟就编者十余年中教授簿记之经验看来，尚觉未能完全适用，因有本书之作。书稿经多人校阅，窜易至再，且用油印讲义在编者自办之会计专修夜校试教，陆续将书中过详过略及编列次序不甚适合之处,再加订正,结果在授课及受课者双方,均感适当,乃决定付梓。"① 简言之,本书是为了弥补已有各种教材之不足而专门编著,且在出版之前经过多人校阅和实际教学之检验。按照设计初衷,本书是"备国内商科大学初年级及高中商科学生之用",而"编著本书之第一目的,在使学生真正明了商业簿记各种方法及其原理,俾可一隅三反,触类旁通,为研究高等会计学之初步,故对于原理方面,论述较他书为详。"②

民国三十六年(1947)五月,潘序伦先生在经济部次长任上为本书第四次修订版撰写了"第四次修订版修订各点说明",其中谈道:"本书自民国十九年初版以来,经三次修订,内容渐臻完善,国内各校采作教本者日多,十八年来重版达数十次。兹因国内簿记会计实务渐有变更,同时各教师教授经验,日益丰富熟练,对于本书,颇多改订建议,爰于公务倥偬之际,商之立信同人,着手修订。"③

该书从1930年初版至1950年,20年间先后修订达4次之多,产生了深远影响。2009年,立信会计出版社将其列入"会计经典丛书"再版发行,书中"作者及作品介绍"中讲:"《高级商业簿记教科书》是潘序伦的成名作,由其主编,并经多人审稿校阅,精心推敲,务求通俗易懂。从1929年起,该书随写、随印成讲义在夜校中使用,潘序伦让顾准利用夜间工余时间抄刻钢

潘序伦编著,《高级商业簿记教科书》,立信会计图书用品社出版

---

① 潘序伦:《高级商业簿记教科书》,"初版叙言",第1页,立信会计图书用品社,1947年修订本。
② 同上,第2页。
③ 潘序伦:《高级商业簿记教科书》,第1页,立信会计图书用品社,1947年修订本。

版,每张1 500字,每天晚上可刻两张左右,他边刻边自学,对商业簿记这门学科逐渐熟稔起来。这年年末,也就是该书编写后期,顾准成了专任助理编辑,俟全书定稿誊正,他就到商务印书馆联系出版事宜,跑印刷所、当校对等。这本列入"大学丛书"的会计书籍,一炮打响,十分畅销,为各商业企业和会计学校广泛采用。"①

5. 成本会计的经典译本:《劳氏成本会计》

自产业革命后,成本会计逐渐从工业会计中分离出来,成为一门专门的学科,其地位日益重要。进入20世纪以后,随着管理学的发展,成本会计的内容和知识体系也有了更好的发展完善。准确有效的成本核算和控制,直接决定企业的利润水平,甚至企业的存亡。潘序伦先生开始"立信会计丛书"编译之初,就重点考虑成本会计相关内容,并于1933年亲自翻译劳伦斯(W. B. Lawrence)教授的成本会计名著,名之曰《劳氏成本会计》,于当年出版发行。随后又根据该书原著的再版修订多次再版发行,使该书成为国内会计界最普遍

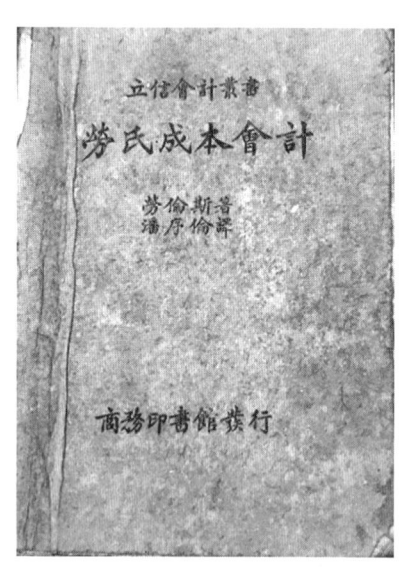

W. B. Rawrence 著,潘序伦译,商务印书馆,1935年1月初版

使用的成本会计教材。一定意义上,《劳氏成本会计》成为现代成本会计最先进知识的代表。直到1950年再次改译,始终保持与美国版本尽可能同步,从而保证了国内相关领域知识的先进性。潘老在该书1950年改译本"译者序言"中详细说明了该书数次改译的前因后果,足证对该书及成本会计领域知识的重视。

---

① 潘序伦:《高级商业簿记教科书》,第4页,立信会计出版社,2009年版。

余于民国二十二年即 1933 年迻译劳伦斯氏成本会计（1930 年第一次修订本）一书，后于民国二十八年即 1939 年，照其 1937 年第二次修订本改译一次。二十年来，国内各校学生及会计人员之修习成本会计一科者，多采用为教本。1946 年劳氏之书已有第三次修订本之刊行，其时正值我国抗日胜利，复员工作非常紧张，余公私交迫，心力交瘁，无暇执笔改译，延至今春，始克摆脱冗务，复我研究编译工作，先成会计准则（裴登及立脱儿登合著）及高等会计学（裴登氏著）两书，即着手于此书之改译，三阅月而告成，此次译文一以原著原意为宗，在会计理论方面译者主张间与著者颇有出入，但仍保存着原著原意，不予更改，以存其真。至于文字方面，则力求通俗化，使其明白如话，而不犯近代语体文堆砌过长之弊。至于各章习题及总实习题，仍予改译，另册出版，同时施仁夫君改译陀氏（Dohr）成本会计，吾侄兆申新译许氏（Schlatter）成本会计，亦均不日出版，值此举国事业家提倡成本会计之日，有此三种名著之最新译本，或可为我国建设事业之一助云。

潘序伦于立信会计研究编译所　1950 年 1 月

本书也因此而成为潘老上半生着力最多的著作之一。

6. 内容丰富的专业教材：四册本《会计学》

　　该书为潘老于 1934 年编著，商务印书馆 1935 年 1 月出版发行，"计有四册，百余万言，以作大学及专科学校学生修习两年之用。"[①] 不过，本书第一版并非直接采用四册本，1935 年 1 月初版发行时，只是分为上下两册。本书体例完整，内容丰富，是当时最权威、影响力最大的会计学教科书，曾先后出版十余次。

　　本书在"立信会计丛书"和潘序伦著作中占有极为重要的地位，被视为潘序伦会计教材中最具代表性的作品。本书内容丰富，涵盖广泛，并通过多次修订和再版发行，比较充分地反映了西方会计最新的内容发展。而

---

① 见潘序伦为 1950 年出版的《基本会计学》所作《序》。

潘序伦先生在本书的编写方面也是投入了极大的精力和时间，对其寄予厚望。

根据有关材料中的说明，潘序伦先生对本书的编写极为重视。写作期间，他排除了各种干扰，专心写作，精心推敲，数易其稿。其间，事务所同仁王澹如、陈文麟、李鸿寿、黄祖方、施仁夫、唐文瑞、顾哲云、沈慰萍等多方协助，历经14个月方告完稿。

按照潘先生的计划，这部《会计学》教材，是作为大学或专科学校两年之用，故以"内容详备"为特点。书中对会计系应包括的范围基本都已涉及，同时还

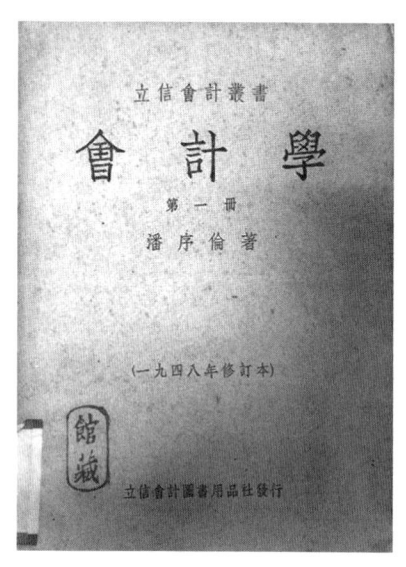

潘序伦著，《会计学》四册本第一册（封面），1948年修订本

将预算统制、图标应用等较为新颖的内容尽量纳入其中。相较于国内其他版本的会计学书籍，本书中新内容占了不小的比重。因此，虽然说是"编著"，实则与创作并无太大差异。

初版《会计学》全书共分为十编，90万字，分上下两册印行。另外，作者还编印了习题详解以方便使用。本书出版后，受到各方面广泛的好评，但在使用中也受到一些方面提出一定意见，加之《中华民国破产法》（1935年7月）和《所得税暂行条例》（1936年7月）颁布施行，相关内容发生变化，潘序伦于1937年7月开始对《会计学》进行修订，在顾准的协助下，经半年完成。修订后的新版《会计学》于1938年出版发行，是为"民国二十七年修订本"。修订期间，顾准曾多次对该书的编排结构提出异议，建议修改分编方式。但潘序伦认为，分编不分编各有利弊，两者的优点不能兼有，而缺点亦难完全避免。为了避免对原书进行大幅度的改动，出版时仍然采用原书的分编体系，但对书中内容做了较多的改动，补充、修订甚至重撰者亦不少，篇幅总体上也比初版有所增加。为便利使

用，在出版时由原来上下两册改为四册。

修订后的新版（1938 年修订本）四册本《会计学》，共分为十编 72 章，并增加了附录"中英会计名辞对照表"。

在第一次修订十年之后，1948 年 12 月，四册本《会计学》再次修订出版。这次修订后的版本标注为"一九四八年修订本"。这次修订中，书中各编的名称基本未作变动，但部分章节内容变动较大，如将原来第二编中的第十五章"单式簿记"、第五编中第三十八章"合并决算表"等删除，第三编"会计实务"中各章的名称、次序则有较大变动。

在该版修订本的"会计学总目录"之后，特别附有"采用本书作为教本之说明"。其中写道："本书内容较丰，采作大学商学院、或文法学院经济学系，或商业专科学校之会计学程教本，自觉尚为适宜。"并对具体使用的时间（学期）、兼读书目、习题以及以上下两册《会计问题》作为参考等做了说明。

7. 规范会计名词翻译的扛鼎之作：《会计名辞汇译》

《会计名辞汇译》是一部具有划时代意义的作品，但其价值长期以来一直未受到足够的重视。但实际上。它代表的是中国会计学界主动对接世界，以便利学习引进、沟通交流方面所做出的努力。从近现代会计学发展，尤其是西风东渐的背景下引进和学习西方会计理论、技术和方法的角度，专业词汇的翻译及其标准化、统一化，是一项十分重要的任务。潘序伦博士及其团队秉多年翻译引进西方会计教材和理论知识的多年积累，勇敢地承担起了这项艰巨而重要的任务，经过多方面的巨大努力，于 1934 年 12 月

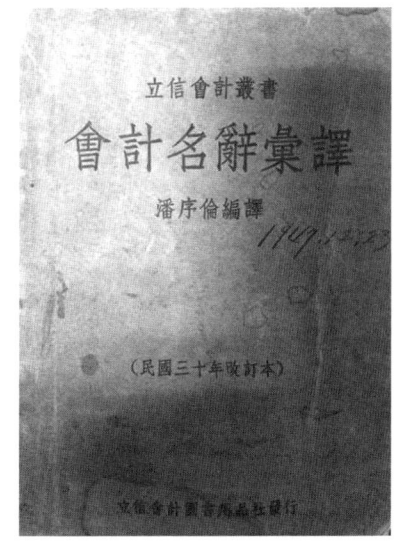

潘序伦编译，《会计名辞汇译》，
立信会计图书用品社，
1941 年改订本

出版《会计名辞汇译》初版，后经1938年、1941年两次修订，不断完善，向社会奉献了一种极其重要的会计专业翻译工具书，为全国会计名辞的统一做出了重要贡献，其价值和意义不可忽视。潘序伦先生在为该书撰写的"绪言"中，详细介绍了编著及数次修订《会计名辞汇译》的情况。以下全文照录：

绪言

我国会计之学，导源甚古。礼记周官篇中，即有日计月要岁会之说。然而数千年来，斯学失传，于今虽欲追寻数百年前政府工商机关之会计记录，亦已渺不可得。至于研究阐述会计学之书籍，数千年来更鲜发见故我国原有之会计名辞，除极普通之"存该收付"、"日流暂记"等字供通俗之用外，别无其他相当术语。近三十年，欧风东渐，新式会计渐见通行，国内研究会计之士，日渐众多，关于会计之译著，亦年有出版，较之以前，显有进步。考欧美会计之学，近世最称发达，我国现有会计书籍，大抵自彼邦介绍而来，惟译者既各不相谋，译名亦绝不一致。以前我国文化机构，曾有科学名辞审查会之设，然彼时我国会计一科，程度过于幼稚，故会计名辞未在审查之列。迨民国十五年，上海会计师公会有会计名辞审定会之组织，推鄙人主其事，但在会同人多以业务羁身，不克多所讨论，因之亦一无成就。数年之前，立法院及财政委员会均曾有拟订会计名辞之举，然所拟订者，仅及于政府会计之一部。至于年来出版之会计书籍中，虽有附列中英会计名辞互相对照以便检阅者，但挂一漏百，太部完备。且译名多系个人主张，从未有汇集多数名辞，比较各家意见，而为有系统之研究者。直至民国二十年，朱祖晦、程彬、舒公迟三氏，合编会计名辞试译一种，搜集名辞，多至一千二百余，内并列举我国各家旧有译名，末附著者拟译之名，至是而我国会计学者对于会计名辞，始有有系统之研究。民国二十二年，本所同人，着手于立信会计丛书及会计季刊之编辑，第一步所遭遇之困难，即为译名之无一定标准。当时虽有朱、程、舒诸氏之作可资参考，但因朱氏之作所列名辞及译名，尚不十分完备，乃予补加搜集，并为试译或另译，而有本书第一版之作焉。

自本书第一版问世后，我国会计学术，进展颇速，会计译著，增加甚多，此种现象，实为前所未有。当时会计名辞之应用，虽尚未臻统一，然其渐趋一致，则至为明显。尤以若干重要法令之颁行（如会计法、商业登记法、破产法及所得税法规等等），益使我国会计名辞之应用，日近统一，本书第一版遂有加以修订之必要。适值抗战军兴，百业停顿，同人乃得集中精力，悉心钻究，藉将本书初版以后五年中之发展变化，详加探讨而以本书彻底改编，遂成"民国二十七年改订本"焉。

自本书二十七年改订本刊行之后，虽适国家艰苦之时，然学术研究之风，反受激励而益臻焕发。国立编译馆掌统一全国学术名辞之重任，仍能先后有经济学名辞及会计学名辞之拟订。前岁承该馆以经济学名辞初审本寄赠，并嘱审查后发表意见，同人等悉心检阅，曾就其中有关会计方面之名辞，与本书二十七年改订本相比对，而编成会计名辞汇译附录一种，并以上海会计教师联谊会会计名辞小组委员会及复旦大学会计学社所拟订改译之名辞附列焉。同时，同人等以为会计名辞，为数既多，而与经济名辞字同意异者亦复不少，故曾建议另行订定会计学名辞一种。此事于去年三月乃成事实，盖当时国立编译馆有《会计学名辞》初审本之编成也。去年冬间，复承该馆以会计学名辞初审本见赠，嘱为审查。同人等细研之下，对于大多数名辞，以为已可统一，唯亦有少数名辞，尚有可以讨论之余地，爰以研究结果，将本书再予改定，以不敢自秘，特予公开发表，以供我会计界同人之研究也。

比闻国立编译馆名词审定工作可望于明春完成，国内专家之留心名辞统一之运动者，当不乏其人，本书之改订，或可使此辈贤达，得一研讨之根据，得以其精审之高见，供该馆作最后决定时之参考也。

本书初版刊行之后，承南开大学丁佶教授，计政学院陈恕钧先生，复旦大学商学院会计名辞讨论会赐示意见。二十七年改订本刊行以后，复旦会计名辞讨论会复屡赐意见。敬附此志,以表谢忱。

再本书初版及第三次改订本,承黄组方先生协助;二十七年改订本之编辑,多承顾准先生协助,书此志谢。

民国三十年七月潘序伦于重庆立信会计师事务所

潘序伦先生1947年在为《高级商业簿记教科书》撰写的"第四次修订版修订各点说明"中特别提到本书在实际中的影响:"最近十年来,我国法令关于会计名辞,经著者不断努力,已逐渐采用拙著会计名辞汇译所定各项名称,本书此次修订,均亦照改,以资一律。"①

8. "我国公司会计教科书中的第一本":《股份有限公司会计》

公司制是近现代社会经济发展中最具代表性的企业组织形式。现代会计理论和实务的许多重要内容,包括在20世纪30年代以后会计发展中具有举足轻重地位的会计准则建设以及会计准则的国际协调与趋同,无不与公司制企业有关。从这个意义上来讲,理解公司制企业会计是理解现代会计的关键。

早在1929年,潘序伦就开始撰著本书,开展公司会计教材的写作。从本书版权页所载出版信息来看,本书初版于民国二十二年(1933)8月,1938年8月修订第一版,至1941年8月已出版第八版。

潘序伦著,《股份有限公司会计》,民国二十七年(1938)修订本,商务印书馆发行

书中载有潘序伦先生撰写的"第一版原序"和"第二次修订本序言",

---

① 潘序伦:《高级商业簿记教科书》,"第四次修订版修订各点说明"第2页,立信会计图书用品社,1947年修订本。

对于了解该书具有极大的意义，分别全文转录如下：

第一版原序

大凡学子编著一本书籍，总得自己或请他人写几篇序言，做做介绍。我这本书没有什么价值，犯不着小题大做，请了许多名人来替我做序文。至于我自己呢，又素来不会做文章，也犯不着为了这本书做，因为本书的内容，无论何人，只要把目录揭开一看，便晓得它的大概，读了序文，倒反要觉得没头没脑。我现在只用极简单的言语，把我编著这本书的意旨连先后经过的情形来说一说。

我在三四年前，在几个国立大学内担任会计科的教授，那时教到公司会计一科，便感得一重困难，因为外国教科书中的教材，是照着外国的法律习惯而做的，有许多不适用于我国，那时我便想编一本适用于本国的公司会计，但为兼了学校管理的职务，没有空闲执笔；况且对于公司会计的经验，又可说是完全没有，所以有志难偿。近几年来在上海执行会计师业务，所以本国公司的账情，见过了着实不少，所以对于编著这本书的胆子，大了许多。去年和今年工商部及立法院为了修订公司条例的事情，常常向我下问，我趁此机会，把我国公司法彻底地研究一番，对于这本书的编著，又添了不少兴趣和助力。因为公司会计的方法和制度，本来全靠着法律的规定，倘要编著适用于本国的公司会计，一定先要彻底明了本国的公司法规。

我在去年已把这本书的草稿写好，但是为了业务繁冗，隔了多时，没有功夫去把它整理。今年六月，因为劳动过度，生了疾病，医生嘱我离沪休息，我便到莫干山去住了四十多天。在这个当儿，方才把这书的全体匆匆地整理就绪。

像我这样抛开了书本整日在市侩中间讨生活的人，哪里能够写出好的书来。这本书中间谬误不合的地方，一定是不少，要望当世会计专家不吝指教，但转个念头一想，这本书还是我国公司会计教科书中的第一本，我国公司里的职员,尤其是会计科里的职员,也许值得买一册做做参考,至于以后商科大学或商科职业中学里公司会计一科,有了这本书,似乎比用外国教本那样生吞活剥的总要好些了。

最后我要声明,我编这本书的初稿,完全是得着王君澹如的助力,方才告成。至于校对的事务,全靠顾君谘博的助力,这就是我所最感激的。

十八年十一月　宜兴潘序伦[①]

在有关潘老的资料中,这篇序文是颇为奇特有趣的一种。序文用平和细腻的文字缓缓道来,如诉家常,似在无意间活脱脱勾画出了一个心系专业领域,踏实好学的会计学人为了专业而学习、写作、传播知识的生动形象。其中提道因病而去莫干山休养,因而才有时间整理书稿,以及"像我这样抛开了书本整日在市侩中间讨生活的人,哪里能够写出好的书来"这样谦逊且带些自嘲的语言,又为理解他为什么甚少文学或其他作品提供了一种解释的理由。当然,最重要的还是对当时我国公司会计情况、也即他写作此书的背景的说明,虽然着墨不多,但对于理解近现代我国公司和公司会计的发展演进具有重要意义。

第二次修订本序言

旧作公司会计一书,成稿于民国十八年间,经二十年第一次改订后,屈指迄今,已历七载。当时匆匆完稿,取材未见精审,研究未臻周详,故早蓄改订之志。惟以所校各事昕夕栗碌,兼以忙于编著会计学、审计学等书,本书之改订,遂以延迟。迨民二十五年立信会计丛书之编辑,已可告一段落,故于业务余暇,将旧作大加改订,制版业已就绪,定于民二十六年秋间出书,不料战事爆发,百业停顿,本书因而停印,本人亦无所事事,因复取第二版修订原稿,细加探研,再予增删,而成本书。付梓之余,特举数点,以待教于海内专家:

[①] 潘序伦:《股份有限公司会计》,"第一版原序",商务印书馆,民国二十七年(1938)修订本,1941年版。

一、旧作共计十九章，其间或将一事分成二章，（如第十及第十一章公积准备，第十二及十三章公司债及偿债基金，第十五及十六章合并等）或以一章对于公司会计之全体，为概括的叙述（如第五章特备簿册，第六章会计科目等），兹为使编辑体例之合理起见，区分全书为十四章，分述概论，设立，创立记录，股份及其管理，决算及盈余之分配，盈余公积及准备，公司债，增减股本，合并，解散清算及和解破产等项。所有空泛而不必要之概论已予删除，叙述同一事实者，一律归并为一章，结果虽使每章分量多少不均，然其便于研习，或较旧作为进步也。

二、旧作于论述各种问题之际，虽亦曾力求适合国情，然一以当时我国公司所有发行公司债，及合并改组等项实例，不如今日之丰富。同时若干有关系之法律如破产法等，尚未颁行益以作者本人才疏学浅，故尚未能使全书内容，真正适合我国读者之需要。改作本书之时，特根据新颁行之法令，新发生之实例，以及作者十年来研究心得，将旧作大加改削补充。即有若干欧美公司习见之情形，为我国所未有，而为本书所应加以说明者，亦必举示我国法令及习惯，加以比较。因之旧作与本书内容，实已大不相同。著者私意，以为本书实系"中国公司会计"之创作。惟其立论说理，是否确当，举例是否详明，尚不敢自以为是。所望国内专家，不吝指正耳。

三、旧作名称为《公司会计》，然以我国公司，计有四种，欲将四种公司会计之特点，一一阐述，必使本书内容芜杂异常。今本书所述，仅股份有限公司会计一种，故正其名为《股份有限公司会计》，以昭翔实。

此外如习题问题一项，反为旧作所未具。为便于教学自修起见，特予增添，附印于各章之后，此则细微末节，未足语于改订也。

最近我国政府颁布所得税各项暂行法规，于民国二十六年度开始征税，股份有限公司决算如有盈余，亦照纳盈利所得税，因之公司盈利之分配，连带发生许多变化及问题，亦为本书所应论及者。惟我国所得税之征收，甫经开始，法律方面，关于税率、资本、免税及计算方法等问题，均在迅速修正之下，多数尚未确定，若处处据以论列，恐一转瞬间，反不适用。故本书除第六章讨论盈余之分配时，根据所得税暂行条例及施行细则，加入所得税之计算外；其余各章，均暂将应行涉及之所得税问题略去，一所以求简便，二亦因所得税系另一专门会计科目，非在本书中所能详及也。

最后应向读者声明者，则本书之改编，有赖于本所编辑科副主任顾君准之协助者极多。志之以表谢忱。

民国二十七年一月

潘序伦于立信会计师事务所

9. "述而不作"三年计划的代表性作品：《公司会计准则绪论》

在20世纪三四十年代，美国会计界发生了一种具有革命性意义的会计理论创新，影响全球会计的发展方向，便是经由哈特菲尔德（Henry Rand Hatfield）、佩顿（W. A. Paton）、利特尔顿（A. C. Littleton）等顶级会计学家的努力，开始了对会计原则的专门研究，为后来会计准则的体系化构建和研究打开了一条全新的思路。其中两部最具影响的代表性著作，一部是佩顿与利特尔顿合著的《公司会计准则绪论》（An Introduction to Corporate Accounting Standards）（1940年出版），另一部则是桑德斯（Sanders）、穆尔（Moore）合著的《会计原则述要》（A Statement of Accounting Principles）。这些著作"试将各项会计基本原理交织而成为一个整体，……为会计原理建一基架，……会计理论于此应认为'凝固而又

W. A. Paton、A. C. Littleton著，潘序伦译：《公司会计准则绪论》立信会计图书用品社，1949年8月版

协调一贯的整套理论'。"①

　　这种理论上的突破,开启了美国会计界进行会计理论基础构建和超出规则的约束构建会计准则体系的开始。这种变化给公司会计实务尤其是对外财务报告产生了深远影响。抗日战争时期身处陪都重庆的潘序伦先生敏锐地体会到了这种变化及其影响,因此在战争结束以后立即着手收集资料,筹备翻译引进美国最新的会计理论著述。由潘序伦先生亲自翻译的《公司会计准则绪论》一书,于1949年8月由立信会计图书用品社出版发行。1950年5月份,《会计原则述要》一书由潘葆墀翻译出版,潘序伦先生为其作序,在介绍该书价值的同时,对译者的工作给予了很大的肯定和鼓励。值得注意的是,该书出版时附有潘序伦先生所撰"立信会计译丛总序",其中写道:"十余年来,西方各国会计理论及实务,已多进化,新著迭出,迥异曩时,我国学者允宜急起直追,予以研究,以资攻错。因复集合同人,再度致力于会计编辑工作。惟因我国经济现状及工商组织,正在演变之中,币值方期稳定,法规亦待修订,若云改良会计,似觉言之稍早;爰将他国会计新著之有重大贡献者,先为迻译付印,以飨国内读者,不论篇幅之大小,惟择内容之精新,私拟在二三年内,秉述而不作之志,选译二三十种,使我国会计学子,多得新颖读物,总名之曰'立信会计译丛',作为'立信会计丛书'之新篇。"②

　　遗憾的是,在几十年后的今天,呈现在我们面前的,只有这两本译著。潘老的宏伟计划随着时代的变化旋即化为泡影。我们不禁在想,倘若时代再多给潘老几年时间,我们与国际会计学术的差距,是否还会有后来之巨? 当然,历史没有假设,只有残酷的事实。时不我与,许多人的悲哀,正在于此吧。

---

① W. A. Paton, A. C. Littleton 著,潘序伦译:《公司会计准则绪论》,"著者自序",立信会计图书用品社,1949年版。

② 潘序伦:"立信会计译丛总序",见载于《会计原则述要》,立信会计图书用品社,1950年版。

10. 十年磨一剑的革新之作:《基本会计学》

在潘老的著作系列中,该书属于承前启后的集大成之作,具有重要意义。这一点可以潘老为 1950 年初版《基本会计学》所作"序"为证。在该"序"中,潘老首先详细叙述了自 1930 年以来编辑出版和修订《高级商业簿记学》《会计学教科书》、四册本《会计学》的情况及所产生的巨大影响,随之说明,在这 20 年中,会计学的基本理论逐渐改进,"会计记录汇总分析报告等方法也都随着理论上的变化,发展而成实务上的变化。因之,我以前编著各书在今天已都有彻底改编或重写的必要。"①

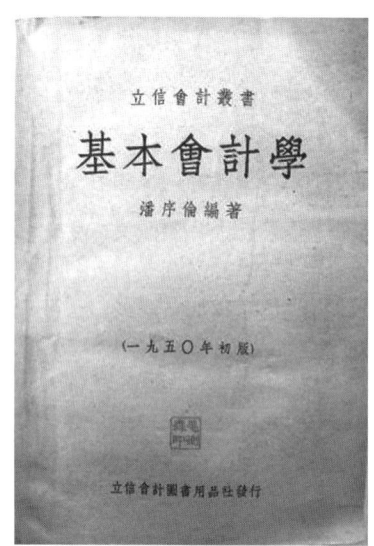

**潘序伦编著,《基本会计学》,
立信会计图书用品社,
1950 年初版**

潘老之所以会想到"彻底改编或重写"这些书,背后起关键作用的,实际上是国际(美国)会计理论和实务界发生的深刻变化。概而言之,即会计准则的兴起及对会计理论、实务及会计制度体系构建所产生的深刻影响。亦即此时全球会计的实际状况已经与 20 世纪 30 年代初潘老开始创立立信会计事业时的情况有了极大不同。为此,重新编写一种能够反映国际会计界最新变化的会计教材成为当务之急。

根据潘老所写"序"中所言:"我在十年前已经抱着另著本书的心愿。在 1940 年至 1945 年间,我在重庆也曾先为本书决定了名称,编定了目录,且已着手拟稿。但因冗俗纷乘,始终没有成书。嗣后五六年间,我也因他种工作的忙迫,更没有功夫来完成这项任务。直到去年春季,我才摆脱了一切俗务,重理十年前研究编辑工作,并为本书的编著作了一年的准备,到本年二月,才开始执笔,一口气写了五个月,可说没有一天的间断,直到七月初总算完稿,其中也曾与国内的会计学者和富有经验的会计

---

① 潘序伦编著:《基本会计学》,"序"第 1 页,立信会计图书用品社,1950 年初版。

教师讨论本书的编辑计划和内容,先后不下数十次。我对于同道这些厚意的协助真是十分感激。其中不能不特别提出的,是立信同事顾询、卢贻珍、钱素君诸先生,和立信同学孙庆元和欧阳锐铃诸君,都悉心校阅了本书的初稿,并提出了许多宝贵的意见。因之我对于本书的内容苟觉得有一些不惬意的地方,都曾不惮烦劳地一一予以纠正。我妻张蕙生本着她十几年来教授这项课程的经验,随时给我以协助,并为本书编集习题全份,另册发行,这都是我所应特别表示感谢的。"①

潘老在"序"中直言:"校读本书初稿的几位同道都认这本书比我以前所编所著各书已有显著的进步,这一点我自己也不能否认的。"② 向来谦逊的潘老以这种方式表示对自己作品的骄傲,难得一见。

我们认为,该书的意义,更在于它代表了潘老从 20 世纪 40 年代开始就孜孜以求,保持中国会计学术与国际尽可能同步的不懈努力。尽管潘老在 1940 年就已经确定了该书的名称和目录,但却耽延许久,直到 10 年之后才最终成书,潘老本人对此也是感到十分惋惜。然而,联系 1940 年潘老因为战乱转道香港赴重庆,后又为重庆立信学校和出版事业不断奔忙的实际情况,加之潘老在与海外音讯几乎隔绝的情况下,依然能够注意到国际会计理论和实务的最新进展,并时时思考与其保持同步,并为此做出不懈努力,包括后来在 1949 年前后托人从海外搜集最新的会计资料,他对会计的拳拳之心,殷殷之情,已经让人十分感动且理解了。

11. 花甲老人时代性转向的精心之作:《苏联会计述要》

该书是目前所见 20 世纪 50 年代初期潘序伦亲自参与编写的两种有关苏联社会主义会计的两种著作之一。1949 年中华人民共和国成立以后,随着政治经济形势的变化,因为建设和发展社会主义制度的需要,会计界面临着中国会计向何处去的重大问题。当然,这个问题很快便有了答案。对于从旧时代走过来,学习或掌握了传统中式簿记和现代西方会计知识的

---

① 潘序伦编著:《基本会计学》,"序"第 1-2 页,立信会计图书用品社,1950 年初版。
② 同上。

人而言，如何适应时代变化的要求，成为一个重要的现实问题。为此，年近花甲的潘序伦博士从零开始苦学俄语，担当起了改造旧传统，研究、普及苏联社会主义会计知识的重任，用苏联社会主义会计的新知识来改造传统以西学为主的会计教材。这本著作便是其成果之一。它代表的是一位花甲老人在新时代努力适应时代变革，发展会计学术和教育的不懈努力。

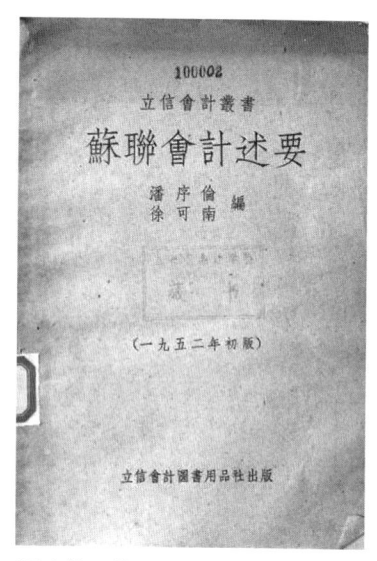

潘序伦、徐可南编：《苏联会计述要》，立信会计图书用品社，1952年1月初版

关于该书有以下几点需要说明：

其一，据该书"例言"所载，"本书以简短的篇幅，对苏联会计的若干基本原理、方法和制度作扼要的叙述。潘序伦所编的《会计学教程》计分四册，第一第二两册由潘序伦独自编写，第三册是潘序伦与俞文青合编的《国营企业会计概要》，本书原是作为这部教程的第四册而编写的。兹再单独印行，以便已修习过我国普通簿记会计课程的学者采作补充读物"。①

其二，该书是一本基础性的普及读物，因此，"在编制和内容上，所有苏联较高深的会计原理、较精细的会计方法和较专门的会计制度，都没有在本书中叙述"。②

其三，该书作为一种综合性基础知识读本，参考了一些已经出版的译作和研究，包括：

（1）弗·哥·马卡洛夫教授编，中国人民大学出版，《簿记核算原理》；

（2）Е. И. 葛莱赫著，祝百英、孙庆元、纪洪天译，立信会计图书用品社出版，《苏联会计学基本教程》；

---

① 潘序伦,徐可南：《苏联会计述要》,"例言",立信会计图书用品社,1952年版。
② 同上。

（3）葛尔培林、吉博立索夫合著，王矩先、刘鸿勋编译，东北化学工业管理局出版，《苏联会计学教程》；

（4）灭列兴、马尔古里斯合编，甘雨农译，东北人民政府财政部编，东北人民出版社出版，《苏联最重要的会计领导材料》；

（5）阿发那西也夫著，中国人民大学研究部编译室译，人民出版社出版，《资产负债表结构原理》；

（6）木·赫·日布拉克著，中国人民大学研究部编译室译，中国人民大学出版，《工业簿记教程》；

（7）诺·约·依利因著，中国人民大学簿记核算教研室译，中国人民大学出版，《苏维埃贸易底簿记核算》；

（8）《新会计月刊》，第1期至第11期中各篇有关苏联会计的译文。

该书对于研究潘老生平具有重要的历史性意义，因为它代表了潘老一生一次重要的时代性转换，这次转换也是现代中国会计发展史上一次重要的方向转换。遗憾的是，对潘老个人而言，这次花了很大心血为之做了精心准备（包括苦学俄语、重订基础教程等）的学术转向，却因为形势的变化而戛然而止。对整个会计界，则是在经历了数年学习变革之后，不得不再次转向，从学习苏联改变为内部自主创新。其实际影响，则是长时期的封闭、与世隔绝，直到20世纪80年代改革开放，才再次踏上与国际沟通、交流乃至接轨的历程。

12. 九旬老人的世纪回望：《潘序伦回忆录》

《潘序伦回忆录》是潘序伦先生生前撰写的个人回忆录，于1984年在《财务与会计》杂志上连载，引起了国内外会计界人士的重视与关注，受到广大读者的欢迎。日本公认会计士隈井要将其全文翻译成日文，在日本会计士协会出版的《会计》杂志上连载，并印成单行本，介绍给日本会计界。为了满足国内更多读者的需要，中国财政经济出版社经过补充之后汇编成册，于1986年8月出版发行。

这本回忆录是潘老在92岁高龄完成的。杨纪琬先生高度评价该书，认为"《潘序伦回忆录》是一部很有意义的作品。无论会计工作者，还是会计教学和理论研究者，都能从中得到很大的教益。"①

这本回忆录是一部极具教育意义的作品。潘老以细致的笔触，对自己一生的重要经历、事业成就，以及历经坎坷走过的弯路等做了深刻反思和剖析，体现了一个真正的学人坦荡的胸怀。从大的方面来说，该书作为潘老个人的解析，具有巨大的精神力量，对当下之人更有重要的正向激励和启示性意义。从小的方面来说，该书当是无数立信学人、立信学子的必读书。

潘序伦著：《潘序伦回忆录》，中国财政经济出版社1986年8月第1版

13. 承前启后的著作：《基本会计学——西方会计》

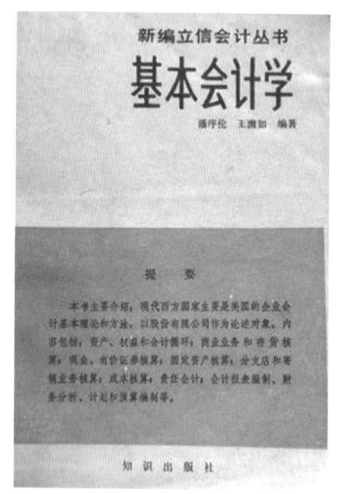

潘序伦、王澹如编著：《基本会计学》，知识出版社，1983年11版

潘序伦、王澹如编著：《基本会计学——西方会计》，立信会计出版社，1989年版

---

① 杨纪琬："序"，见潘序伦：《潘序伦回忆录》，中国财政经济出版社，1986年版。

1978年12月18日至22日，中国共产党第十一届中央委员会第三次全体会议在北京举行，会议确定了改革开放的方针政策。借着改革开放的东风，立信会计事业重新启航，先后恢复重建了会计师事务所、会计学校。立信会计图书用品社的复办和会计丛书编译工作也同时启动。1983年11月，在立信会计图书用品社复办尚未获得批准之前，由潘序伦、王澹如编著的《基本会计学》作为"新编立信会计丛书"由知识出版社出版发行。

作为编者之一的王澹如为该书撰写"前言"，说明了有关该书编版的一些情况。

前言

一、本书系参照潘序伦先生1950年所著《基本会计学》的体例编写，旨在介绍现代西方国家主要是美国的企业会计的基本理论和方法，以作研习外国企业会计的初级读物。

二、本书以西方国家的股份有限公司作为论述的对象。西方国家的现代企业，很多都是采用这种组织形式，经营规模大，业务范围广，会计的应用更较全面。掌握了这种公司企业的会计理论和方法，对于其它组织形式的企业会计就不难以繁驭简，触类旁通。在会计程序的阐述方面，为了便于读者系统、全面地掌握会计处理的基本方法和技术，则以手工操作为主。

三、本书在编写中除了潘序伦先生的原著外，并参考美国约翰逊（G. L. Johnson）和根特里（J. A. Gentry）合著的《芬尼与米勒氏会计原理》（初级本）1970年和1980年的两次修订版本。

四、本书的初稿曾蒙上海财经经学院娄尔行教授于百忙中予以审阅，提了不少宝贵意见，特在此表示谢意。

五、本书定稿后曾由上海财经学院举办的"中外合资企业会计讲习班"用作参考教材。这次正式出版又参酌各方面的宝贵意见做了一些增删。但由于编者水平有限，难免有不当或错误之处，尚望读者多予指正，以便再版时修改。

王澹如

1983 年 6 月

1986 年，经国家出版局批准，立信会计图书用品社恢复重办。1989 年，立信会计图书用品社更名为"立信会计出版社"，更名后的立信会计出版社将《基本会计学》更名为《基本会计学——西方会计》再版发行。因此，我们看到该书版权页上关于出版时间的标注是："1983 年 11 月第 1 版，1989 年 4 月第 1 版，1993 年 6 月第 7 次印刷"。我们还看到，第 7 次印刷时，该书的总印量已经达到 67 000 册，可见其影响之广。

《基本会计学——西方会计》是潘老一生最后一部专业性著作，也是改革开放后国内最早介绍西方会计，具有承前启后作用的一部重要作品。对于潘老为会计事业不懈奋斗的一生而言，本书具有重要的标志性意义，意味着潘老和他所率领的早期立信团队引进和普及现代西方先进会计知识的努力，在中断了 20 多年后，再次接续起来。

需要补充说明的是，1977 年恢复高考后，一些院校相继恢复或新办会计专业，会计教材需求甚巨。然而，直至 20 世纪 80 年代末，各院校所用会计教材，依然是以计划经济下形成的会计制度、理论、方法和概念体系为基础编写，与改革开放的实际需求之间存在较大差距。本书作为较早出版的介绍西方会计的著作，成为各界解外部世界会计的一个重要窗口。因此，其广受欢迎，也成为必然。

四、放歌新时代

谁无暴风劲雨时，守得云开见月明。

党的十一届三中全会是现代中国社会发展中一个重要的转折。全会做出了从 1979 年起把全党工作重点转移到社会主义现代化建设上来的战略决策，一系列与个人命运和社会发展相关的重要改革由此拉开了帷幕。

潘老在回忆录中激动地写道:"十一届三中全会以后,拨乱反正,平反了解放以来的冤假错案,对我 1957 年被错误地批判和处分的问题,给予了改正。我更加关心党和国家大事。……鉴于随着国民经济'调整、改革、整顿、提高'八字方针的贯彻执行,经济振兴和新产业革命时代即将到来,作为经济管理重要组成部分的会计学科研究,亟待跟上,1979 年初,我首先在上海市成立全国第一个会计学会,同时建议大力举办会计职业教育,以解决会计人员严重青黄不接的问题。……我现在起步虽然已经晚了点,但我要竭尽有生执念,积极响应'肝胆相照,荣辱与共'的号召,自觉自愿,全心全意地为人民多做贡献,坚决沿着党所指引的方向,在社会主义大道上前进!"①

老骥伏枥,志在千里!

从 1979 年初开始,已经 87 岁高龄的潘老,像一只上满了发条的钟表,伴随生命之钟的一声声滴答,奏响了人生最后的乐章。短短数年间,他全力拼搏,完成了创办上海市会计学会、立信复校、建立全国第一家会计师事务所(上海市会计师事务所)、恢复重建立信会计出版社等重大任务,同时提出了许多具有重大创造性意义的理论见解和对会计实务工作的指导性意见,包括:

(1) 提出开展"人才会计"研究,计算人才成本。
(2) 提出要特别重视农业会计问题。
(3) 要求重视和提高会计人员素质。
(4) 强调会计立法的重要性。
(5) 强调关注新技术革命对会计工作的影响。

这些研究充分显示了一位高瞻远瞩的会计学家在深刻把握国内国际大势的前提下,对会计定位及工作、研究重点的把握,具有很强的前瞻性和重要的指导性意义。

我们难以想象,是什么样的动力,激励着 90 岁高龄的潘老参加各种

---

① 潘序伦:《潘序伦回忆录》,见《立信往事》,第 447 页,立信会计出版社,2013 年版。

社会活动，发表演讲，继续开展学术研究，发表文章。

更难以置信的是，他竟然能在92岁高龄之时完成6万多字的长篇回忆录，并继续进行专业思考，在报刊上发表文章。真正应了那句话：生命不息，战斗不止。

以下摘录1984年3月21日发表在《解放日报》未定文稿《新论》第88期上的《新技术革命向会计界提出的问题》一文中所列示的几个问题，来看看时年92岁的潘老究竟在考虑什么样的问题：

当前，以信息工业为主的新兴产业正在世界迅猛发展。国际科技、经济界议论纷纷，有的把它称为"世界第四次工业革命"，有的又称之为"新的产业革命"或"第三次浪潮"。人们预言在20世纪末、21世纪初的几十年内，把现在已经突破和将要突破的新技术，运用于生产，将会使整个世界发生一个社会生产力的新飞跃，这无疑对我国向四化进军是一个机会也是一个挑战。面临严峻的挑战，我们会计界人士该怎么办呢？我有几个不成熟的问题，提出来请大家讨论、研究。

（1）我们说科学技术等于生产力，是因为新的科学技术可以带来巨大的生产力。而现代化的管理可以极大地提高生产力，所以管理也可以说使一种生产力。那么，会计是管理的一部分，算不算生产力呢？希望大家从理论上来探讨一下。

（2）过去，是用电波来完成通信任务。而现在发展成为用光来通信，就是大家知道的光纤通信。会计本身就是一种信息，随着电脑时代的到来，会计工作是否要来一个彻底的变革？目前，我国的会计记录、编制报表等工作都是用人工来完成，以后是否可以用电脑代替人工？……（本段以下省略）

（3）现在有一种说法，就是科学有"硬科学""软科学"之分，专家有"硬专家""软专家"之分。软科学的重心是管理，而重点是企业管理。既有科技知识又有管理才能的专家被称为"软专家"。会计是企业管理重要的一环，从发展来看，会计人员不仅要精通会计业务，而且还要学习自然科学、社会科学、哲学、心理学等知识。新产业革命的发展有赖于无限的智力资源,在现代化领导体制中,无论是企业、科研机构还是政府机构,无不重视智囊人员的咨询工作。我们的会计专家应和其他专家一起,为社会主义四化建设各个领域的发展提供科学依据,提供最优的方案、策略和方法,以帮助领导部门进行决策。根据上述发展趋势,我们会计人员今后的智力投资,应该向什么方向发展呢?如何以只争朝夕的紧迫感,采取什么相应的步骤来更新我们的知识呢?请大家讨论、建议。①

在文章最后,潘老提道:

科学技术发展愈迅速,知识老化也愈快。我常被他人称为"会计界老前辈",这正说明我的知识已完全老化了。在新技术革命的推动下,我也想要勉力急起直追,努力学习新知识。我虽已年逾九旬,心余力绌,但也要为事业鞠躬尽瘁,死而后已!②

刊登在《安徽财会》1985年第8期上的《祝贺与希望》,是潘老生前发表的最后一篇文章。该文是为祝贺《安徽财会》创刊5周年而作。文章向广大读者提出几点祝愿和期望,实际上是对整个会计界得隔空喊话。潘老在文章中提出:合理使用资金,开拓"聚财"新路;努力降低成本,挖掘"生财"潜力;加强会计监督,务求"用财"得当;大抓智力投资,培养新生力量。这些意见高屋建瓴,既是善意的提示,也是对未来会计工作的寄望。

这是一位对会计专业和国家民族怀有至诚大爱的大师在生命的最后时刻发出的深情呼唤,是时代的最强音。是希望,更是一种对未来的期盼。自然,这也是对潘老孜孜以求,不断学习、研究,为国奉献的光辉一生最好的注解。

---

① 潘序伦:《新技术革命向会计界提出的问题》,见《潘序伦文集》,第577-578页,立信会计出版社,2008年版。

② 同上。

1985年11月8日,潘老病逝于上海,享年93岁,距离最后一篇文章发表过去仅3个月。

本章最后,录改黄履申先生为祝贺潘老90华诞而填的《清平乐》一阕,作为对"中国现代会计之父""上海社科大师"潘序伦先生永远的纪念:

等身著作,学问古今博;
桃李满园勤培育,共仰泰山华岳。
慷慨一掷万金,清风两袖安贫;
人生百年易逝,棠荫永世长留[①]。

[①] 原作最后两句为"今日欣逢华诞,恭贺不老寿星"。为与本著主题相配,特改为"人生百年易逝,棠荫永世长留"。

尾　声 | 泽被千秋

为纪念鲁迅逝世13周年,诗人臧克家创作过一首极为著名的抒情诗,题为《有的人》,以高度概括的语句总结了两种人、两种人生选择和态度的不同归宿,讴歌了鲁迅先生甘为孺子牛的精神,抒发了对为人民而活的人由衷的赞美,鞭挞那些骑在人民头上自以为伟大、时刻想要"不朽"的人的卑劣和低下。诗曰:

有的人活着
他已经死了;
有的人死了
他还活着。

有的人
骑在人民头上:"呵,我多伟大!"
有的人
俯下身子给人民当牛马。

有的人
把名字刻入石头,想"不朽";
有的人
情愿作野草,等着地下的火烧。

有的人
他活着别人就不能活;
有的人

> 他活着为了多数人更好地活。
>
> 骑在人民头上的
> 人民把他摔垮；
> 给人民作牛马的
> 人民永远记住他！
>
> 把名字刻入石头的
> 名字比尸首烂得更早；
> 只要春风吹到的地方
> 到处是青青的野草。
>
> 他活着别人就不能活的人
> 他的下场可以看到；
> 他活着为了多数人更好地活着的人
> 群众把他抬举得很高，很高。

潘序伦先生就是一位虽死犹生的人。他虽然在改革开放之后不久的1985年，就燃尽了最后一滴心血，永久地离开了这个世界，离开了这片让他辉煌、让他骄傲，也给过他痛苦和煎熬，但却从未让他失望的热土。但死去的潘序伦，却因为他伟大的人生、卓越的创造和巨大的贡献，更因为他强大的精神感召力，一直活在无数立信人和亿万民众心里。如同臧克家诗中所写："人民永远记住他！""群众把他抬举得很高，很高。"

他虽然离开了，但他创立的"三位一体"立信会计事业——立信会计师事务所、立信会计学校和立信会计出版社，却至今辉煌，从胜利走向新的更大的胜利。

他创建的立信会计教育，承继先贤"教育救国"的理想，以诚信为魂，秉持"学验并重"的特色理念，在教育界独树一帜，深刻且实用。

他领衔组织、翻译、编写的"立信会计丛书",以历时长久、内容丰富、数量巨大、体系完整、切合实际等突出特点,成为20世纪中国会计现代化发展中学术出版方面难以逾越的高峰,历久弥新,风采灿然。

他留下的各种著述、思想和精神,依然被无数人学习、研究,如陈年佳酿,历时越久越显醇厚,更值得品味,如痴如醉。

他捐资设立的优秀学生奖学金,依然在激励学子努力成长。

他所倡导的诚信精神和文化,在一代代立信人和立信学子身上发扬光大,结出了丰硕成果。

他一生为之奋斗的宏伟目标,他鞠躬尽瘁死而不已的精神,激励无数人砥砺前行。

2018年,潘序伦先生在去世33年后光荣入选"上海社科大师",这是全体会计人的荣耀,也是立信人莫大的骄傲。它向世界表明,作为五千年中华文明重要基石的会计文化,并未因为近世以来科学技术的昌明而失去其应有的地位,而是作为社会科学的重要组成部分,显示出其独特的价值。

莫言迁客似沙沉,吹尽狂沙始到金。

许许多多铁的事实,作为坚实的证据向世人证明,一代宗师潘序伦及其形象,并未因为他的离世和时光的磨洗而稍逊颜色;反之,因为时间的沉淀,浪花淘尽,更显英雄本色。

今天,2023年,无数人聚集一起,以各种形式纪念潘序伦先生诞辰130周年,感恩天地在130年前孕育了一代伟人,照亮了中国会计现代化的漫漫征程!

我们无法获知,数十年前的某个傍晚或者清晨,独自坐在书桌前的潘老,是以什么样的心情,在一生钟爱的《诗经·甘棠》篇前,缅怀召公,用重重的笔触写下了"棠荫长留"四个字。

掩卷沉思,遐想无限。穿过历史的长河,此刻,我们终于可以告慰远在天堂的潘老:

"棠荫长留",您做到了!

后　记

　　书是用来读的，而读书的目的和方法，因人而异。

　　本书作者不揣浅陋，努力从可能并不完全的潘序伦先生藏书中，尝试解读和理解潘老一生行事为人，理解他的精神世界。许多人藏书，可能只是一种习惯，藏书而不读书。但在潘老这些藏书中，我们看到不少批注的痕迹，说明这些书真的是用来读的，而且也是确实很认真仔细地读了的。进而，正如书稿中各种分析讨论所证明了的，这些图书——更准确地说是潘序伦先生的遗书（与"敦煌遗书"类似的用法），是经历过各种磨难，大浪淘沙，最终陪伴潘老直到生命的终点，最终遗留下来的物品。所以，我们可以肯定地说，这是潘老作为一个读书人最终留下来的至为重要的东西，是他一生最珍视，也实实在在陪伴他到最后的东西。因此，从一定意义上来说，这些书便是代表了潘老自身，代表了他至为重要的精神世界。这是本书立论和分析的最根本基础。

　　这些书所蕴含的内容、思想，以及这些图书类型的构成，其出版时间、版别等信息，本身与潘老一生的经历相关联，是具有历史意义的。随着潘老的故世，岁月的流转，它们本身已经成为了史料，具有重要的史料价值。而它们也确实影响了潘老，乃至构成他精神世界的基本支撑，形塑了潘老的世界，以及他一生工作、学习和生活的生命轨迹。本书的价值，也便由此而来。

　　在本书写作过程中，我们努力从各种材料中搜寻潘老读书的事实和实例。

潘老在 1979 年 10 月 1 日所写《热烈庆祝国庆 30 周年》一文中，谈到他青年时代读《红楼梦》时的一点感想：

在"皇恩重元妃省父母"一回中，贾元春坐在大观园的正殿上，要各位年轻姐妹和弟弟贾宝玉各献崇扬圣德的诗章，聪敏小姐林黛玉暗中代宝玉抢替做了一首，其中最后两句是："盛世无饥馁，何须耕织忙"。我那时非常欣赏这两句诗，认为它是对于"圣朝"歌功颂德的绝妙得体的辞句。不过试问所谓"盛世"是从哪里来的？假使全国劳动人民不忙于耕田织布，则捱饥受冻的日子立即到来，所谓"盛世"也就立刻倒台。宝玉这两句"好诗"真是倒因为果的一句痴话。①

这一段文字，至少体现出潘老读书的三方面重要特点：

（1）涉猎广泛，小说家言也在他阅读的范围之内。

（2）不但记忆力超群，记得几十年前读书时读到的诗句，且能从微言中读出大意，把小说中两句诗句与现实关联起来，得到非常的见解。

（3）各种广泛的阅读，成为他知识的来源，也构成、影响甚至决定了他对这个世界各种事物的理解。概言之，读书塑造他的思想和言论表达。

20 世纪是一个伟大的时代，在这个时代，我们见证了人类创造的各种技术和发明，极大地改变了人类生活，改变了世界，乃至改变了我们自己的面貌。这也是一个糟糕的时代，因为物质的丰富和技术的发展，我们专注于各种物质，却在许多时候忽视甚至完全忽略了人的精神世界。乃至最终，许多人成了物质的奴隶，精神上的乞丐。精神的贫困让他们局限在物欲之中蝇营狗苟，人生因此变得毫无意义。

我们读潘老，读潘老的书，一个重要的收获，便是学习他如何进入或塑造一种丰富的精神世界。

潘老在 1979 年为庆祝国庆 30 周年而写的文章中，有一段特别的文字。让我们感到难以置信的是，一个经历过特殊的 10 年，刚刚获得新生

---

① 潘序伦：《热烈庆祝国庆 30 周年》，见《潘序伦文集》，第 527-529 页，立信会计出版社，2008 年版。

的老人，要有多大的勇气和智慧，才可以或者敢于说出这样的话来：

> 我回国以后，以 30 年的全部精力，执行自由职业会计师工作，教导资本家怎样发财致富，是我的服务方针。说老实话，在国内确实有不少资本家利用了我对他们的服务，成为百万富翁。可是我自己却鄙视百万富翁而不为，愿意把我的巨额财富投入到会计教育中去。我曾发出狂言，说我能教不少资本家发财致富，成为百万富翁，难道我自己反而不能自谋，成为一个百万富翁么？可是我志不在此，还想运用我的会计教育，教会数以万计的学生，使他们能继承我的专业，为资本家谋发财致富。……我还有一种思想情况，请各位同志允许我坦白申说一下："洋为中用"之说，就是把资本家谋求发财致富的手段、方法，经过社会主义改造，来为国家和全体人民谋求发财致富，改进生活。……我今天要求我所训练出来的成千上万同学和同事一起和我高喊口号：我们有生之日，都是为国竭智尽忠效力之年，这是我们最最幸福之时！①

这段文字，不同的人自然可以有不同的解读。从字面和文章所承载的目的来看，是用自己切身的例子，来鼓励学生和同事为国尽忠报效国家。但在更深的层次，何尝不是在讲述作为人的责任，一种超乎寻常的抱负？

总体来讲，我们之所以想要写这本书，就是因为最初接触潘老的藏书，从其丰富的类别中看到了一个不一样的潘老——在教育家、会计专家等名头之外，作为一个读书人，具有士人风骨的潘序伦。

这个潘序伦，是一般看不到，或者通过其他材料或故事无法领会到的，但这才是真实的潘序伦的灵魂所在。

想要特别说明的是，本书的产生，是多种因素机缘巧合的结果。对作者而言，是了却一桩心事，留下一点心意。这个不必多说。需要特别提到的是，本书实质上是许多人共同努力的结果。作者在写作过程中与众多师

---

① 潘序伦：《热烈庆祝国庆 30 周年》，见《潘序伦文集》，第 527-529 页，立信会计出版社，2008 年版。

友一起讨论，多有收获。其中要特别感谢《潘序伦传》的作者罗银胜先生，和他一个多小时的通话，受益匪浅，大有相知恨晚之感。罗兄并以尚在编版中的新书书稿相赠，使本书作者有幸先睹为快并大受裨益。本书书名得自好友吴大新教授的提点。当我们在为本书书名而纠结左右为难时，是大新教授提议用诗经中的句子，才使本书有了这样一个作者自认为别致而且能够恰当地表达潘老精神境界和作者志趣的书名。张辉兄毫不吝惜地以多种个人珍藏资料见赐。封三颇为传神的照片，与本书的气质甚相吻合，则是好友孙勇所赐。与钟陵强、姚水林、王旭等师友的讨论，使作者受益匪浅，也直接促成了本书的完成。在查找和收集资料方面，姚水林、王旭、罗国辉等给予了极大帮助。谈多娇、孙丽等阅读部分章节，提出了很好的修改意见。

本书能够在很短的时间内完成出版，得益于立信会计出版社华春荣社长的大力支持。华社长特邀陕西教育出版社符均先生担任审稿专家，符先生具有丰富的审稿经验，学养深厚，提出了许多重要意见。感谢李湖生先生和汤晏耐心细致的审稿，他们的意见切实而中肯。立信会计出版社张巧玲主任策划丛书，对本书的写作和出版帮助巨大，深表感谢！其他各种帮助，要感谢的人很多，恕不一一列举。

需要说明的是，本书是宋小明、郑鑫尧合作研究的成果。撰写本书的初衷，实际上也是为了纪念并感谢郑鑫尧先生对中国会计博物馆的慷慨捐赠。郑先生从事收藏和研究多年，见识广博。他花费多年心血细心整理和阅读潘老藏书，十分仔细地把每本书中的标注做了整理，编订分类书目，并把每本书的封面、题词页、标注页分别拍照放入不同的文件夹，为后期研究打下了坚实的基础。在郑鑫尧先生整理的材料基础上，宋小明编写大纲并进一步搜集资料、执笔撰写完成了书稿。

还有一点需要说明的是，本书署作"编著"，是因为尽管书中观点和许多文字属于作者原创，但由于涉及许多相关的历史人物，尤其还涉及书画等作者并不熟悉的领域，进而为了使本书成为一个具有一定文化意蕴的整体，本书在写作中较多地引用或使用了源自互联网的资料，包括一些脍炙人口的诗词及文史资料。虽然作者尽了最大努力来尽可能地注明出处，但依然难免会有不够严谨或未能充分体现原作者权益的地方。在此，我们首先对凡本书涉及或引用到材料的未知作者表示感谢并致歉。如有异议，请联系作者以便妥善处理。

会计界之有潘序伦，是整个行业之幸，自然也是立信人之幸。潘老和有关他的一切，是他留给立信、也是留给这个社会的思想和文化宝库。本书的探索，希望能够无损于潘序伦先生的荣耀和辉光。倘能对潘序伦研究有些微的增益，则作者幸甚。

宋小明　郑鑫尧

2023 年 9 月 18 日

改定于上海